商 务 印 书 馆 文 库

THE COMMERCIAL PRESS LIBRARY

新著国语文法

黎锦熙 著

创于1897 商務印書館 The Commercial Press

图书在版编目（CIP）数据

新著国语文法 / 黎锦熙著 . — 北京：商务印书馆，2001（2022.7 重印）
（商务印书馆文库）
ISBN 978-7-100-02806-6

Ⅰ. ①新… Ⅱ. ①黎… Ⅲ. ①汉语—语法—现代
Ⅳ. ① H146

中国版本图书馆 CIP 数据核字（2001）第 073852 号

商务印书馆文库
新著国语文法
黎锦熙 著

商 务 印 书 馆 出 版
（北京王府井大街 36 号 邮政编码 100710）
商 务 印 书 馆 发 行
北京虎彩文化传播有限公司印刷
ISBN 978-7-100-02806-6

1992 年 9 月第 1 版 开本 880×1230 1/32
2022 年 7 月北京第 5 次印刷 印张 11⅝

定价：68.00 元

《商务印书馆文库》编纂大意

本馆自 1897 年始创，即着意译介西学，编纂课本，以昌明教育、开启民智为务。

迨五四新文化运动起，学界亟需高等书籍，本馆张元济、高梦旦诸先生乃与蔡元培、梁启超等学界前辈擘画宏图，组编诸科新著，以应时需。是为本馆出版学术著作之始。

尔后数十年，幸赖海内外学人伐山开辟，林林总总，斐然可观。若文学，若语学，若史学，若哲学，若政治学，若经济学，若心理学，若社会学以及其他诸科学门类，多有我国现代学术史上开山之著、扛鼎之作。学术著作的出版使本馆进一步服务于中国现代教育事业的培植和民族新文化的构筑，而分享中国学界的历史光荣。

五十年代以后，本馆出书虽以移译世界名著、编纂中外辞书为先，而学术著作的出版亦未曾终止。近年来已先后有多种问世，今后拟更扩大规模，广征佳作，以求有为于未来中国文化的建树。

转瞬百年。同人等因念本馆素有辑印各种丛书的传统，乃议无论旧著新书，凡足以反映某一时期学术思潮、某一流派学术观点、某一学科新的建树、某一问题新的方法以及其他足资长期参阅的作品，均拟陆续选汇为《商务印书馆文库》而存录之，俾有益于文化积累而取便学林。顾兹事体大，难免力不从心，深望各界读者、学界通人共襄助之。

商务印书馆编辑部

1997 年 10 月

目　　录

重印新著国语文法序（张拱贵、廖序东）……1
原序（1924）……4
订正新著国语文法新序（1933）……6
今序（1951）……14
十九版重订附白（1954）……24
二十二版重订附白（1955）……25
二十三版附白（1956）……27
二十四版附白（1959）……28

引论　"句本位"的文法和图解法……1
第一章　绪论……14
1. 标准语与国语文法……14
2. 字与词……15
3. 语与句……15
4. 词类……16
5. 句法……16
6. 词类与句法的关系……17
第二章　词类的区分和定义……18
7. 词类九种约为五类……18
8. 实体词……18
（1）名词
（2）代名词
9. 述说词……19

（3）动词，同动词
10. 区别词 …… 19
（4）形容词
（5）副词
11. 关系词 …… 20
（6）介词，特别介词
（7）连词
12. 情态词 …… 21
（8）助词
（9）叹词
第三章 单句的成分和图解法 …… 22
13. 主要的成分 …… 22
（1）主语 （2）述语
14. 连带的成分——（3）宾语 …… 23
15. 连带的成分——（4）补足语 …… 24
16. 内动词所带的补足语 …… 24
17. 外动词所带的补足语（一）…… 25
18. 外动词所带的补足语（二）…… 26
19. 外动词所带的补足语（三）…… 26
20. 补足语的总括 …… 27
21. 附加的成分——（5）形容性附加语 …… 28
22. 名词用作形容性附加语（名词在“领位”）…… 28
23. 附加的成分——（6）副词性附加语 …… 29
24. 名词用作副词性附加语（名词在“副位”）…… 30
25. 单句图解法的公式和程序 …… 31
第四章 实体词的七位（变式的句法）…… 33
26. 七位 …… 33

主 位 和 呼 位

27. 主位 …… 33
28. 变式的主位 …… 34

29. 呼位 …… 34

宾　位

30. 宾位 …… 35
31. 双宾位 …… 35
32. 变式的宾位（一）…… 36
33. 变式的宾位（二）…… 38
34. 变式的宾位（三）…… 39
35. 外动词的被动式（一）…… 40
36. 外动词的被动式（二）…… 42

副　位

37. 副位的两种——（1）有介词的（2）省略介词的 …… 43
38. 有介词介绍的副位 …… 43
39. 省略介词的副位 …… 44
40. 变式的副位 …… 44
41. “有”字的特别用法 …… 46
42. 似宾位的副位——副词性的宾语 …… 47

补　位

43. 对于主语的补位 …… 49
44. 对于宾语的补位 …… 50
45. 与“是”字同类的同动词 …… 50

领　位

46. 领位的两种——（1）统摄性（2）修饰性 …… 52
47. 统摄性的领位（分七项）…… 53
48. 修饰性的领位（“的”字变为形容词语尾）…… 55

同　位

49. 同位的第一种……56
50. 同位的第二种……57
51. 同位的第三种……59
52. 实体词七位的总括……60
第五章　主要成分的省略（并短语）……62
53. 主要成分上的实体词……62
54. 对话时的省略……62
55. 自述时的省略……63
56. 承前的省略……63
57. 图解上的虚位……63
58. 动词的三种散动式……65
59. 散动词的第一种（散动词的定义）……66
60. 名词语……66
61. 形容语……69
62. 副词语（附三个例题）……70
63. “的”字的特别用法——联接代名词……71
64. 量词的特别用法……73
65. 逻辑的主语之省略……74
66. 省略主语的平比句……75
67. 省略述语的平比句——形容词的平比法……76
68. 否定的平比句——形容词的消极的差比法……79
第六章　名词细目……81
69. 名词的分类（三大类）……81
70. 特有名词（分六种）……81
71. 特有名词与数词（特名转为通名）……82
72. 普通名词（分三种）……83
73. 量词（分三种）……84
74. 抽象名词（分三种）……85

第七章 代名词细目 …… 87
75. 代名词的分类（四大类）…… 87
76. 称谓代名词（分五种）…… 87
77. 指示代名词（分四种）…… 90
78. 疑问代名词（四个）…… 91
79. 联接代名词（两个）…… 94
第八章 动词细目 …… 95
80. 动词的分类（四大类，用法上的两式）…… 95
81. 外动词（分八种）…… 95
82. 内动词（分五种）…… 97
83. 同动词（分两种）…… 99
84. 助动词（分前附、后附两系）…… 103
85. 外动词的被动式 …… 112
86. 散动词 …… 112
第九章 形容词细目 …… 114
87. 形容词的分类（四大类，两个特别用法）…… 114
88. 性状形容词（分四种）…… 114
89. 数量形容词（分两种）…… 115
90. 指示形容词（分七种）…… 117
91. 疑问形容词（分三种）…… 119
92. 形容词和语尾“的”字（可省与不可省）…… 121
93. 形容语（或形容句）和准介词“的”字（形容语分三种）…… 122
94. 形容词（或形容语）作述语用（国语的特点）…… 123
95. 形容词（或形容语）作补足语用 …… 124
第十章 副词细目 …… 125
96. 副词的分类（六大类）…… 125
97. 时间副词（分四种）…… 125
98. 地位副词（分三种）…… 129
99. 性态副词（分两种）…… 131
100. 数量副词（分三种）…… 135

101. 否定副词——“不”，“没有”；“莫” ········ 142
102. 对话时的然否副词（分两种）········ 143
103. 疑问副词（分五种）········ 144
第十一章 介词细目 ········ 148
104. 介词的分类（四大类，两个特别用法）········ 148
105. 时地介词（分五种）········ 148
106. 时地介词的充实性和连续性 ········ 154
107. 因缘介词（分二种）········ 154
108. 方法介词（分五种）········ 156
109. 领摄介词——“的”（底）········ 159
110. 介词的特别用法（有两种）········ 159
第十二章 单句的复成分 ········ 163
111. 复主语（分两类）········ 163
112. 复宾语和复补足语 ········ 164
113. 复述语（分四类）········ 166
114. 复附加语（共八例）········ 171
第十三章 附加成分的后附 ········ 173
115. 后附的形容附加语（分四种）········ 173
116. 后附的复形容附加语（文学上的修辞法，共四例）········ 174
117. 后附的副词附加语（分二种）········ 176
118. 特别介词‘得’字的用法 ········ 178
119. 后附的复副词附加语——「变式的宾位」之成因 ········ 181
120. 复副词附加语的综合观和分类法 ········ 183
第十四章 包孕复句 ········ 187
121. 包孕复句（子句——分三类）········ 187
122. 名词句（三个用法）········ 187
123. 形容句（三样句式）········ 188
124. 省略本名的形容句（三种述语）········ 189
125. “所”字的用法——三个原则（凡四例）········ 189
126. 副词句（两样句式）········ 196

第十五章　等立复句——连词细目（上）…… 198
127. 等立复句（分句——分四类）…… 198
128. 平列句（分三种）…… 198
129. 选择句（分二种）…… 203
130. 承接句（分三种）…… 205
131. 转折句（分三种）…… 209
第十六章　主从复句——连词细目（下）…… 211
132. 主从复句（从句——一名副句——分六类）…… 211
133. 时间句（分四种）…… 212
134. 原因句（分五种）…… 215
135. 假设句（凡七例）…… 218
136. 范围句（分三种）…… 219
137. 让步句（凡七例）…… 222
138. 比较句（分三例）…… 224
第十七章　语气——助词细目 …… 228
139. 助词的分类（分五类）…… 228

决定句（附祈使句）

140. 表语气的完结——“了”，“啦” …… 229
141. 表语意的制限——“罢了”（九例）；“就是”（七例）…… 235
142. 表语态的警确——“的”（二十六例）…… 236

商榷句（附祈使句）

143. 表语气的商度——“罢”，“吧” …… 239

疑　问　句

144. 表然否的疑问——“么”，“吗” …… 241
145. 助决择或寻求的疑问——“呢” …… 245

惊叹句

146. 助惊叹的情态——“啊”（六种音变）……247
第十八章 叹词……253
147. 叹词（分五种）……253
148. 表惊讶或赞叹……254
149. 表伤感或痛惜……256
150. 表欢笑或讥嘲——“哈哈”“呵呵”（四例）……256
151. 表愤怒或鄙斥……257
152. 表呼问或应诺……258
第十九章 段落篇章和修辞法举例……262
153. 大规模的图解法……262
154. 古文图解举例（《后汉书》班超请还朝疏）……271
155. 树枝式的图解法（思想发表方式的进程）……276
第二十章 标点符号和结论……283
156. 标点符号……283
157. 一，释名……283
158. 二，标点符号的种类和用法……284

新式标点符号

159.（一）句号。或·（一名句点，住号，住点）……285
160.（二）点号、或，（一名读号，逗号，逗点）……285
161.（三）分号；（一名分点，停号）……288
162.（四）冒号：（一名集号，冒点）……289
163.（五）问号？（一名疑问号，问标）……290
164.（六）惊叹号！（一名叹号，叹标）……291
165.（七）引号『　』「　」（一名提引号，引标）……292
166.（八）破折号——（一名延折号，转变号，搭附标）……293
167.（九）删节号……（一名节略号，虚缺号，虚缺标）……294
168.（十）夹注号（　）〔　〕（一名夹注标）……294

169.（十一）私名号——（一名私名标）……295
170.（十二）书名号 ～～～（一名书名标）……295
171.（十三）附则（三条）……296

附录　旧式点句符号

172.（一）圈号。〔注〕用・法……296
173.（二）点号、〔注〕用・的位置辨别法……297
174.（三）理由（没有标点符号之三害）……297
175. 结论（古文法之研究法和目的）……299
《新著国语文法》索引……302
编辑后记……328

重印新著国语文法序

《新著国语文法》初版于一九二四年，到现在已经有六十年了，其间共印行了二十四版。日译本《黎氏支那语文法》，出版于一九四三年。这部语法著作，流行之广，影响之深，是世所公认的。它的贡献不仅在于第一次系统地研究了白话文语法，形成了一个完整的语法体系，使语法知识得以普及，而且在于它从大量的汉语事实出发，提出了一些有价值的理论和原则。对于前者，已有公论；对于后者，似乎还缺乏足够的重视和深入的研究。

人们往往评论这部语法著作是模仿西洋文法的。其实作为早期的语法著作，引进国外语言学的理论、模式乃是不可避免的，而且也是必需的。现在也是如此。但是，应该注意的是引进什么，怎样处理引进的东西。人们都知道，《马氏文通》和《新著国语文法》的语法体系都是参考过西洋语法而建立起来的。《马氏文通》依据的是拉丁语法，《新著国语文法》依据的是英语语法。拉丁语是典型的形态语言，词法在语法中占主导地位；英语在长期的演变过程中逐渐丧失了形态语言的重要特征，因而句法在语法中占主导地位。比之于其他印欧语，英语在类型学的意义上最接近汉语，因此英语语法学对汉语语法体系的建立最具有参考价值。黎锦熙先生正是从这一点出发，参考了英语语法书，如 Reed 和 Rellogg 的《高级英文法》(Higher Lessons in English)，确立了句本位思想。这显然不是生硬地模仿，而恰恰表明了黎先生对汉语本质特点的深刻认识。就词类说，黎先生另立了助词一类，和马建忠一样；又在名词中立了量词一目。这也都表明了黎先生没有生硬地模仿英语语法。助词用在语句的末尾，表示说话的口气和语态，是汉语语法表达情态的特殊手段。量词在汉语中极其丰富，是汉民族对“量”的认识的形象性、生动性的体现。助词和量词的设立无疑地突出了汉语语法的特点。

《新著国语文法》既有普及语法知识的特殊贡献，又有重要的学术价值。其中的许多理论和原则，有些在当时就是有独创性的，有些到现在对于语法的研究和教学还具有指导意义。例如现在人们越来越多地注意到词类的次范畴特征，因为它与句法有密切的关系。其实，黎先生早已觉察到词类再分类的重要性。《新著国语文法》把外动词分为处分事物、经验方法、交接物品、交涉人事、认定名义、变更事物、情意作用、表示关系等八类。很显然，这种从内容意义上的区分，和句法的组织是很有关系的。

又如，现在有些人试着用格语法来研究汉语的句式变化，人们因此也联想到《新著国语文法》里的“位”的概念。黎先生曾经强调指出：“惟此所谓‘位’者，不尽同于外语之‘格’，若较以英文法之 case，宁译之为 position of words 耳。”“盖西文法之言‘格’，所以规‘字形之变易’（Declension）；而吾之言‘位’，所以究句法之殊异。”（《比较文法》第 2 页）词序在汉语句法中占有特殊地位，而实体词的位又最灵活，由于它的位的改变而产生出不同的句式和句法关系。黎先生根据实体词的“位”来研究句式变化，不仅突出了汉语特点，而且也和目前国内外学者用格语法来研究汉语的句式变换有相通之处。

还应提到《新著国语文法》的两个常被人忽视的概念，即“论理的次序”和“文学的次序”。所谓“论理的次序”是指语义结构而言。“茶棚里坐着许多的工人”“许多的工人坐在茶棚里”，这两句话的语义结构是相同的，因此图解起来也近似。黎先生说：图解法并非“表示句法组织上的次序”，而是“表明句中各成分的职务和关系”。所谓“文学的次序”，则是指“语文习惯上移动变更的次序”而言，也就是指语义结构相同的各种不同的句式。这使人们很容易联想到现代语言学中“深层结构”和“表层结构”这两个概念。在结构语法尚未产生的年代，黎先生就在《新著国语文法》中提出了句法组织的两种次序说，实在是很可宝贵的。

我国语言学宝库中蕴藏着极其丰富的财产。老一辈语言学家的专著虽然出版得很早，但今天看起来，其中的一些观点仍然是极有价值的。《新著国语文法》无疑就是这样的一部专著。我们相信，我国语言工作者在接受外国的先进的语言理论的同时，如能发掘并汲取我国语言学的精华，一定会加速我国语言学的发展。

我们曾受业于黎先生门下，引导我们跨进语法学之门的第一本书就是先生的《新著国语文法》。现在这部书又有重印本问世，我们欣喜之余，谨将近年来学习这部书的体会写出来，作为序，并借以表达对先生的仰慕之情。

张拱贵　廖序东

一九八五年三月一日

原　序（1924）

这部书底稿子，是由四年来教授、讨论、研究等等工作积累而成的。十年前，我曾编有《国文文法系统表》《虚字分类表》《虚字用法变迁表》几种稿本，但没有出版；公元一九二〇年，在北京开办第一届国语讲习所，才把这些旧稿和沈朵山先生合作，改编为《国语文法系统表草案》，虽然那时各学校采用的很多，但也还没有敢于出版。自此而后，继续不断地在北京底师范大学、女高师、北京师范、国语讲习所、小学教员讲习所、戏剧专校，以及各地底暑期学校，讲授这门功课；事势上不但使我不能不随时随地研讨文法，而且不能不随时改良、随地变换这文法底教学法。于是慢慢地积成了许多片段的讲义、零碎的笔记、繁复的长编。茶余饭后，朋友聚谈，或家人对话，无意之间，获得新例，于是字簏中底包烟纸、墙壁上底月份牌，都变成了讲义中的签条。像这样弥缝张皇，拾遗补阙，一直到去年岁首，才算成功了一个全书底长编。一年以来，再根据教学上底经验，简炼篇章，到了岁终，全书方才脱稿。当我作归纳的研究工夫时，常守着一个规则："例不十，不立法"；及至编辑作教本时，又觉专门学者底功力和发明，似乎不应该在初学者底面前尽量表襮。因为这只是对于专科底贡献，而无当于一般学者底理解文法和矫正语言，于是又默守着一个编辑的体例："法必成序而例不求多"。这种体例虽或未免偏于演绎的，可是教者学者若能运用得宜，实在可以兼有归纳法底长处，因为例是泛在的，不必限于本书，而且是整段的，不宜零碎割截；必精细地去解剖整段的例题，才是自动地去实行归纳的研究，本书只看作必需时的工具就行了。因此，脱稿之后，分量竟不及长编底二分之一；将来或者能将余稿整理出来，再加研讨，随时贡献给咱们文法界；至于本书，除非必要的，恕不多列太繁重的例证，而阑入很专门的学理了。

这书很得了许多已识或未识的中外朋友底助益，如沈朵山（颐）、杨遇夫（树达）、钱玄同诸位，或商榷，或订误，或供给例句，或提出疑难；又凡近年来关于文法的中西文专著和报章杂志上底论文，我都于拜读之余，有所参取，谨致谢忱！

我编这书，并非素来的志愿，实在是受了环境底鞭策；不敢自信之处，自然很多很多。敢诚恳地请求读者：严加批评，多赐纠正，或登布于报章，或通函相质问。这书自序之外，并没有请求他人作序，打算将来就把先生们底批评当序；攻错的序，是比恭维的序胜过百倍的。

黎锦熙

戴东原二百年纪念日，公元1924年

订正新著国语文法新序（1933）

著述界有一种工作，能者不为，不能者不能为，然必为之而后能者可以使人能，可以使人各取所需以尽所能，而其书之表里精粗、全体大用、亦可以相得而益彰者，索引是也。

这部《新著国语文法》，出版将及十年（据发行者底报告，销数总计近两万，似乎每年平均也有两千来人用作课本或参考书的）。现在我自认为成绩不好；其原因，就在卷尾缺了一个索引。以这几天甲乙二友见访时底谈话为证：

甲友说:「我曾采用了您这部书教初中的文法，教了一年，太丰富了，没有教完的时节，您何不另编一部比较简单的？」

我问他:「你是怎样一个教法？」

他说:「逐章逐节，讲解发挥。」

我说:「错了！你怎么不看看卷首《引论》中底《国语文法教学法和本书底使用法》？」

他说:「那岂有不看的？不过我不能照那样教，我办不到！」

我问:「怎么办不到？」

他说:「《引论》中所谓基本的讲授，只要讲前三章，尤其是第三章要弄得清楚而熟悉，在初中，文法底基本法式便算毕业了。但这三章我可敷衍不到一个学期。此其一。《引论》说第四章以后，不要逐节讲下去；即当指定本学期中讲读过的国语文一篇作例题，来做图解法底初步的练习。这本来是很有兴味的，并且是极有效力的一个方法。但我可失败了！上了当了！不成！还是逐章逐节地讲下去。……」

我骇然了，便请他简单地举一个失败的例。

他说:「我曾采了梁任公底某篇文章一小段作练习例题，其中有‘所为何来?’一句成语，我就无法图解，尤其是这个‘来’字。《引论》中教我遇着困难时便向本书中去找解决的方法；您想，这个‘来’字教我怎样找法?」

我憬然了，便翻出本书底144页来，指点着说:「这来字的解决法，不是详详细细地说明在这里吗?——而且，‘所’字可照257页底图解（ㄇ）式去推;‘为’是介词，但在这里可看作散动，81页和290页都有其例;‘何’是疑问代名词，120页已列了表，在这里是作补足语的：这一句就等于‘为的是甚么呢?’知道是省略了主语和同动词的一个单句，这不就可以图解出来吗?」

他却赧然了，说:「先生！这部书是您自己编的，您自己去找，自然是很容易的呀！过去一个星期要批改好几十本的作文卷子，哪还有工夫来预备这个?像您所说，我们至少要把您这本书翻寻一个整夜呢。」

我于是恍然了，告诉他:「别忙！待着吧！我替你想个法子总解决。」

他日，乙友来了，劈头一句话:「你害得我好苦哇！」我正待问是怎么回事，伊忽又转了辞锋说:「到现在，我却不发愁了！你总还记得咱们十年前曾经讨论过国语文法底标准问题，不久你的《新著国语文法》出版，我便欣然用作教本，无论教初中、高中，乃至教大学，我总是用这本书的，因为在学校时听你讲过:‘语言文学不过是学问底一种工具，文法更不过是一种工具底工具’，所以我反对那种搬弄名称、不切实用的文法教学；你那《引论》里说我们本国学生研究本国文法，比学习外国文法，其学习心理底进展完全不同，‘辞气言谈，早已惯熟，故徐进便觉沉闷，综览转易贯通’，这几句话我极以为然，所以我赞成你那‘一书多级制’底办法。我照你那《引论》中所说的教学法，八九年来，在讲堂上图解了二十来篇短篇白话文，十来篇文言文：起首几年，遇着困难，无暇翻检，糊里糊涂地临时想些办法对付过去，自己知道是错了，随手翻翻你的书，可又发现书中居然有了解决这困难问题的理论，因此相信你这部文法，确实是从几十篇白话文图解的结果所归纳出来的；像这样瞎撞下去，说错了，下回改；找着了，随时补；到了如今，把你这书翻得烂熟了，一上讲堂，才觉得确有把握。这就是我十来年历尽艰辛所得的成绩呀。你出个图解题目给我试试！我想现在能够胜任而愉快地运用你这本书去教学图解法的，恐怕除了你自己外，还不到几个人吧？」

我说：「谢谢你！它且慢谈，我想，你对于这部书总该编好了一个索引，就请你给我附在本书底后面何如？」

伊笑了：「我哪里有甚么索引！索引就在我的脑子里哩。」

经了这两次底谈话，我感到自己这十年来对于这部书底读者两万人负了一种还可以赎的愆尤。于是飞函给商务印书馆，报告这次十版订正本底卷尾，至少要附上四十页底索引（并且请求他们不要加价的）；一面赶紧编制，费了三个星期底工夫，算完成了。

这个索引底用法有二：

第一，初中文法底基本法式底教学，本书前三章得此便可不至于不够用。例如第三章底“主语”，只有“普通名词”作主语的两个例句，打开索引一查，“抽象名词”“散动词”“名词语”“名词句”作主语的例，都雁行鱼贯而来，“复主语”也不妨提前教学了；“宾语”以下，亦复如是；九种词品，亦复如是。有了这个索引，教学文法底基本法式时，可以随宜增益，可以另换方式，材料和说明都已摆在本书里面，俯拾即是。我那甲友所说的第一个缺点，便可以补救了。（假如要另编一部比较简单的文法时，就按着前三章里头底题目去找这索引，谁都可以立刻编成的。）

第二，用法更重要：练习图解法时，困难问题往往在用词的怪异，你就按词去找索引。例如“来”字在图解上的困难，不但「所为何来」，还有，「来示阅悉」「来饭！」「走来贺喜」「走进一个人来」「省下几个钱来」「张开口来吃饭」「你且听我道来」「十来个人」等等“来”字，其词性或同或异，依常识固可得笼统的判断，要图解便须作精析的检查。有了这个索引，一查即得。我那甲友所说第二个失败上当底危险，也就可以免除了。

写到这里，新序本应告终，恰巧京华印书局送来本书总目底校样，瞥见总目后还有初版时底「附白四」一条，说：

> 本书卷尾本拟附一个索引，将全书中重要名词按首一字底声韵排列，每词后注明见第几页；……但因本书出版期促，加以篇幅已经太多，故只好等将来另出附册了。（这个附白，本版当然删去了。）

这个谎可就撒了十年。现在不得不略述这十年间索引工作底经过：

公元一九二四年二月初版出书，友人萧家霖君就替我编了一个索引，我觉得太简（因为只有文法名称，没有虚助字），自行动手，有暇便写卡片；次年（1925）写完，正在缮录，友人某君（现忘其名）见了，说是既另出一本附册，何妨把《马氏文通》也索引进去，使检查的人同时可以找到一些古文底例句，拿来语文对照，教学上岂不更感便利？我以为然，这年起，将《马氏文通》细加钩识，一面把马氏底系统打碎，嵌入本书；一面逐词逐名，分写卡片：因为要把两部书合制索引，便不能太流于机械的，须包含一个语文底异同比较。这种工作较为繁难，到第三年（1926）才完成。忽然一想，《马氏文通》既加入了，《经传释词》和《助字辨略》两部书何妨一并加入？不料一动手，才知这种工作更为繁难，因为若只把它们的题目（如《释词》底“与”“以”“犹”，《辨略》底“通”“中”“终”）编成索引，未免太简单了，必须把每一题目下分列的用法（如《释词》底“与”犹“以”也，犹“为”也等）和所举的例句，一一审查，分别嵌入本书底系统，再索引到卡片上去。如此细针密缕，做了一年，到第四年（公元 1927 年）也就告成，先油印一个底本，再校一遍即可付排，定名为《文法四书索引》。这个索引，以今驭古，以语例文，如身使臂，如臂使指——不料一念之差，竟又把它搁置起来了，以迄于今。

所谓一念之差者，也是受了一个友人（出版专家）底教唆，他说：『常言道得好：「聪明一世，懵懂一时。」不想你费了这么大的工夫，却只做了这部「不足厕诸作者之林」的《四书索引》！你为甚么不随手钞上几条例句，就编成一部“文法小辞典”呢？销场大得多啦！而且，人家利用了你这部索引，他就可以按图索骥，登时编成一部辞典式的文法书；而且他可以蒙头盖脸地把这四部书中所引的例句，东抄西袭，作为自己读书所得的呢。』我当时虽然反驳了他一句：『索引就是给人家利用去编书的！』可是“文法小辞典”！也不免为他所动了。于是又就索引底底本从事于补例的工作，这个工作在我本是不甚费力的，一年半载也可完毕——又不料一念之“正”，更把这个工作扩大了，又拖延了五六年。

这是受了《助字辨略》底暗示。刘淇底书虽然出在王引之以前，考证虽不如王引之底精博，更不能比马建忠能生在有「泰西葛郎玛」的时代，可是他的识解倒比王马两人高出一等：他不以魏晋以前古籍为断，也不以「文章正宗」底十来部书为限；唐诗、宋词，杂记、方俗，其中语词之特别用例，他能兼收并采。我于补例工作时，常感到由唐宋到现代国语这一阶段底语言变迁是很有趣味的，是不可缺略的，却又是向来训诂学家所不屑置议的，也就是刘淇所能引其端而尚未竟其绪的，因为他的书里还不曾把元曲和元明话本小说中间所有的词例多量搜讨。但这种搜讨工作，决非一人一时所能完成，那时我才发愿作近代语底研究，并提议在各大学设置近代语研究讲座（提议书见民十七年各报，后载入《国语旬刊》第二期），而这部《文法小辞典》只得暂行搁笔，想至少总须把宋词元曲和明清几部著名的白话小说里头常见的俗词补充进去，至少要使中学教员和学生读到这些名著而遇着其中难语句时可以得到这部《文法小辞典》底用处。

又是公元一九二八年底事，中国大辞典编纂处成立了，大规模地搜集古今典籍中底材料；直到现在（1933），已阅五年，总共搜集所得，计卡片二百万张，当然，那里头有不少的近代语材料，我这部从《新著国语文法索引》逐渐扩大的《文法小辞典》，又无形中受了它们的监视，虽已于一九三〇年成稿，却趑趄踌躇，不敢出版了。因为既有那么些的材料横陈于前，岂能不去讨点便宜，再加补充？那么《文法小辞典》底“小”字，纵不必改为“大”字，似乎也应该删去了。

以上叙明了从本书索引到《文法辞典》的经过，可知十年前本书底「附白四」至今未能实践的缘故，是有这一大段逐年扩大、变本加厉的历史的。然而这十年来用本书作教本的朋友们，却被我害苦了，所以现在返本复始，仍照十年前所定的范围，重编一个索引附在卷尾，以利检讨而赎愆尤。

总而言之，索引之为物也，能者不为；不能者不能为，然必为之而后能者可以使人能，使人各取所需以尽所能，而其书之表里精粗、全体大用、亦可以相得而益彰者，则无疑也。（我希望以后中国一切书籍，都有能者给它们制成索引。假如中国书都有了索引，那些无系统、无见解、无方法、徒然靠着「记丑而博」来唬人的国学大家，便不能垄断了；有系统、有见解、有方法的学者，便不怕没有多量的材料供他的驾驭了。时间节省，效率增大，故做索引工作者，可以说是给学者们延年益寿的。其福德不可思量！）

最后还得叙明关于本书"订正"的几句话：本书国难后第一二版就是第八九版，乃影印本，曾经订补了一些（那是一件最困难的工作，因为订补之处，要编者自己仿写印刷体底五六号小字在极小的白纸条上，用浆糊粘上去）。这次第十版，重新排印，订补较多，可是页数还不许有所增减。有人以为教育界新近通行的《初中高中国文课程标准》，文法注重语体与文言之异同比较和古今中西之翻译，劝我增补一些比较底材料；这个我可以声明两事：（1）西文文法名称底对照，已酌量注入本书索引中。（2）继续本书的教程，将古文作比较的研究，已另编了一部《比较文法》（著者自己出版，由北京著者书店发行）。《比较文法》可适用于高中，本书则仍当从初中教起（本书以四号大字为课本正文，小一号字为例句，分量本不多。只因有"注"，又有"注意"一项，备学者参考之用；更有六号字底"附说"等，供文法理论上之深究：都属参考书底范围，合为一册，所以觉得多，其实还不完备也），直到升入大学时，这两书都还有些用处。三十年来中学教科书底大毛病，就在分量太少（理科除外），而价钱越来越贵：前者把学生教得一年一年地低能起来（教科书只用提纲挈领的编法，择来必精，语尤不详，这是大错！文体既解放了，应授与的智识，就该"择精语详"地多编些在课本里，学生自己不会精读的吗？自己预习和教室启发的教学法，谁都会说，谁都不实行；教员要敷衍钟点，版书许多补充的材料；学生钞的笔记又不成系统，把头脑弄得糊里糊涂：这是教学上很普遍的现象。殊不知提纲挈领，正是教室里底工作；而版书的材料，乃是课本里必须应有尽有的，现在却完全相反）；后者加重学生底负担，而又期期换书，却没有一本书可资长期的温习和参考的。所以要增加中等教育底效能，非把中等各科教科书大加一番改革不可！这些话又和我那十年前底本书索引一样，越说越扩大了，就此结上一个“是为序”罢。

黎锦熙

孔子诞生 2484 年纪念日，

公元 1933 年，于北平

今　序（1951）

这部《国语文法》，是一九二一年写成初稿的，这初稿就是书中用大字排印的部分。一九二〇年在北京开办第一届国语讲习所，这部分还只印成提纲式的表解，用作教材。那时候，白话文才开始被知识分子采用，通行全国。——一九一九年「五四」运动以前，我们这些知识分子也不是不写白话文，那只有三种场合：第一是办通俗白话报，这是教育性的，这显然是对另一阶级说话，要将就他们的语言，其实就是自己的语言，但对自己的阶层是决不会「写话」的。第二是写作或翻译白话小说，这是文艺性的，这也显然是对元明以来传统的旧白话作品的一种不严肃的摹仿。第三是在理论文中偶然流露一些「语录体」的白话词儿，这也是唐宋以来一种文化的传统，但不多见。「五四」以后，风气突变，不论教育性的书刊、文艺文和理论文，白话文都成了「正宗货」。又陆续出了大量的白话翻译品，吸收了许多外来语和欧化的造句法，新的语言形式和新的思想内容是互相随伴着而来的。我现在只叙述当年这点儿经过情况，也就是说明这部《国语文法》为甚么要举那些不纯属口语的多方面的例句。

为甚么不就叫做「白话文法」而名为「国语文法」呢？「国语」这个名词虽然在辛亥革命前后已曾为进步的改良主义者所提倡，但社会并不理睬；「五四」后，就在一九二〇年，学校语文课程也发生了突变，首先把小学儿童三千年来一贯诵读的文言文改为白话文，因而把课目名称「国文」改为「国语」；小学课本用的国语，就是估量着全国认识了汉字的人大都能看得懂、读得出的普通语言。所以当时大家称道国语这个名词，就意味着：一、是现代的汉语，不是古文（文言文）；二、是大众的普通话，不是某一阶层的「行话」和某一地区的「方言」（因此，它要跟国音注音字母相辅而行）。但，实际上还是局限于用汉字书面化的白话文（这就是「国语」广狭五义的第三中和义，见《国语新文字论》页2，文字改革出版社出版的《文字改革论丛》本）。——这就说明了这部《国语文法》为甚么不叫做白话文法，但实际上也还不能怎样地超越白话文法。

至于《国语文法》书名上冠以「新著」字样，是因为「五四」后商务印书馆编印了一套中等学校用的「新著教科书」，每种都冠以「新著」字样，《新著国语文法》就是其中的一种。一九二四年初版印行后，经过十年，才把书末添附的索引补上，并订正了书中一些错误，所以一九三三年重印第十版又加上「订正」字样，其实，订正处并不重要，重要的是添附的索引，这已在一九三三年的新序中说明过了。

到了一九五○年，选集了十年多来积存的与《国语文法》这部书有关的三种东西——一、《文法研究的科学化和简捷化》，在完全的「图解法」之外，提出了一个对于本国语文基本规律的研究法和练习法，就是字旁（或上下）画线的「读书标记法」（简称“加线法”；还另外提出了一种「抄书加线法」，则考验的结果，不如径用图解法）；二、《句法总公式图》，附有「句别单复法」「词类鉴定法」「变式变线法」，这就把全部《国语文法》节约下来成为一个单张；三、《完全的图解法举例》，这是对《国语文法》第十九章补充的一个新例子（像这样的例子，本来在一九二六年印行《「笑」之图解》时就有个计划的，后来未曾实现；到一九三九年，在西北才出了《天下为公》一种，内容扩大，把文法修辞、名物注解、文字音义和文白对译一概包罗在内了），——编在《中国语法与词类》一个小册子内（北京师大出版部本；

今按：后未重版，但《汉语语法教材》已把前两种删订收入）；一九五〇年在这小册子的总目后，对于《国语文法》这部书作了一个简单的检讨：

一九二四年出版、一九三三年添附索引的订正本《新著国语文法》，经过一九三七年以来的各方批评，已随时把许多好意见吸收在内，准备改版；但因篇幅转繁，而这书在应用上只需要简本，所以先把这关于语法的三种做个简本的引子（对原书也略有些补订），仍利用原书来解决一些文法上的实际问题。

国语文法原书有了索引，已等于一部备查的「简明文法辞典」。例如：先查索引（就在这里注明索引的页次），属于主要的成分：（1）主语（27右），（2）述语（31右），属于述语所连带的成分：（3）宾语（3左），（4）补足语（3右），属于附加的成分：（5）形容的附加语（24右），（6）副词的附加语（7右至8左）。照着这六条索引下所分列的项目和本书页次去检读本书，系统地摘抄出来，做个基础，随时可以配补新的例句——照这样办，谁都可以写成一部改组的「现代汉语文法基本规律」的「简本」出来。

只因在目前仍须「利用原书来解决一些文法上的实际问题」，所以一九五〇年就重印了第十三版，并承商务印书馆出版部的同志们给审查挖改了书中一些与现制不合的字样（例如「北平」仍改回作「北京」，一九三三年订正本以前的旧版，本来都是作「北京」的）。现在第十四版，又稍有几处字样上的挖改，在语法本身上是无关宏旨的。

上面所谓简单的检讨是不够的，这里还得进行几条简单的自我批评与批评，每条先标明一个原则：

（一）现在需要各级学校的汉语语法教程，同时也可供工作干部自学之用。——《新著国语文法》仅仅是向着这个目标编写的，它根本上不能算是专门著作，就是说，它是「不足厕诸作者之林」的。所谓语法教程，只是说明某一民族语文在现代实用上客观规律和教学这些规律的程序，这也就是语法研究的「第一条路线」（详见《国语新文字论》页88—90。今按：这种教程，就在1951年试拟了一种，即《汉语语法初步教程》，1958年校订重版本；《汉语语法十八课》和《汉语语法教材第一编》都大致是依据这种教程的）。至于某一民族语文的发展文献和它与其兄弟民族语文的比较研究，这两条路线，包括有关语言学的理论，在语法研究上自然都有其高度的学术性和重要性，但《新著国语文法》谈不到这个，它是没有甚么专门学术价值的。作者还是希望用这书的同志们，对于《引论》中三十年前提出的「《国语文法教学法和本书底使用法》」（见本书卷首《引论》页5）先予注意，试照着办，本着实际教学的经验，更予以严切的批判！

（二）汉语语法教程要针对现实需要，简明、有用。——现实需要是甚么呢？一、掌握语法规律来分析各级语文课本的教材，从抽象的规律得到具体的证验；二、再密切联系口语练习和写作实习的指导工作和评改工作，做到「正确地使用祖国的语言，为语言的纯洁和健康而斗争」（见《人民日报》1951年6月6日的社论）。因此，语法教程必须做得「简明」，简明而后「有用」。《新著国语文法》内容过多，除大字正文和所举例句外，又横出一些「附注」「注意」之类，（在三十多年以前，一般人只注意中国的文言文法，对于口语和白话文，听说也要建立起文法来，就感觉是一件新奇而困难的事：你究竟根据一些甚么材料呢？本书的「附注」「注意」之类，就是舍不得割弃的一些问题研讨的总结材料，经过情况已见一九二四年的《原序》中）这就不够「简明」；应当多举阅读课本中的例句以资练习，应当多搜写作实习中的错误以示评改，才合于上面所举「针对现实需要」的两个条件，《新著国语文法》在这点上又嫌太少，这就不易「有用」。三十年间同学朋友们用这书的，总说是篇幅太多，我今接受了这个批评；同时也得展开一个批评：他们多数是逐章逐节讲解下去的，并没有重视卷首《引论》中的《本书底使用法》——「『基本的讲授』只要讲前三章，尤其是第三章要弄得清楚而熟悉，在初中，文法的基本规律就算结业了。第四章以后，不要逐节讲下去，即当指定本学期中讲读过的国语文一篇作例题，来做图解法底『初步的练习』（1933年《新序》中语），——本书只有前三章共二十九页是正式的教材，其余十七章共三百六十余页都是作为「文法小辞典」看待的，是通过卷末索引来检寻内容的一种系统的文法小辞典，是把整篇讲读教材用作分析语法的练习例题时遇了问题寻求解决的一部实用的文法小辞典。这样的辞典编法是特殊的，这样的语法教学也是突出的。作者一方面接受批评，计划另作简编，一方面还是希望用这书的同志们，对于《引论》中的「国语文法教学法和本书底使用法」特予注意，试照着办，并充分利用卷末的索引，本着实际教学的经验，更予以深密的批判！

（三）汉语语法的本身，应当是从本国人民的语言中归纳整理出来的，不应当沿袭外国语法。——《新著国语文法》的英文法面貌颇浓厚，颇狰狞；例如「图解法」，除了一长横两短竖之外，实在都是自创的规矩，跟英文法的图解方式并不相同，但书中偏要因袭引申 A. Reed 诸氏之说（如《引论》，如页361）。三十年间同学朋友们用过这书的，往往对我说明他不能照《本书底使用法》讲完前三章就指导学生做图解练习的缘故，乃是因为他自己的英文不好，所以怕图解；这个误会应当由我负责。其实，相反的，英文法才不需要图解呢！印欧一系语文的语法都不需要图解，因为他们是综合语，文字拼法上就有了根尾变化的语式（即每个词的语法形态），何必还靠图解来表明词位排列的语序（即句法成分的配置结构）呢？图解是汉语语法特别需要的，因为汉语是各词孤立的分析语，主要是依靠词的位次来表达意思，这语序一经图解，就把组织规律明白清楚地摆在眼前。特别是理论文中的长句子，不用图解法就很不容易说得明白清楚。图解法应当是我们对于自己正在发展中的民族语文自己创造的一种研究和教学上的武器。本书作者态度模糊，对于图解法及其他，都不强调创造性，以致引起误会，这是应当接受批评的。同时也得展开一种批评：印欧一系的语法的重点只在语式，汉文从古至今根本没法仿照这一套；近来语法批评家总说过去的中国语法书都是沿袭印欧语法的，这话太笼统，在语言学上是讲不通的，是不符合事实的。中国汉语语法「不应当沿袭外国语法」，是对的，但过去到现在一切文法语法书基本上都不可能完全沿袭外国语法，只是析句辨词的讲法有些同于英文，这只要逻辑上说得通，规律上看得准，又怎么知道不是英文的析句辨词有些同于我们呢？（参看《国语新文字论》的「打倒拉丁文法」，页84；「创建现代中国新语法」，页87）过分地避免西洋语法上相同的讲法，倒反要在语法理论上不自觉地「把西洋的问题搬到中国来」；片面地强调本国语法上偶异的习惯，倒反使本国大众在使用祖国语言时看不到人类思维共同的抽象化的规律，到了需要文化交流和在语法认识上有了较高度的进展时，大众对于那些无端立异、刻意求「粗」的讲法也要感觉不满足的。

（四）从本国人民的语言中归纳整理出来的汉语语法，要找出中心，抓住重点，建立基本规律；不要流于琐细，又欠贯通。——《新著国语文法》的教学要点就在把「句本位」做中心，把组成句子的六种成分做出发的重点；它的缺点就在图解法上要跟着句子的成分去辨别每一个词所属的词类，同时表现出汉语的「词有定类」（这就是所谓自创的图解方式），因此，在析句上就免不了琐细，而在辨词上又免不了多所贯通。三十年间同学朋友们用过这书的，往往又说大规模的图解练习，准备太费时，问题多；其实，问题大都在琐细的部分——「要把句中占字量较多的『附加的成分』也给解剖分析，那可不甚简单，不简单就不能迅捷；因细分，倒把『主要的成分』忽略，甚至弄错了，则又不正确。」(见《文法研究的科学化和简捷化》)因此，一九五〇年把简捷的「读书标记法（加线法）」提出来，代替完全的图解法，作为初步地和重点地练习语法基本规律的有效武器，想纠正过去一起首就流于琐细的缺点。同时也得对于近今谈语法者贡献一点儿意见：现代五亿多人共同应用的汉语语法，似乎要围绕着一个中心来教学基本规律，根据着几个重点来发展辨词析句；否则越想求简易越流于琐细，愈向单纯愈欠贯通。

「中心」是句，句的「重点」就是六大成分。《新著国语文法》对于变式(倒装)的成分，图解上多只复原，缺少汉语特有的「语序」的表示，这是在「重点」上没有强调民族语言的特殊规律，也就是缺点之一。(今按：1952年重版时已略有补订，见后《附白》。)

（五）现代知识阶层通行的欧化的白话文和翻译文，在语法上应有适当的处理。——这实在是三十年前跟着白话文一块儿兴起的，《新著国语文法》中举例太少，是缺点。「解放以来，在知识阶层更流行着(由于学习时所读的译品多，所以提起笔来，包孕的子句、积叠的形容语或疏状语即副词语等等，自然奔向笔底……事实上无法避免，在本国语文的进展上也无庸避免)，这虽不都是'从群众中来'的，可也是正在而且不断地'向群众中去'的」(参看《国语新文字论》「第二种拉丁化」，页85)。《新著国语文法》中「析句辨词的讲法」，既不避免与西文法的讲法相同，「对于知识分子剖析欧化的白话文，则又颇有用处」；书中对于欧化的长句虽举例太少，但共通的法式和基本的规律，略足以支配它们、限制它们。对于它们适当的处理法，就在乎要有办法考验它们是否违反了本国语法的基本规律。考验的办法也很简单：不怕欧化的长句怎样长，只怕任何人都看不懂；看起来费劲是当然的；费劲看了还是不懂，那它就无疑地违反了本国语法的基本规律。但欧化的长句在目前还是不适宜于口语的，因为在书面上可以费劲地来回看，在口头耳际就无法重复地来回说、来回听。不违反本国语法基本规律的欧化的白话文，由于各种学习的需要，通过书面是很容易「向群众中去」的，所以文法上必须重视它。但在目前还不算太普及的口语文法。

「从群众中来」的就是老百姓的口语，它是自然合于语法基本规律的，就是说，群众的说话没有不合于民族共通的语法的，方言的差异乃是词汇的不同。从翻译品演成的欧化的白话文，只要不违反汉语语法的基本规律，经过一个相当时期，自然要与群众的口语合流的。我们讲汉语语法的，首先要认识这一点。

汉语是「分析语」，但也不是资本主义国家一般语言学者所谓「单节语」。老百姓的口语中早已发展了一些复合词和语尾，欧化的白话文中外来的、义译的和新创的复合词更多。假如把这些复合词和语尾，不通过汉字而通过拼音文字书面化起来，也许汉语语法上要发明一种东方特有的「语式」——这就是「复合词构成方式」。在不用拼音文字而用汉字「写话」的现阶段，尽管词儿连写，词间隔离，也还不容易看得出我们也有「词形的变化」（即文字本身拼法形态上的变化，即「语式」）。这种复合词构成方式，不但是汉语拼音新文字规定词形的基础，它跟语法上「词类」系统也是息息相关的（词类就是每一个词的品性和在句中的作用；《新著国语文法》说「凡词，依句辨品」，是对的；但又说「离句无品」，则是不正确的，即如复合词的构成，基本上要依据着独立的词类）；长句中各成分的内部组合方式也是和它有一致性的（这是指「短语」，《新著国语文法》说「不止一词，不成一句，谓之短语」，一作「仂语」，统叫「词组」）；词义的确定和用词的恰当，目前最为要求正确使用语言的人们所重视，那也是要从它出发的。「复合词构成方式」在《新著国语文法》中说得太少，词义和语法相融合的「词类大系」也没有能合理地建立起来（一九五〇年才把这两种东西整理补充了一些，编入《中国语法与词类》；

今按：前者即「汉语构词法」，和后者，都重订收入《汉语语法教材》第二编）。广泛而深入的人民词汇研究，是可以不在语法范围之内的，但汉语语法除以句法为中心外，复合词和独立的词类研究，实在也是语法研究的重要环节，它们大有影响于用词造句的纯洁与健康，特别是在欧化的白话文普遍流行的时候。我们讲汉语语法的，其次就要认识这一点。

最后请引斯大林同志《论马克思主义在语言学中的问题》中的几句话:「文法把词和语加以抽象化，而不管它的具体的内容。文法把词的变化和用词造句的基本共同之点综合起来，并用这些共同之点组成文法规则、文法定律。文法是人类思维长期抽象化工作的成果，是人类思维得以巨大成功的指标。」我们讲汉语语法的，更须体会：通过民族形式，语文规律就是思维规律。

黎锦熙

中国共产党建党三十周年纪念日，

1951年，于北京

校订附白

本书1951年7月第十四版的“今序”后原有一个“附白”，说：“这序中引了《中国语法与词类》的总目识语：‘对原书也略有些补订。’补订处以‘变式的句法’的图解法较为重要。”因此，指出本书中几处应当改的请读者参照改订。现在重版，书中照改了，原“附白”就取消了。改订处附有几处“今按”，欢迎商讨。

此外，1950年商务印书馆重印第十三版时，他们出版部同志给审查挖改了一些与现制和新时代思想不合适的字句；第十四版又改订几处，都还未尽；现在又检查一遍，改订一些，大约都是在例句中的。

第十三版重排的篇页中，又产生了一些新的数目字的错误，现在也加校正。只因书中所注前后参照的页码太多，又书末的索引更依靠页码数目字的正确，过去一直没有细核，定有些不对头；读者察及，请予函示！

这样的“校订”实在太不够，特别是“词类”各章中，应当补充的、应当改组的地方不少。除“改组的简本”已出版一种《汉语语法初步教程》，并与人合编一种中等语法课本名叫《怎样教学中国语法》（今按：已改名为《汉语语法十八课》）外，关于词类和语法理论，打算在集体研究商讨之下，随时订补，另编一种《语法教材》。非常盼望读者随时提出批评和修订的意见！

1952年7月7日

十九版重订附白（1954）

本书1953年第十六版校订本发行后，读者的意见仍多重视例句的内容时代性；现在第十九版，重给审核删改。由于这书初版出在三十年前，所引例句，除出自旧白话小说、戏曲中的已各注书名外，其余多出自「五四」时代的新作品，未注出处，到现在看来，当然有些是过时的词句。解放后几次重版，印量无多，只打算作旧书看待，供研究中国语法者参考之用；现在采用较多，自当首先注意例句内容的教育影响，此次这种删改是必要的。

这书的页面还是三十年前的旧版型，因为书中到处注有"参看"某页，书后有索引，他书又引用，都是用的页码数目字，牵连太多，所以久未改排。此次除挖改一些词句外，也改排了十余页，其中也略有关于语法体系的修订，现举出页码，以便已购的作重点的校正，即：页6，23，25，45，64，65，77，81，91，206，207，210，305。

至于将来的改排本，对于本书的章节组织仍当保留旧面目，只对错误、矛盾和粗略处，予以批判，加以订正，这样才好让语法研究者观察几十年来汉语语法发展的过程。目前为实用计，拟把《汉语语法十八课》作为本书初步修订和教学适用的精简本，把《汉语语法教材》（第一编和第二编的"词类"）作为体系调整和例句补充的革新本。

1954年五四青年节，著者附白

二十二版重订附白（1955）

本书1950年由商务印书馆出版部删订了一些字句，出了第十三版，这是解放后第一次校订。1951年第十四版，我作了一篇“今序”，提出五点，作了自我批判并提供了一些一般性的意见；到1952年将出第十六版，又把书中重要错误改正了一些（见“今序”后的“校订附白”），这是第二次校订。1954年第十九版，根据读者的意见，把例句重给审改，并在语法体系上有所修订（见1954年十九版重版附白），这是第三次校订。现在准备第二十二版，承商务印书馆工作同志指出例句中一些还应修订的地方，重加审改一番，同时也把关于语法体系的自相矛盾处澄清一些，这是第四次校订。

关于语法体系的，举个例说，本书明明把“形容性的附加语”（简称“形附”，即对名词的修饰语）分成四种，形容词只是四种中的第一种，但全书中有时遇了名词或动词用作形附时，多半就说是转形容词，而不说是用作形附：形附和形容词两个名称的范围既有大小，不合逻辑地随便用，自乱体系，自造矛盾，不但使教学上不好掌握，常易发生纠纷，也使批评者感到迷惑，从而引起误会。（就这个例子说，名词和动词用作形附，基本上是属于形附之第二种和第三种的，不能说它本身就转了形容词而全属于第一种；要是这样说，词类中名、动、形的通转就太容易了，没有限制了，那么“今序”中对于「离句无品」以及「词无定类」这些话的错误检讨，岂非室谈？）因此，凡有这样重要关系的错误，虽是一词一字之差，此次也给挖改。

另外，由于过去受了半殖民地和资产阶级学术思想的影响所形成的，如过分的比照英文法，也添加几处“今按”，予以否定；为着翻译工作上还有可参考处，所以“过而存之”；也就是执行上次重订附白中的话：仍保留旧面目，予以批判，好让语法学者观察几十年来语法发展的过程。

希望读者据此第二十二版校订本不断地提出批评和修订的意见，俾得充分订补后重版改排。

1955 年 10 月国庆节，著者附白

二十三版附白（1956）

二十三版除继续挖改几个错字外，在 34、36、37、174、175、238 各页中，都有关于语法体系和图解法上的修订，请已购本书的读者参照作重点的校正。

1956 年 11 月，著者附白

二十四版附白（1959）

这两三年来，从整风到全面大跃进，教育改革，学术批判，语文科中的语法教学和研究也该面目一新，本书的二十四版，就该确定其性质为旧书重印。如果说1898年印行的《马氏文通》是参取西洋语法来说明古汉语语法的较早的书，而《新著国语文法》也就附骥地被认为是说明现代汉语语法较早的书，那么两书的问世，相距不过二十多年，而后者自1920年初稿印行至今已近四十年，自然要一律作为旧书看待了。不过，马建忠先生是早已作古了，而本书的著者还活着，不怕是旧书重印，对读者还应该负责。因此，这二十四版的书名、版心和页码虽然不变，但其中如“今序”、如引论的5页、如正文的5—7、13—14、21、44、47、53—54、84、101、126、202、210、285、305各页，都有所订正而改排了；为的是思想方法上有陷于主观片面的，有自相矛盾的，以及辞意含糊、文风不好的，或大或小的错误，只要发现了，被批判出来了，就不可以让它还在给读者以坏影响，尽管所订正的还不能彻底、干净。至于语法体系上、词的分类上以及其它支节问题，彼此讲法不同或者是自己的前后所见也不同，那都不在这本旧书中多所更易，仍略如1954年的“重订附白”所说：为实用计，拟把通过1952年的《汉语语法初步教程》而编写的《汉语语法十八课》作为适应目前群众初步学习语法需要的精简本，把《汉语语法教材》作为配合教学并对本书的体系调整、理论补充和例句撤换的革新本。就在这新的基础上更进一步地研究、讨论，作为语言学界集体协作的一种贡献，在社会主义建设的大跃进中完成这一个螺丝钉的任务。至于这本旧书重版的作用，也就如前所说，好让语法学者藉此观察这几十年来汉语语法研究的发展过程而已。

1959年五四青年节，著者附白

引论 “句本位”的文法和图解法

诸君知道近来研习文法的新潮么？简单说，就可叫做“句本位”的文法。

在西洋底文法课本，有些也是把字体学（Orthorgraphy）、词源学（Etymology）等等专家学理配列成书的；有些虽然注意技术底练习，又不免偏于分析，弄得意识界支离破碎，而且漠然无所依归。近来大家也就主张一步一步地踏着句子底自然的发展，用作修习文法底程途；先理会综合的宏纲（句子），再从事于分析的细目（词类）。不但“宏纲具举”而后能“细目毕张”，并且词类底区分，有些要由词类在句中的功用而决定。学者对于种种文句，若不能找出其中各个词儿底职务和关系，仿佛和考究一种有机物底各种成分一般，那么，老实说，他纵然能够背得出名词、动词……底定义和种类，终于完全没有知道这九品词类究竟是些甚么东西；将文法闹个不休，究竟是怎么一回事。若从句子底研究入手，则不但灵敏的词类智识、正确的词类用法，可以得到，而且：（一）可以发现一种语言底普通规则；因为句子就是语言底单位，如果谙悉其各部分底主从的关系、彼此的衔接、确当的功能，好像一个老技师把他的机器弄得十分精熟，那么，哪一部分发生了障碍，马上就可以找出其受病之点和疗治之方。（二）可以作学习或翻译他种语言的帮助；因为思想底规律，并不因民族而区分，句子底逻辑的分析，也不因语言而别异，所以熟悉了国语底句法，无论学习何种外国语，翻译何种外国文，自然要觉得工作容易些。若单讲词类底分品和变形，在西文已经是国各不同，在国语更是没大关系的了。（三）可以帮助心能底陶冶；因为做句子底逻辑的分析工夫，实是陶冶心能的一种妙法，——从思想底表象（Outward form），即句子，去研究思想，而发现句中各成分所表示的思想各部分是怎样适宜而合理的，这便无异于研习一种思维术（怎样去思想）了。而且学生们把句子底分析和构造练习纯熟以后，对于别的功课，其理解底心能，一定可以渐达于明瞭准确的佳境。以上许多良好的结果，都是靠这有组织的而且能持久的工作——“句本位”文法底研习工作——才可以得到的。

向来学生们大都厌弃文法底功课，以为这是何等烦琐而干燥的课程啊！而且：（一）天天说的是本国语，近年来更天天嚷着“国语统一”，要学习标准的本国语；然而对于国语底规律——实用上的规律，终于是一塌糊涂，还不如学习外国语时，能说得几句语言，便懂得几项规律；懂得一点儿有用的规律，便能实实在在地矫正许多错误的语言。（二）学习外国语和文言文，都靠意识上有正确的现代国语作基本，互相对比，才够得上说真正地了解。现在全国学生最打不过的难关，就是文言文底通达；全国教员最难使学生“相悦以解”的，就是文言文底神秘。然而一经这种文法底说破，自然不值半文钱了：有什么难懂的呢？闭着眼睛去瞎撞罢了。新式的诗句，欧化的语体文，风气所趋，大都也是盲目的模仿；至于新旧底异同、优劣底比较、以及变迁底经过、取舍底准绳，大都无法讲求，要讲也多半是语无伦次。（三）尤其是不明白文法底功用，居然大家默认中国文法是一种不中用的东西，不能够使不通的人渐变为通；并所谓“文从字顺”的技能，都不仰仗于文法底练习，何况思想底整理，更何况心能底陶冶呢！青年们头脑不清、言辞纷乱、种种毛病，教文法的先生们恐怕不能不负一点儿连带的责任吧。——以上这些不良的现象，都要靠这切于实用而又富于趣味的工作——“句本位”文法底研习工作——才可以补救的。

于是摹仿从前西文 Grammar 的“词类本位”的文法组织，非打破不可了；仅就九品词类，分别汇集一些法式和例证，弄成九个各不相关的单位，是文法书最不自然的组织，是研究文法最不自然的进程。先就句子底发展，娴习词类在句中各部分的种种位置和职权，然后继续地研究词类底细目：这乃是极自然的事。句子由最简单的到极繁复的形式，仿佛像一种有机物底生长；文学上段落篇章底研究，也不外乎引导学者去发现怎样并为甚么把许多句子结合成群；各群之间，又是怎样的关系；因而发现对于模范的读物，要怎样效法才算最有价值：这也是研究上很自然的趋势。所以，句本位的文法，退而分析，便是词类底细目；进而综合，便成段落篇章底大观。

那么，最适于这种工作的工具，便是图解法（Diagram）了。图解法底用处，在于使学者直接地敏活地一眼看清复句中各分句底功用、分句中各短语底功用、短语中各词类底功用。画图析句，或主或从，关系明确；何位何职，功用了然。若不用图，则有机的“活句底全体”无从表现，而脔分肢解，成了许多碎片儿零块儿的东西，或者自顶至踵，头目手足，节节考究，顾此失彼；像这样去观看文句，“非徒无益，而又害之”！

图解法底目的，是要使学者：（1）从句子底文学的次序上，透进一层，看出逻辑的次序来；（2）因此便可了解文学的次序真正是个甚么；（3）并且明白：只要逻辑的关系保持得清楚，任凭文学的方面（即语言底习惯上）怎样移动变更，不能强加限制。

正确的图解，不难机械似的画出来。它能鞭策学生对于文句作委曲深邃的探究；它能领着学生和各种困难脸对脸儿地碰着，使不能不对于句中诸重点问题努力地加研究、下判断，而不容有囫囵吞枣之余地。

但是国语底图解法，也不能完全仿照西洋文法家所用的成式，应当依着国语底特性加以变更。图解法怕的是滥用；用得过分，便觉得反复费时。所以寻常的句法已经弄得清清楚楚了，图解法便只须用于较难的句子；句子若是太复或太长，图解法便只须用于较难的部分。不过国语底用词组句，偏重结构，略于形态；词儿底形式既不像西文那么多变，若非多用图解法，那思想表达的文法关系定多疑莫能明；故滥用的流弊，在国语文法中可不至于发生。只要经过相当的练习以后，听话、读书之时，耳目所接，图解自然在脑中，那就无须再用笔来工作了；因为图解法底目的已经达到了。

〔附注〕本篇节采了 A.Reed 诸氏之说。

国语文法教学法和本书底使用法

本书虽曾用作师范大学国文学系底讲义，但也曾用作初级中学一年级底教本；其体例编制，大体上即是供初、高两级中学之用的。因为这书是寓圆周法于二十章底进程之中：大约前三章为第一圆周；第四、五两章和第十二、十三两章又成一段落；中间插入第六至第十一凡六章底词类细目，只备参检之用；第十四章以下又进而成一段落：故下自短期的讲习所、补习科，上至大学专门的文科各系，都可用为课本。短期讲习，只以前三章为限，以下即可作“归而求之有余师”的自修课程；专门研究，则以全书为大纲（Outline），可依类博稽载籍，旁搜材料，而归纳有方，系统不乱。现且就初、高两级中学底文法课程，举例将教学法说明，同时便可以说明本书底使用法。

初级中学底学生，对于系统的国语文法，大都还没有经过正式的讲习；用这书为初步的课本时，但宜择要先授，不可从头至尾，逐节讲下去；现在分章略说教学上的要点：

基本的讲授

第一章 注意2、3两节（4、5、6三节可以删略不讲），务使学生十分明白字、词、语、句四者底区别，以树立一切文法上名称底基础。并且在中国文法上，若要基本观念正确，第一，不可把一切单字都当作词，才不至认错句子中底单位；第二，不可把不成句的短语当作句，才可以看得出句子组织的主要点和标点符号底正当用法。

第二章 8至12凡五节，是对于九品词类底名称、定义和区别，加一点基本的说明和简易的例证；教学之时，即此已足，不须涉及各词类底细目。因为这也不过是谋研究句法的便利，先把常用的重要术语整理、训练一番。

第三章 这一章是全书的重心；在初中，只要把这章弄得清楚而熟悉，便已够了，——以下各章，大都是用来临时参讲或指导自习的，法详后。——但教学本章时，有几项要注意的事件：

（1）17、18、19三节，只须就所举例句（共九句）约略讲明，其余许多申说之辞全可不讲，只令学生自看，不懂便问。因为这三节是说外动词带宾语后再带补足语的三种造句法，偏于分析，易致沉闷，故只可将例句略讲；但也要叫学生于自习时自己将全文细看一过，看明白这分类的条理，藉此可以锻炼其对于文法底分析的头脑。

（2）各节所举例句，不妨随时增加，版书出来，问答练习；或令自行找出相同的例句，或令自行造句作例。惟各节各有要点，图解上须注意。

（3）25节底图解总公式，不要单独地讲解，要从13节说“主语”起，便将主要线─╫─画在黑板上，以后逐节将各成分一步一步地添加上去。讲到24节，这公式便已完成了，学生眼睛里也看熟了；所以25节的总公式，当然用不着细讲，只须概括地重申一遍，并将活看法郑重说明，例如“（5）形容的附加语”可以移置在“（3）宾语”或“（4）补足语”之下（依总图解指说），有时并可移置在“名代的副位”之下（就24节的图解证明）等等。

（4）本章最紧要的就是25节底图解程序和手续；但讲到此处时，决不可凭空逐条解说，必须先举一个较长的单句作例，按条发问，依序入图，自然相悦以解。我且将自己常用的例句举出来说明于下：

图解底示范

例：从前的那些工人们底子弟，往往不能够在一个善良的学校内，求一点儿高深的智识。

版书时，最好是用“词类连书”法。写好之后，还要先问“这是几个句子呢？”答错了的，须叫他将第2节“语与句”重看明白；然后说明这一句中要用两个点号的缘故，并略说句号的定义——凡不成句的“语”，可用点号，千万不要错用了句号。——然后按着25节所条列的手续，逐一实行起来（须师生合作）；一面图解例句，一面即解释条文。

〔注意〕图解这例句时，其中“能够”两字，初学者常要根据第二章所讲，认为副词；即当叫他们立刻翻开页65之〔注3〕来参考，并申明以后凡遇着这路的助动词一概准照此例图解。又“学校内”之“内”字底图解法，虽本章22节“黄河上”之“上”字有例可援。但到此也要叫他们参考64页之〔注1〕，略加说明，用为定例。——凡练习例题时，都可仿照此法，从全书各章中指明某页来作参考。后再详说。

第四、五两章　第四章注重成分颠倒的变式句底图解法，第五章注重成分缺少的省略句底图解法。在初中，并不必逐节讲下去，只须于遇着事实上底困难时，便向这两章中去找解决的方法。大约第三章讲完之后，即当指定本学期中讲读过的国语文一篇作为练习例题。现在也举例并说明于下：

初步的练习

例题：《最后一课》

> 这一天早晨，我上学去，时候已很迟了，心中很怕先生要骂。况且昨天汉麦先生说过，今天他要考我们的动静词文法，我却一个字都不记得了。……

方法说明，约有六项：

（1）不论分句或子句，第一步都各当作单句看待；仍依第三章25节条列的“手续”第（2）项，先逐句指名发问：“哪个词是主语？”“哪个词是述语？”——如第一句“我”是主语，“去”是述语。这两点是本学程第一段落修习及格的最低限度（如有答错了的，须就名册记出，令其补习第三章）。

（2）即将所答的这两点图解于黑板上，令全级讨论对不对。

（3）再依第三章“手续”第（3）（5）两项，按本句其余的成分发问，——即先依第（3）项问：“这述语是哪一种动词？”“它应连带甚么成分？”“哪一个词是它所带的宾语（或补足语）？”于是横线以上的成分完全了。再依第（5）项ㄅ、ㄆ、ㄇ底次序，问各附加的成分。须注意形附和副附各有两种，要使分别答出：如问“‘上学’是什么成分？”（副附。）“是副附底哪一种？”（介词“上”带副位“学”。）若答错了是副词，或答不出来，须令再看总公式中之〔6〕。——问时，可不指名，知者即答；有时亦可斟酌将那在第三章内已讲过、为学生所能答而且应该答得出来的，指名发问。总之，答对了的，即在图解上添加这一部分；答错了的，也要给他辨明，并且要从已讲的各节中指明他记错了或未经意之点出来，叫全级复看。版上图解，须注意叫全级随手照抄于笔记簿。

（4）但是这种例题，是就整篇的文章逐句练习，不曾加以挑选，故已讲的各节中所有图解公式大抵支配不来，——即如第一句“早晨”，是放在句首的副位；已讲的24节和（注9），只足以使他们认定这表时的名词是在“副词附加语”的位置，却还没有涉及变式的组句法。到此便要叫出页44来，即正式讲授第四章40节“变式的副位”（且守例题的范围，只以讲明（勹）式为限；又这例题中还有“昨天”“今天”两词的装置法，经此讲授，图解时便不待烦言而解了）。这就是“遇着事实上底困难时，再向课本中去找方法”底实例。现将这一小段例题中其余的困难和解决法列一个表：

这一“天”——领位，作副附底形附（已讲的页30）；介词“的”字省略（页52〔注11〕）

“上”学——介词，介所向的（细目见页151；“上学”已是复合词，但初步要分析）

“了”——凡两处，都在句尾，是助词（图解法见页42〔注7〕；细目页229—235）

“先生要骂”——名词句，作“怕”底宾语（页187）

“要骂”“要考”——两要字都是助动词（图解法见页65〔注3〕；细目见页103）

“况且”——平列句底进层连词（页201—202）

“他要考……文法”——也是名词句，作“说”底宾语（页187）

“动静词”就是Participle（作静词用的动词，即本书所谓散动词第二种，作形容词用的），不可当作动词和静词讲。

"一个字"都不记得——变式的宾位之第四（二）式（页38）

〔注意〕这表所列的页次，并不限于第四、五两章。练习时，或者逐一翻检出来，从事讲授；或者再订缓急先后：须斟酌学生程度而定。不过凡在四、五两章底范围内的，必须翻出讲明。

又这表便是教员底豫备方法。但不必照此列表，只须在原例题上用色笔记出页次底数目和必要提示的名称；图解所至，一查即得。可是豫备之前，要把全书研习得很熟悉，否则预备时不免有找不出解决方法来之苦；虽然本书有目录和索引可寻，但总不如熟悉内容之能胜任而愉快。

（5）这种随练习随讲授的方法，是教学文法的一个很好的崭新的方法，最能唤起全级学生底注意与兴味，而且马上可使得着文法底应用——矫正思惟和语言底错误，养成读书精细和下笔有条理的心习。但每小时的指名发问，大约至多只能轮流到六人；以每周一小时计算，全级轮流两次，便要满一个学期了。这个认明单句中主语、述语（述语底连带的成分也可算在内）的问答练习，算是第一学期及格与否的平时测验；每人轮到两次，也就足够了。所指定的整篇例题，并不必练习完结；没有完的就让学生自由去图解。

（6）初步的练习工作既完，接着要把第四、五两章顺着节次略讲一遍，作一概括的结束。到此，国语底单句构造法，或正或变，或整或省，可以瞭然于心。因为第四章虽是注重变式句，但以名、代两词底"位"为全章底系统，其条贯易明而易记；第五章虽是注重省略句，但以散动词组成之短语为全章底主眼，其目的在使学者对于主要成分底辨认，不至于胶柱而刻舟：故这两章，质虽似乎修辞，而貌仍不离乎文法。

进阶的练习

初步的练习只用问答法，进阶的练习便要叫学生轮流在黑板上图解所指定之整篇例题。每人或只图解一个割截的单句，或图解一组整体的复句，又随程度底高下而定：大约初中以单句图解得不错为最低限度（惟各单句组成复句的联结关系，也要随时指点；即等到每组复句中各分句都一一图解完结时，教者便准照第十九章所示的例范，将虚线彼此连络，并写出连词底位置和这复句底名称）；到了高中以上，渐宜使自行将复句底联结关系表示出来（参讲第十四、十五、十六章复句底分类）。练习时，可分句指定两人以上同时上台图解，视黑板底大小、多少而定；图解后，令全级逐句观察，批评、改正。总之，问答练习和翻书讲解必须参合并行，一直到毕业时为止。

词类细目底检查

第六章至第十一章　这六章是名、代、动、形、副、介六种词类底细目，专供自习时检查参考之用。如上面初步的练习题中，有副词“已”“很”“过”“却”“都”“不”，若于图解后要把它们归纳为几类，便可指导使查第十章底目录，按页次去检寻，参详例句，识其类别。有时遇着图解上或研究上较大的困难，也可以单提其中某章某节讲授，例如练习题起首“这一天”之下省略了“的”字，除参讲页52外，还可以酌量学生底程度，进一步参讲页121之92节；或者不讲授而标示页次，令于下课后复习时自行参阅。

复句研究的程序

第十二章　这章是说单句底复成分，其教学法和第四、五两章相同。练习初步的例题时，凡遇着两个以上的主语、宾语等，或带有连词，图解上必生困难，即当随时参讲这章中之某页，指示其处理之法。这是进修复句的基础。

第十三章　这章是专论造句时附加的成分底添加法，将“形后于名”“副后于动”两点作骨干，加一番归纳的研究。其最后之120节（页183），实是就句法先打一个叙记文谋篇布局的基础。单句底研究到此为止，以后便是复句了。这章重在修辞，可单提着讲授；但如“得”字底用法分类，也是练习时常要翻出来参照讲授的。

第十四、十五、十六章　这三章是分述三大类复句底系统和连词底细目：一方面供练习时底指点讲授，一方面也可供自修时底检查参考。大凡整篇例题，纵然特选短文，篇中也定多复句；在初步的练习时，也不妨随宜略说，只不必翻检细参罢了。进阶至于高中，即宜特重此点；所以程度很高的图解练习法，尽可不全写而只画成线条结构，写上主要成分，旁加分段提纲。

口语法底研习

第十七章　这章按语气来归纳助词，举例特多，意在叫学生把国语底音调、语气，练习纯熟，才算是有了国语文学底基础。非官话区域的人，必须注重这章底讲习：例句要多诵读，要照着标准地方语底音调而诵读。这章乃是“口耳之学”；耳熟口滑，再用心目。作白话诗文时，助词用得不妥的，更宜注意。

第十八章　本章根据北语，定叹词底标准，观古今之会通。既资实习，亦关学理。

以上两章，不拘何种程度，都可随宜讲授；最好是于练习工作经过若干周后，觉着兴味减少时，便将此等教材来调节心思底疲劳，宣畅口耳底湮滞。

「科学的」文学研究法

第十九章　这章为全书所用图解法底总示范。以前各章，除

第三章有一个抽象的单句总公式、第十三章有一个完备的附加成分底图解式之外，其他都是就各节所标底要点，零星画成许多部分的、分析的图解式；到了这章，才就整篇的文章，把那完全的、综合的、具体的，而且“变动不居”的图解式表示出来。这章底大用处也在供自习时底参考检寻。初步的练习虽然说不到此，但高材生常爱向上寻求，便自然而然地要参究到这章了。这章并有古文底图解例，是指示研究古文文法和练习言文互译底一个总方法。最好于古文图解之后，便将所译的语体文用色笔逐词添改上去，即可得一个明细的对照，而发现古文和语体文用词组句种种不同之点——如古文多浑含的单音词，多灵活的意动词，多省略的成分等。这实在是很科学的古文研究法。若从语体文的翻译、比较、推敲一方面说来，也就是一种很科学的作文练习法。

标点符号底教学法

第二十章 这章将新式标点符号作一个系统的叙述，又把实用上常遇着的困难问题略加解决。但教学标点符号的方法，只须在练习图解、说明复句底联络关系时，一并指点讲授；本章或随时翻出参讲，或任学生自行参考，都无不可。若要单讲此题，学生程度高的即可适用本章；程度低的，则当依本章底目录，从所读的语体文中选出例句，逐项讲明，作为本章第一个圆周的教学。仍应随程度底高下，指定没有标点的语体浅文或古文，使自行练习；后乃印布范本，使自核改，有疑便问。

【注意】 以上是就本书说明一个连续的进程；但实际上，高中也有未经过那种基本的讲授和初步的练习的，便也要补授前三章，不过时间可以更加缩短罢了。此外如短期的讲习所（如国语讲习所、暑期学校、师范讲习科等）、中等的补习科和旧制师范学校等，皆视初中；专门以上的文科、高等的补习科和旧制高等师范等，皆视高中；都可按照以上所说，斟酌教学。总之，尽管程度在高中以上，只要是未曾经过图解法底训练的，总应该先把第三章讲习一番，打好一个基础，再向前进。

以上所述本书凡二十章底各别的使用法，就可以证明全书底计划是「寓圆周法于进程之中」。意在：（1）免前后的重复。（2）省学者的购买力。而且（3）国语文法底本质原与西文法不同：用词既无繁琐的规律，故记忆上不须划分难易的阶段；而构句却常多奇诡的变化，故理解上必须综合前后而并观。（4）本国人研究国语文法，其学习心理底进展，也与研究外国语文法不同：辞气言谈，早已惯熟，故徐进便觉沉闷，综览转易贯通。因此，我对于国语文法课程，颇主张采用这一书多级制：使学者出一书可代价，可多得几年研讨翻寻的利益；用一书作端绪，可不至常有改头换面的麻烦（试行道尔顿制的和自修的以及中小学教师，用这种书作研习品，更为相宜）。至于口语练习、作文练习以及古文法之深究，自然是不能以一书为限的了。

【附白一】 本书正文中对于“底”“的”“地”和“他”“她”“它”等用字新法，有时采用，有时混淆；因为著者对于汉字底文法的分化，认为不关重要，当以将来的新拼音字制为断；至少也要将汉字词类连书，才可以表现文法，才可以说到字形底分化。但此意也并非反对目前的分化，不过认为非必要罢了，所以序文和引论中也就完全采用了。

第一章　绪论

1. 标准语与国语文法

中国用汉语的人数最多，又有少数兄弟民族语，就把汉语作祖国的标准语，这就叫做国语（注1）。汉语的方言虽各地不同，但不同之点，在于语音和词汇，自然也要有一个共同的标准的，至于将语词连结配置，成一个句子，那些语词的性质品类，和句子的组织成分，却是全国大同，不很受方言纷歧的影响。所以国语都有大家常用而公认的习惯和规律。把这些习惯和规律，从我们说话的实际上归纳出来，整理、排列，加以说明，这就叫做“国语文法”，简称“语法”（注2）。国语文法的用处，就在于用科学方法，指示我们许多的法则；我们按照这些法则，可以把国语说得很正确，把国语文作得很清通。

【注1】 历史上如北魏辽金元清各代，都各拿他们本族的语言作国语（如《隋书·经籍志》载有北魏国语书十余种，即鲜卑语，今不存；又如《廿四史》中，即附有《辽史国语解》《金史国语解》等），但不过是那时候法令上一个名义，实际上社会通行的国语还是汉语。又向来学习国语的，大都拿北京语作标准；直到一九三二年五月，国语会刊布国音常用字汇，便正式指定北京的语音为国语拼音和声调的标准。其实，国语乃是区域最广、流传已久、通行于现代有文化的社会、而又能随时改进的普通话（旧称「官话」）。所以就空间论，北京语只是比较最适合于这四个标准条件的一种地方语。就时间论，辽金各代所谓国语，固然是历史上并不相干的一回事；就是元明清各代名家用北方官话作的白话曲本、小说，其中也有些不是现代语了。

【注2】 何以不径称为国语法？（一）因为小学校国语科教学「说话」一门，旧称「话法」，有时习惯上也叫做「口语法」，是和「读法」（读书）、「缀法」（作文）等对待的；恐怕名称上混淆不清。（二）国语文法，固然「说话」上也要适用，而在教学「读书」和「作文」时，尤为适用；国语文法就是古体文法的基础，自不必别立名称。（三）并且这个「文法」的名称是从西文 Grammar 翻译的，不可拆用，不可当行文之法讲，因为说话也要合于「文法」的。

2. 字与词

字就是一个一个的单字。词就是说话的时候表示思想中一个观念的语词（注3）。有时一个字就是一个词，如“人”“马”“红”“来”等。有时要两个字以上组合起来才成功一个词，如“鹦鹉”“老头子”“便宜”“吩咐”等。文法中组织句子，分别词类（注4），是把词作单位；不问它是一个字或是几个字，只要是表示一个观念的，就叫做词。

【注3】 单字就是中国言语中的音节，英文为Syllable。从语言学上讲来，中国从前造字，原是拿一个形体表示一个音节的，又大都是拿一个音节表示一个观念的，所以有些语言学家都说中国是单节语系（Monosyllable）。但在中国言语的实际上，一个字有时无意义，有时意义不明，大多数是要两字复合才成功一个词的。（英文的Syllable，是就声音的一个单节说的；若就文字形体的方面说来，现代国语中的单字，多数也就可以说是Character。但必须成了意义确定的语词，才可以说是Word。）

语词简称词，就是言语中间一个一个观念的表示。观念一名意象，英文为Idea。在此处是用它的广义：一切外界的感觉、反映的知觉、想像、乃至概念等，凡是由认识作用而来的，都可叫做观念。用声音或文字来代表这些单体的整个的意象，都叫做词。

【注4】 词类是语词在文法上的分类，旧称词品或词性；英文为Parts of Speech。但过去用时略有分别：从观念本质上区分的类叫词类；在句法中划入的成分叫词品；某类的词在用法上变了质，就叫词性的转变：都是指着名词、动词等说的。

3. 语与句

两个以上的词组合起来，还没有成句的，叫做“短语”，简称“语”，旧时叫“顿”或“读”。就一种事物述说它的动作，或情形，或性质、种类，能够表示思想中一个完全意思的，叫做“句子”，通称“句”（注5）。例如“水流”是一句，是就“水”叙述它“流”的动作，是两个单字的词连系而成的。又如“上海黄浦江里边的船很多”也是一句，是就“上海黄浦江里边的船”，说明它那“很多”的情形；上面是由“上海”“黄浦江”“里边”“的”“船”共五个词组合起来的短语，下面是用“很”“多”两个词来说明它，所以这一句是一语两词连系而成的。

【注 5】 短语也有很长的；因为“语”是言语的通名，所以把这不成句的词的组合特叫“短语”；但用时也常从简称“语”，相当于英文的 Phrase。因为它不成一句，又不止一词，故亦名兼词，也称词组。

一个完全的句子，相当于英文的 Sentence。复句中间，有分立的单句，我们通称为分句；又有不能独立的，子句和从句：英文统称 Clause。

4. 词类

就语词在语言的组织上所表示的各种观念的性质，分为若干种类，叫做词类。国语的词类，普通分为九种，但可约之为五；且把名称列出：

（1）名词　　（2）代名词……………………实体词
（3）动词（同动词）………………………………………………述说词
（4）形容词（注 6）　　（5）副词……………………区别词
（6）介词　　（7）连词……………………关系词
（8）助词　　（9）叹词……………………情态词

【注 6】 形容词的大部分，兼可用作述说词，简称形述，列在同动词一类后。

5. 句法

词类是观念性质在语法中区分的品类。若干的词组合起来成为一个短语，若干的词或短语连系起来成为一个句子；就句子或短语来考究其中大小各观念联结配置的方式和所担任的职务（可用图解表明），归纳成为几个简单的部分，这就是句法成分。从综合方面看，这就是语句的组织法，简称句法。句法乃是从若干词类或语句的结构关系上把意思依照民族形式表达出来的共同规律。主要的成分有二，连带的成分有二，附加的成分有二；也先列举其名称：

（1）主语　（2）述语（即谓语）………………………………主要的成分
（3）宾语　（4）补足语（主要即表语）……………………连带的成分
（5）形容性的附加语（简称形附，也称定语）
（6）副词性的附加语（简称副附，也称状语，后附于述说词的也称补语）
}…………附加的成分

6. 词类与句法的关系

国语的词类，在汉字上没有形态的区别，在词义的性质和复合词的形态上虽有主要的区别，还须看它在语句中的位次、职务，才易于确认这一个词是属于何种词类。分别说来：

（1）国语的词类，词形上既没有严格的分业，就得多从句法成分上辨别出它的用法来（注7）。

（2）一个词的词类变更，既不像西文都有词身或词尾的变化，更没有从词形上定些阴阳性和第几身等等的麻烦，所以词类本身上并无繁重的规律。

（3）句法的成分，于公认的逻辑的正式组织外，很多变式，并且多是国语所特有而根本不能还原的；如主要成分的省略、位置的颠倒，以及职务的兼摄等（注8）。

从（1）看来，词类主要是从句法上做分业的辨认和处理；从（2）（3）看来，句法的讲究，比词类繁难得多：所以本书特重句法。

【注7】譬如一个“人”字，一望而知其为名词，但若多找出句子来作例，就可证明用法无限制，因为它有时也作述语用，如古文中之「人其人」（韩愈《原道》）是：有时又可作形附来用，如普通语词里的「人熊」「人参」「人鱼」都是；有时更可作副附用，如古文中「豕人立而啼」（《左传》）是。人字在所表观念的性质上，是一个纯粹确定的名词，已经没有疑义，犹且能够如此活用，而活用的时候，成分虽改，形体仍旧，并不像西洋文字都有词头（Prefix）或词尾（Suffix）种种形态变化的表示；这就不必跟他们一样地都说为词类转变，只须「从句法成分上辨别出它的“用法”来」，名词就始终是名词，只把它区别为几个「位」就行（详后第四章），即此可见中国文法的特质了。

【注8】这三项都待后面第四、五两章中举例说明。

第二章　词类的区分和定义

7. 词类九种约为五类

这些名称，在第4节已经列举了。九种词类，大体是按照一般文法分别词品的通规而定的。但人们意识中反映的对象，实只具有三方面：一，实体；二，作用；三，性态。一个观念的内容，虽有完全具备这三方面的可能，但句法上语词的任务，各只能担当一方面，因之大多数有对象的语词，就在本质上照这三方面分为三大类：一，实体词，表实体的，就是名词、代名词；二，述说词，表作用的，即动词；三，区别词，表性态的，即形容词、副词。

这三大类的五种词，一个词虽能代表一个观念，依某种语言的形式组合起来，虽能成一个代表完全思想的单句；然而思想若是稍为复杂一点，牵涉的方面稍为多一点，便须灵活运用一种联络媒介的词，来作句子中间的关节，来表明各词或各语句的关系，这就叫做关系词（即介词、连词，有实字虚用的）。

语言是要表情和生动的，不是机械的堆砌；表示说话人的意趣、情感或态度的词，就叫做情态词（即助词、叹词；就汉字说，大都是借字表音的）。

8. 实体词

有两种：

（1）名词　是事物的名称，用来表示观念中的实体的。例如

桥　太阳

（2）代名词　是代替名词的。例如

我过桥。　那（指太阳）是什么？

“我”是代替说话人的姓名的；“那”是代替说话时所指天空中红色圆形而有光热的东西；“什么”是代替说话人所不知道的那个名称。

9. 述说词

在九种词类中，就是

（3）动词　是用来叙述事物之动作或变化的。例如

工人“造”桥。　太阳“出来”了。

“　”内的字就是动词。（以下各词所举的例都准此，非必要时，不赘指说。）

此外附属于动词的，有一种同动词，是用来说明事物是什么，或说明事物之种类、性质、形态的。它必须把作为说明的词系在它的后面。例如

这桥“是”铁的。　太阳“似”火。

“是”“似”两词，虽不是叙述桥和太阳的动作，但一个是用来判定桥的种类，一个是用来推较太阳的性质；重在说明主语，和叙述主语动作的动词有同一的功用，所以叫做同动词。又凡形容词直接用作述说词的，就叫形述。例如

这桥很“长”。　太阳“光明”了。

10. 区别词

也有两种：

（4）形容词　是用来区别事物之形态、性质、数量、地位的，所以必附加于名词之上。例如

“一座”“长”桥　“那个”“温和的”太阳

（5）副词　是就事物的动作、形态、性质等，再加以区别或限制的；所以必附加于动词、形容词或旁的副词等。例如

工人“赶”‘造’“很”‘长’的铁桥。

太阳“还”“不”‘出来’。

11. 关系词

也有两种：

（6）介词　是用来介绍名词或代名词到动词或述说的形容词上去，以表示它们的时间、地位、方法、原因种种关系的。介词大都由动词转成。例如

工人“把”‘钢铁’造桥。

太阳“从”‘东方’出来。

介词“把”介绍名词‘钢铁’到动词「造」的上面，以表示「造」的一种方法；“从”介绍‘东方’到「出来」的上面，以表示「出来」的地位关系。

可是国语中有一个用得最多的特别介词“的”字，是用来介绍‘名词’或‘代名词’到旁的名词（或代名词）上去的。位置也和其他的介词不同：其他介词，位置在所介绍的名词之前；“的”字独在后。例如

‘黄河’“的”桥　‘太阳’“的”光

介词“的”，一个是介绍名词“黄河”到名词“桥”的上面，以表示桥之所在；一个是介绍“太阳”到“光”的上面，以表示光之所属。

（7）连词　是用来连结词与词、语与语、句与句、节与节，以表示它们互相联络的关系的。例如

石“和”铁都可以造桥。

“虽然”天已经亮了，“可是”太阳还没有出来。

12. 情态词

也有两种：

（8）助词　是用来帮助词和语句，以表示说话时之神情、态度的。这种词的本身，并没有什么意思，不过代替一种符号的作用罢了。例如

铁桥“吗”？那真不容易造“哇”！

太阳要到什么时候才出来“呢”？

（9）叹词　是用来表示说话时一种表情的声音。常独立，不必附属于词和语句；以传声为主，本身也没有什么意思。例如

“啊呀”！这铁桥的工程真了不得！

“唉”！太阳怎么还不出来？

第三章　单句的成分和图解法

（补足语的类别；依句辨词，适合国语特性的图解式）

13. 主要的成分

主语，述语　句法六种成分，第5节已将那些名称列举了。主要的成分有两种：

（1）主语　一个人开口说话，总要道个“什么”，作为他那句话里边的主脑。主脑或是人，或是物，或是事情；表示主脑的人或事物的词，就叫主语。主语既是一种实体，所以常用的是名词（或代名词）。

但是一句话里边既有了一个“什么”作主脑，这个主脑又“怎么样”呢？若单说个“什么”，不说它“怎么样”，那主脑就只是一个静止的观念，说话的人并没有表示一个活动的思想出来；说的只是一个词（或短语），还不成为完全的句子。所以主语之后，一般要跟着来一个——

（2）述语——就是另用一种词类，来述说这个主语“怎么样”。这种作述语的词类，常是动词（包括同动词）或形容词直接用作述语的，所以它们就叫做述说词。例如

（主语）	（述语）
日	出。
东方	红。
黄河上的铁桥	要完工了。

主语、述语，二者缺一，就不成正规的句子了，所以这两种成分

是句子的主要的成分（注1）。

【注1】 对话的时候，有时省略主语，如说“来”是叫“‘你’来”或“‘你们’来”，将对称的代名词省略了。警惶之际，有时省略述词，如叫“火！”是说“‘起’了火”，就是“火‘起’了”，动词“起”字也被省略去了。国语中，省略主要成分的句子，例还不少；较多的是无主句，不必要句法形式的完全，习惯上自能相喻，没有误会的。

14. 连带的成分

（3）宾语　一个句子里，连带的成分有没有，全视所用的述语（即述说词）的种类而定。且先假设几个疑问：

第一，问：你所说的那个主语，发生了一种什么动作呢？

凡用动词的主动式（注2）作述语的，都可以答复这个疑问。但是

第二，问：主语发生的动作，究竟有甚么影响呢？

这就有两个答复：

（1）他那动作的影响，只是凝集自身。那么，这述语所用的动词，就是内动词；有了一个内动词作述语，这个句子便完成了。例如

（主语）	‖	（述语）
工人们	‖	来了。

（2）他那动作的影响，定须射及他物。那么，这述语所用的动词，就是外动词；外动词的后面，一定要再带一种实体词。这所带的实体词，就是被那影响所射及的事物，就叫做宾语。例如

（主语）	‖	（述语）	|	（述语所带的宾语）
工人	‖	造	|	桥。

所以宾语就是外动词作述语时之“连带的成分”。

【注2】 主动式是对于被动式而言，被动式是外动词的用法之一种，详后。

15. 连带的成分

（4）补足语　一个句子里，主语有时并不发生甚么动作，于是

第三，问：你所说的那个主语，究竟是怎样的情形呢？

要答复这个疑问，就要用同动词作述语了（参照第 9 节，19 页）。同动词，不包括直接用形容词的一类，故为数很少，可是要另用一种词作他的补足语。因为要说明主语是一个什么东西，怎样的性质，属何种类，或者他自身存在些什么情况，自然需要他种词类来补足这些意思。而作同动词的补足语的，多半是实体词。例如

（主语）	（述语）	（述语所带的补足语）
工人	是	劳动者。
这些工人们	好像	一支军队。
空气	也有	重量。

【附言】答复这第三问，用外动词的被动式也行，详后 35、36 两节中（页 40、42）；至于直接用形容词的，详后 94 节（页 123）。

16. 内动词所带的补足语

如上节所说，带补足语的，只限于同动词吗？不然。于是

第四，问：主语所生动作的影响，虽或只凝集自身，可是在他自身又起了甚么变化呢？

答这疑问，须知内动词中间，有一类叙述主语的自身起一种变化，而成就一种别的事物的，也须带一个补足语，来表示他所变所成的事物，意思才得完全。例如

（主语）	（述语）	（述语所带的补足语）
现在的工人	变了	主人。
那个工人	成了	一个学者。
工人们	都现出	愉快的样子。

这类表示变化成就显现等等意思的内动词，可叫作不完全的内动词，必须带补足语。

17. 外动词所带的补足语（一）

同动词、内动词之外，有一种外动词，带了宾语，还要带补足语的。因为

第五，问：主语所生动作的影响，有时要射及他物，可是那被射及的他物，又该发生什么相应的动作或变化呢？

答这疑问，须知外动词中间有一类表示使令、请托或劝告等等意思的，（反面就是禁止、拒绝等。）那被使令、被请托的人或事、物（就是宾语），因为接受了主语的这种动作，便须发生一种相应的动作。这种相应的动作，就是主语所使令所请托的事情，这种事情在句子里边也是补足语。例如

（主语）	（述语）	（述带宾语）	（再带补足语）
工人	请	我	报告。
我的话	引起	他们	发笑。
主人	让	客	坐。

这些补足语，如“报告”，是属于宾语的动作，但是因主语之“请”而有的，就是述语“请”的目的之一种。“我”是被请的人，“报告”就是所请的事；若是缺了一种，这句话意思便不完全了（注3）。可是这被请的人，不但被动的接受主语的动作“请”，还须能动的办一办所请的事“报告”，所以这种补足语，简直是属于宾语的一种动作了。

【注3】 习惯上也有把补足语省略的，如“工人请我”，也自成句。但是他们请我干什么呢？习惯上对于这个没有补足语的“请”，只相喻是“请我‘去’”；就是到他们那儿去。若是说“我请客”，习惯上又通解为“请客‘吃饭’”了。又如“主人让客”，也非不成话，可是习惯上大都相喻是在酒席上“让客‘吃菜’”。若要意思表示得完全而且明瞭，不致引起误会，还是应该依着文法添一个相当的补足语。

18. 外动词所带的补足语（二）

上节的补足语，是宾语对于述语的一种相应的动作；还有一类补足语，是表明宾语因受了述语（即外动词）的影响而起的一种变化。因为外动词中间，有一类表示称谓、认定或更改等等意思的；那被称谓、被认定的人或事、物（就是宾语），自然要承受一个新名称，或发生一种新关系。表示这名称或关系的词，在句子里边也是补足语。例如

（主语）	（述语）	（述带宾语）	（再带补足语）
工人	推举	张同志	作＼代表。
我们	认	工人	是＼生产者。
他们	叫	我	老哥。

这些补足语，都是宾语对于述语自然发生的一种名称上或关系上的变化。这类表示称谓、认定等等的外动词，于所带宾语外，常是要带补足语的，所以可叫作不完全的外动词。而这种补足语，又简直是专属于宾语的一个说明了。

19. 外动词所带的补足语（三）

有时宾语虽受了述语动词的射及，并不起相应的动作或变化，但这句子也要加一个补足语，然后意义才得完全。因为

第六，问：宾语承受了主语所生动作的影响，还是叫它整个儿出来承受呢？还是一部分呢？

答这疑问，须知一切表示情意作用的外动词，如爱、恶、希望、赞成、佩服、称许、笑骂等，有时只射及宾语一部分的属性；这一部分的属性若要在宾语后声明出来，就成了补足语了。例如

（主语）	（述语）	（述带宾语）	（再带补足语）
工人	赞成	我的话	公正。
我	爱	他们	诚实。
他们	骂	卖国贼	没有良心。

而这种补足语，又简直是属于宾语的一种“批评”了。

【注意】 补足语所用的词类不同：除同动词和内动词所带的补足语常是用实体词外，外动词所带的补足语三种：（一）常是用外动词或内动词。（二）常是用同动词（是）或准同动词（作），它们后边自然要再带实体词。但有时却把这实体词上边的同动词等省去了，如“他们叫我老哥”的例，“老哥”之上并不一定要个“作”字。（三）常是用“形容词”。

20. 补足语的总括

就 15 节至 19 节看来，补足语总共有五种，都是用来补足句中谓语（动词）所没有完全表达出来的意思的，所以叫补足语。（简称足语；和后附于动词或形容词的“副词性附加语”即一般所谓补语的性质不同，成分不同。）但补足语所关系的方面却有不同，这是要注意的。列表于下：

同动词所带（表所说主语之体）}
内动词所带（表主语所成之物）} 是对于主语的。

外动词所带 {（一）（表对于宾语所祈使之事）
（二）（表对于宾语所认定之名）
（三）（表对于宾语所特指之性）} 是补足宾语的（注4）。

总之，补足语和宾语，都是述语（动词）之“连带的成分”，是跟着动词而有的，也是随动词的种类而不同的。

【注 4】 这种宾语，一方面对于前面的述语，是在宾语的位置；一方面对于后面的补足语，他又是在主语的位置了：所以这类句子的宾语，可以说是兼宾主两种资格而有之，故亦名兼格。

【附言】 本章把补足语说明得特别详细一点儿，意思是：（1）活的语法，要以句子为本位，单句组织上应有的成分，总想在本章尽量提出。（2）这种带补足语的句子，在寻常说话时用得很多，一般讲语法的多因为句法的成分不明，公式又开得太简单，便将他解剖不了。（3）词类的分目，要把句法作基础；本章从 14 节到 19 节，便可看作动词分类的出发点。（4）外动带补的三式，于古文动词用法的比较翻译上大有关系（须参看动词 86 节〔注意二〕，又拙著《比较文法》第五章第五节）。

21. 附加的成分

（5）形容性的附加语　无论主语、宾语或补足语，只要用的是实体词，都可以添加一种"形容性的附加语"。例如

"许多""强壮的"工人，修造"一座""长的""铁"桥。

图解如下：

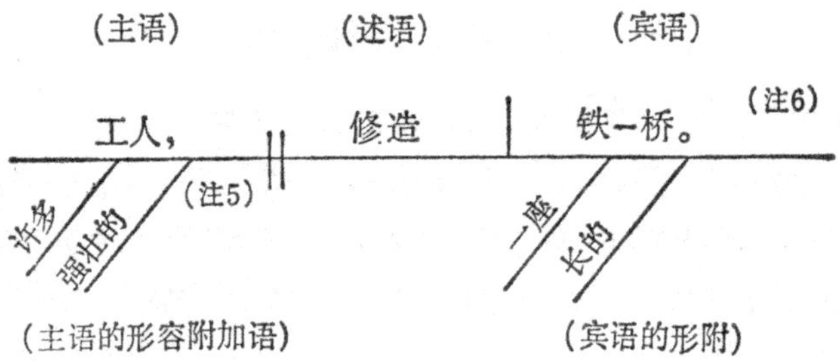

【注 5】凡形容词后面，因语句的调节整齐起见，又为了表示形容词类的形态，常带一个"的"字，如"强壮的""长的"。这"的"字是形容词语尾，不要认作介词。

【注 6】「铁桥」两字，本已复合成一个名词，可不分析；不过因"铁"实是名词，用来表明"桥"的质料，转成了形容性，所以要分析也只能用个"连号"隔开，举此先示一例，以后就不再分析了。就此说明：凡不是形容词而用在实体词之附加语的位置的，都可以看作形容性，但不是本身都变了形容词。

22. 名词用作形容性附加语

用作形容性附加语的，除形容词外，还可藉特别介词'的'字的作用，将一切名、代等实体词（以及一切语、句）都化成形容性，而作其他实体词之附加语。例如

"京汉铁路局"'的'工人，修造"黄河上"'的'铁桥。

图解如下

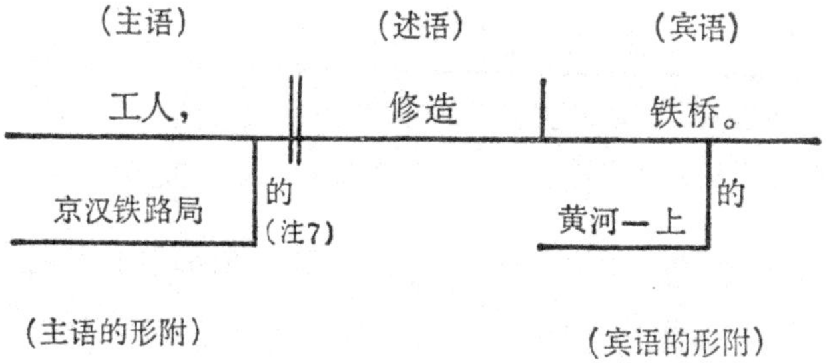

这种用为形容附加语的实体词，叫做“在领位”。(这两领位，一表所属，一表所在。详后。)

【注 7】 作介词用之“的”字，一般文学界多根据宋人的语体文，改写为“底”字，以别于形容词语尾之“的”字。

23. 附加的成分

(6)副词性附加语　对于句子的述语，若也要添加一点修饰或限制的意思，那当然是副词的职务了；所以这种附加的部分，就叫做“副词性附加语”。例如：

工人“辛辛苦苦的”“赶紧”修造铁桥。

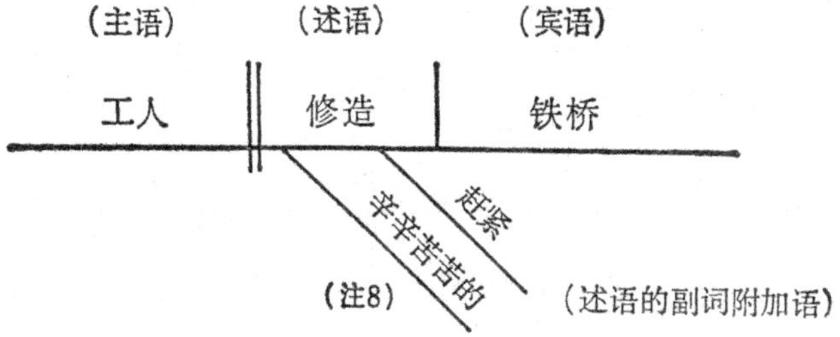

但是副词不但能修饰动词，还可以修饰形容词和其他副词等；所以作述语的附加语以外，还可以作一切附加语的附加语。例如

那时候的这些“很”‘明白的’工人,“决”‘不’承认那个“极”‘苛酷的’条件。

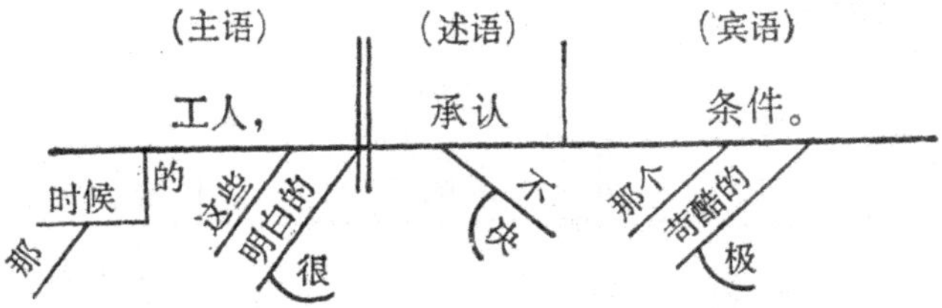

（“很”和“极”都是形附的副附，“决”是副附的副附。起首的“那”虽也是附加语的附加语，但它是附在领位名词上，所以仍是形附。）

【注8】 多数副词的后面，因为要表出副词的形态，也常带一个语尾“的”字。一般文学界也多根据旧时语体文的习惯，改写为“地”字；如“活泼泼地”“特地”，向来都是用“地”字的。于是“的”字的用法，介词作“底”，形容词语尾作“的”，副词语尾作“地”，在汉字上就都有了区别了。

24. 名词用作副词性附加语

一切名、代等实体词（以及一切语、句），因介词的介绍，都可附到述语的前后，来修饰或增加这述语的意义。因而这种被介绍的实体词，便都化成了副词性，而作述语（动词）的附加语。例如

工人‘当’“炎热的天气”，‘在’“黄河的两岸”，‘把’“种种的钢铁、木料”，‘替’“我们”造桥。

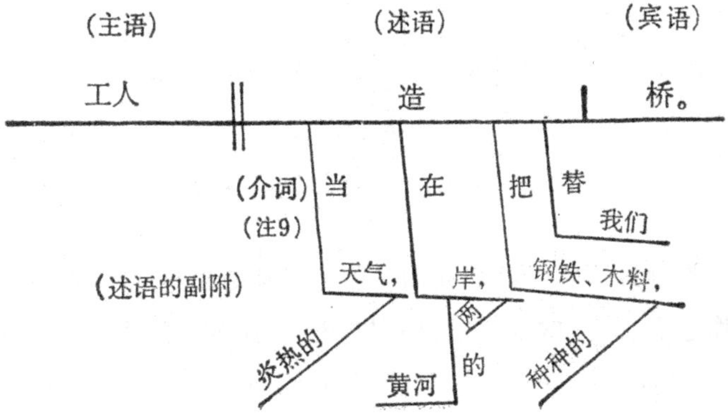

这种用为副词附加语的实体词，叫做“在副位”。（这例四副位，恰代表“时”“地”“法”“因”四大关系。详后及“介词”。）

【注 9】 介词有时省略了，那附加的实体词，其副位职务不变；例如关于时与地的名、代词，如去年、今日、明晚、那边、这儿等，本身虽是实体词，却常用作副词性的附加语。

【注意】 本章所述句法的六种成分，主要的两种和连带的两种，与『逻辑学』有密切的关系；这附加的两种成分，却与『修辞学』有密切的关系。文学上的色彩、词藻、意境等，多半是从这附加的两种成分表现出来。

25. 单句图解法（注 10）的公式和程序

就上面各节所举种种句法图解的例，归纳一个总公式如下：

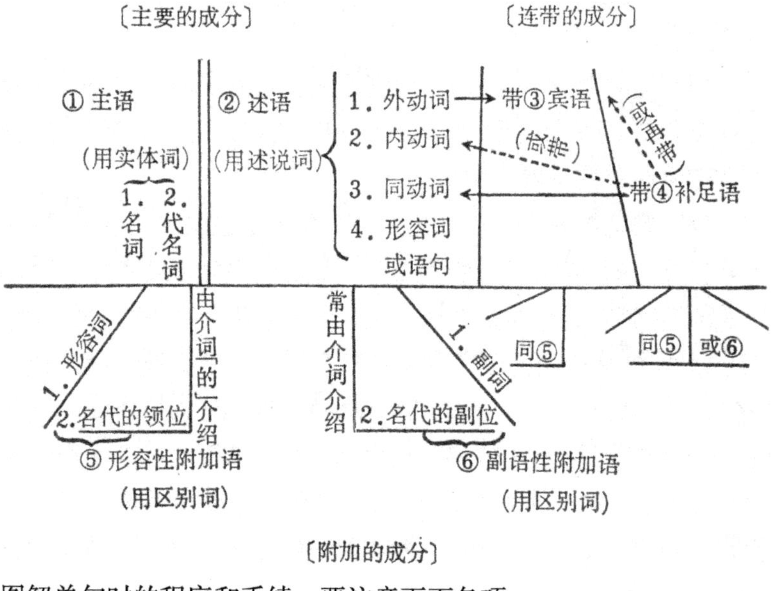

图解单句时的程序和手续，要注意下面各项：

（1）先画一根主要的横线，上面加一双主要的垂直线（位置稍偏左，贯在横线中）。

（2）先看清全句的主要成分，那个词是主语，那个词是述语。认别清楚了，即刻把这两部分填好。

（3）再看述语是那一种动词，决定他后面有连带的成分没有。

（4）连带的成分左边之图解线，在横线上：宾语作垂直线，补足语作右斜线（左斜亦可）。

（5）末了将句中所有附加的成分分别填上：

ㄅ. 先填主语所有的形容附加语；

ㄆ. 再看宾语（或补足语）有没有形容附加语；

ㄇ. 再填述语所有的副词附加语。

（6）附加的成分之图解线，在横线下：凡属形容性附加语都向左斜——领位即向左折；凡属副词性附加语都向右斜——副位即向右折。

（7）主要和连带的成分，词类的多少是有限的；惟有附加的成分却无定限，往往附加语之上又添附加语，如此可以添到几层（参看 23、24 两节所图解的例）。

（8）就这图解式，可以认别一个句子里边的各个语词是属于何种词类；即：无论那一根横线上，都是些实体词或动词（但只有一定的“主要动词”，即述说词，在主要的横线上）；向左斜的线上都是形容词，向右斜的线上都是副词；横线下的直线（可微向左右斜）旁边便是介词。——连词就是介词的引申用法，只须改用虚线来表示；助词跟随在语后，叹词独立于句外，都和图解没有大关系：说都详后。——于是九种词类，都可从图解语句的结果，自然分别得清清楚楚；要检查一个句子里某种词类有多少，也就一望而知。

【注 10】 图解法，在英文为 Diagram，乃是西洋文法界近来很通行、很切实用的新法子。但这“就图解辨别词品”的方法，却是本书所特创的，因为国语本有这个“凡词，依靠结构，显示品类”的特质。

第四章　实体词的七位

（国语特有的习惯＝变式的单句图解法，“把”字等的特别用法；外动词的被动式；“有”字的特别用法，副词性的主语和宾语；修饰性的领位；分解部分的同位）

26. 七位

名词或代名词在句中的位置可分为七：（注1）

（1）在主位……………………………………………用作主语的；

（2）在宾位……………………………………………用作宾语的；

（3）在补位…………………………………………用作补足语的；

（4）在领位……………………………………用作形容附加语的；

（5）在副位……………………………………用作副词附加语的；

（6）在同位…………用作与上五种同一的成分又同指一事物的；

（7）在呼位……………………………离开上五种成分而独立的。

【注1】 名代的位置，英文法叫做 Case，可单称“位”，或译为“格”。《马氏文通》称为“次”。普通只分为三种，就是主位（Nominative Case），宾位（Objective Case，或称目的格），领位（Possessive Case，或称所有格；或称物主；马氏称“偏次”，而在偏次后，即被领的，则称正次）。本书专为解剖句法成分的方便而言位，与西文用处不同。

主 位 和 呼 位

27. 主位

名词在主位的，就是一个句子的主语。例如

“鸟”飞。

28. 变式的主位

主位有直接倒装在述语之下的，例如

（ㄅ）刮“风”了。下“雨”了。响“雷”了。（也可能作无主句）

（ㄆ）可了不得，这铁桥的“工程”！

（ㄇ）来了吗，“他”？

（ㄅ）例成于习惯，大都是关于气候的；（ㄆ）（ㄇ）两例乃是一种因惊叹和急问而颠倒的语气。图解时，主语线向下右折。（此外主位还有倒装的，却是受了副位名词的影响；详后“副位”。）

29. 呼位

呼位在句子的形式上，是离开句子而独立的；但是在说话的意义上，实在是叫他作这句话的真正主语。例如

桂官！（注2）且坐着！

这个“坐”的主语，不消说，当然就是在呼位的那个名词。又如

桂官！我且问你。

“你”代桂官，是在“问”的宾位；可是说这话的时候，为甚么要先叫他的名字？不是要使他注意听我问吗？所以这呼位的名词，在意义上，实在就是听这“我且问”的主语。又如

桂官！这句话怎么讲？

也就是叫他说明“这句话怎么讲”；“桂官”虽在呼位，好像与全句的各成分毫不相干，但实在是说明的主语。

以上三例，都是提醒所呼的人，教他作下句所要求之动作的主语。但若不是呼人对语，而是因感叹而呼及那人物名字的时候，那

就不必牵强作这同例的解释了。普通的图解式为：

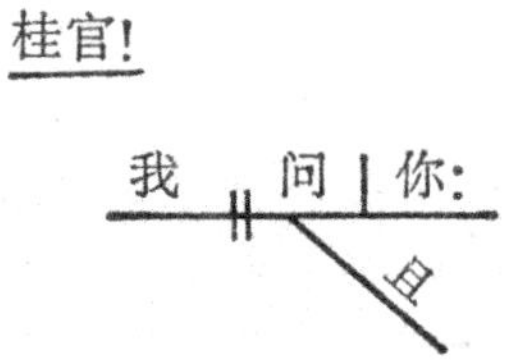

*【注意】 这图解中的〔　　〕，是表明这一句的主语省略了。（要添补，就可用“你”字）

【注2】 在国语中，呼位的名词下可以用这叹号“！”，不一定照英文一样用点号“,”。因为：(一)呼人时本另有一种声势。(二)宾语倒装的句子，国语中用得很多；宾语倒装句首，其下因语势稍顿，常要加一点号，如对旁人说：「桂官，我昨天问过了。」这与对桂官说话所用有呼位的句子，形式一样，而意义大不相同；恐怕混淆，所以不妨分别标点。

宾　　位

30. 宾位

名词在宾位的，就是这句中述说词所带的宾语，其述说词必为外动。例如

马吃“草”。　张先生拿着一本“书”。

31. 双宾位

有一种外动词，表示人与人之间（或人格化的事物之间）交接一种事物的，如“送”“寄”“赠”“给”“赏”“教授”“吩咐”等，常带两个名词作宾语，叫做“双宾语”(注3)。这种带双宾语的句子里边，就有两个在宾位的名词。这两个宾位中，属于被交接之事物的叫“正

宾位”（即正式的宾语）；属于接受事物之人的叫“次宾位”（属副性宾语，详后）；次宾位常在前，而正宾位常在后。例如

我送『张先生』一本“书”。

图解如下：

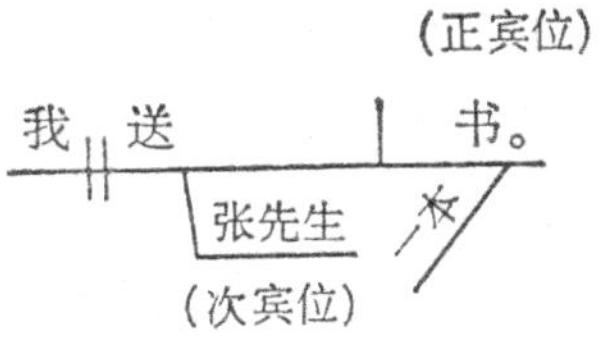

【今按】本书是旧版，插入的图解大都只表明组织成分的‘关系’，对于配合成分的实体词也只表明其所在之‘位’。但是汉语的图解法，应当同时表明句子结构的‘词序’（即‘语序’），因此特在本章改订几个图解以示其例。如这例的“张先生”，既是后附于动词“送”的副位，那么动词下的副附线就要靠右些，以表示它是后附于动的“副附”——现在一般语法书，对于“副附”，前附于动的叫“状语”，后附于动的大都另叫“补语”。

依此看来，次宾位在图解中，和“副词性附加语”是同样的位置。那么，次宾位就是副词性附加语（副位），因为上面可说是省略了一个介词。

【注3】双宾语，英文为The Double Objects，其在正宾位的名词叫做直接宾语（Direct Object），在次宾位的叫做间接宾语（Indirect Object）。可是他们近来的图解法，把次宾位列在横线之下，作副词附加语的性质看待；并且说这“双宾语”的名称实在欠妥（参看Reed and Rellogg's Higher Lessons in English P. 79）。我们的图解法可以照着办；不过说明的时候，还不能不顾一顾旧说，因为这一类的动词实在特别一点。

32. 变式的宾位（一）

但是在习惯上，常用一个介词“把”字将双宾语的正宾位提前；例如

我‘把’一本“书”送张先生。

看来这“把一本书”一语，好像也变了副词附加语，然而其实还不失宾语的效能。这乃是介词“把”字一种提前宾语的特别作用。图解起来，被提前的宾语，还是应该在原位；唯“把”字要给他一个特别位置。

【今按】 提宾的“把”只是介词的一种特别用法，它只能提宾于动前；凡宾语被提在动前的，提宾线都向上偏右折（若偏左折，则是表示提宾于主前，宾在句首，见下页39、40）。“张先生”仍在次宾位不动，仍是“送”的后附的副附——对于页31的图解总公式，应把这后附的副附的语序补充如右式：（副附和形附各有四种，页31只初步地画出前两种，还有后两种，请参照《中国语法教材》卷六页1021，但也须补充这后附的副附的语序形式）。

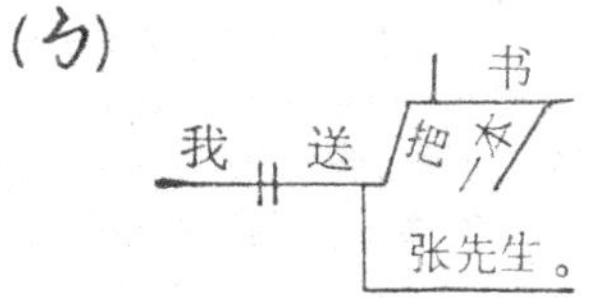

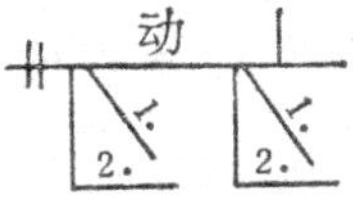

（后附的副附）

何以知道这介词“把”字下面的名词形式上虽似变了副词附加语，而实际上还不失宾语的效能呢？试将上例的外动词“送”换一个意义较为单纯的外动词“读”，成为

我‘把’这本“书”读完了。

这句话没有次宾位的名词了，介词“把”所带的名词是“书”，外动词“读”所射及宾语也就是这个“书”。这种句法，是国语所特有而且最多的，也就是介词“把”字的特别作用（注4）。这种句法的图解，可以把下式作公例：

【今按】 这“完”就是后附于动的副词（即副附的第一种）。现一般叫它补语，仍归形容词类。本书则认为性态副词基本上要由形容词转成；但后附于动时，有些常跟前边的动词合成动词词组，图解可作“读—完”，这“完”就仍是形述的性质。

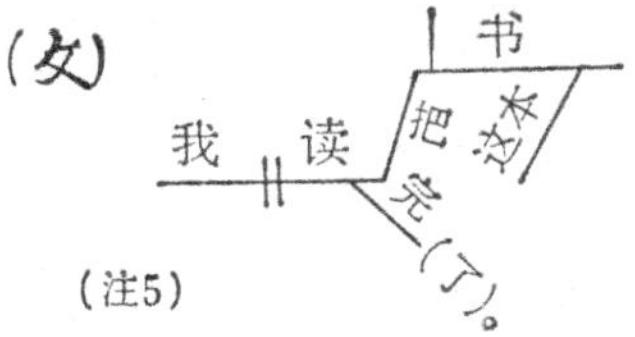

（注5）

【注4】 “把”字本来是一个介所用的方法介词（参看108节之〔1〕），所以这是它的一个特别用法；但就字源说，“把”本动词，这却是将“手把”的实义作虚用的。（至于普通介词的“把”字，也是和“用”字的意义相通的。）但“把”字之外，还有“将”（较古）、“拿”（北部方言）等同词类的字，都有这种虚用法；例如：

今天一阵大风，‘将’我的“帽子”吹掉了。

我已经‘拿’这篇“文章”解说得清清楚楚。（以上属ㄆ式）

一般学者‘将’“新思想”灌输民间。（属ㄅ式）

还有一个“对于”，原是介所向的时空介词（参看105节之〔4〕），也有这种用法（在文言常只用一个“于”字）；例如：

我‘对于’达篇“文章”，已经解说清楚。

他们‘对于’“世界大势”，似乎完全没有知道。

但本书所谓变式，大都仍是国语习惯上的正规句法，并不能还原的（如上举“拿”的例句），尤其是“对于”，它常提介宾语于动前，使成副附形式。

它的意味，比“把”字静缓些；形式上，更可以提到句首，例如：

‘对于’“世界大势”，他们似乎完全没有知道。

‘对于’“那些”，伊已经十分了解。

‘对于’“国语文法”，我们应得彻底研究一番。

（以上全属ㄆ式，没有ㄅ式）

【注5】 这（ㄆ）式是由（ㄅ）式递变下来的，所以除开语体的诗歌小说、近代浅文和现代各处语言外，古文中只有（ㄅ）式的句例，极少（ㄆ）式的句例。——试将“把”字改为文言“以”字，翻译（ㄅ）式可通；翻译（ㄆ）式，就不通了。

33. 变式的宾位（二）

“把”字之外，还有用“连”字提宾的，但语意有些不同，又常用副词“也”或“都”与之相应。例如

我‘连’“这本书”‘也’读完了。

（ㄇ）

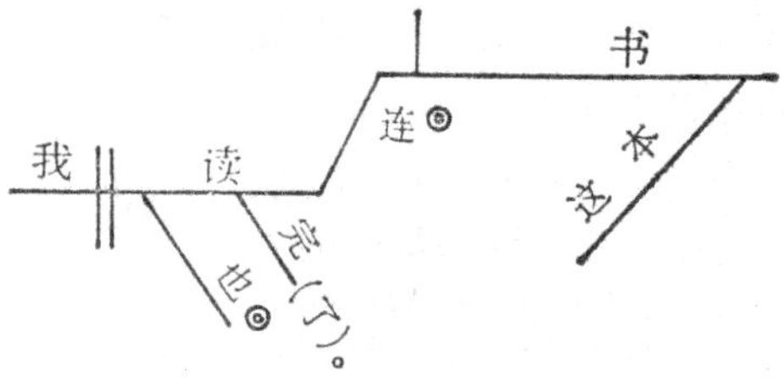

（“连”字的其他用法，可参看128节〔ㄇ〕之〔注意〕。）

有时“连”字可以省去。例如

你怎么一个“字”‘都’不认得？（「一个“字”」上面可添“连”字）

（ㄈ）

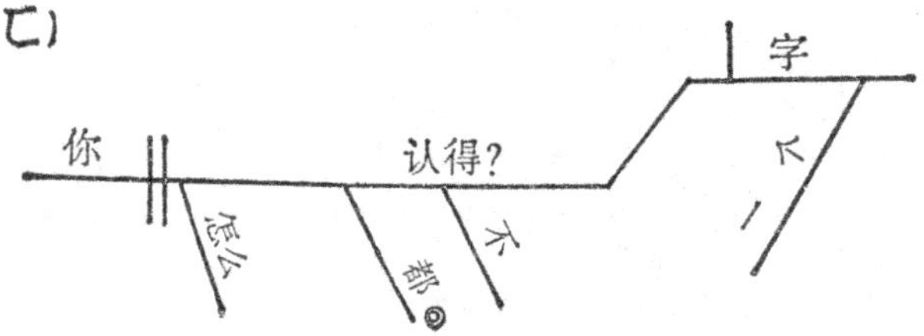

有时却本无“连”字。例如

我“三杯酒”‘都’喝干了。

有时既不用“连”字，也无添加的副词，例如：

他“酒”不喝，“牌”不打，“烟”也不吸。

以上（ㄉ）（ㄆ）（ㄇ）（ㄈ）四式，都是将宾语提在述语动词之前的；图解时，宾语线向上右折，提高一层以作标帜，而“把”“连”等特别介词便写在这提高的屈折线之右侧。——但如（ㄈ）式，已无特别介词，这屈折线也不可以放平。

但还有一个在宾位的代名词“自”字，习惯上常提在动词之前，而成为一种熟语；例如：

受到批评才能“自”知。

他不“自”欺，也不欺人。

“自知”“自欺”等虽已成为熟语，却要知道“自”字也是这种变式的宾位（参看76节之〔5〕）；图解时，也须如此分析。（认为复合词，就不要分析。）

34. 变式的宾位（三）

还有一种直接把宾语提在句首的句子；例如：

这本“书”，我可以「送」给张先生。

这本“书”，我已经「读」完了。

这件新“衣服”，你「穿了」去罢！

你的“手册”，你「带」在身边罢！

“小说”我可「没有」，“图画”你「拿」几张去。

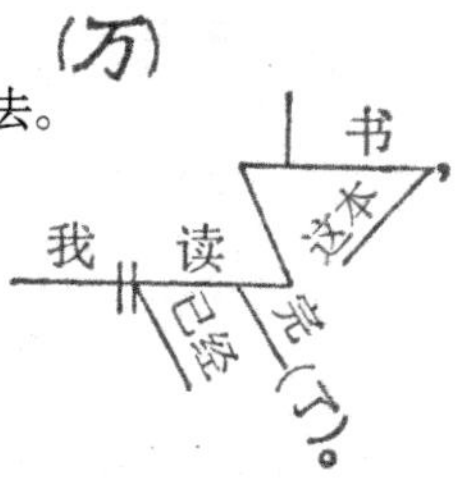

这种宾位名词，（1）要重读；（2）要稍稍停顿，常加一个点号。（若当主语看，下文算说明它的述语形容子句。）

图解时，宾语线向上左折，表示它更

盘踞在句首了。（今按：单就语意说，“书”可当主语，下文说明它。但国语特征：词位随势变，势重便提前，提前到句首，重与主语等；成分既划定，全面有关连，原则不轻变；成分虽不变，语序已转移，语意仍切合。如此看结构，规律才有定。）

但有时宾语提到句首去了，而他的本位又填充一个指示代名词；例如

这本“书”，我很爱“它”。

图解起来，这“它”字就和“书”同在宾语的位置了，这就是“同位”（同位详后）；但这宾语的同位线，仍须向下拉平，表示语序复原。（今按：图解线是表示组织形态兼语序的：凡向上，是以提高表加重，语序移前；又左折，是表移前到句首，成为“起词”——《马氏文通》就管主语叫“起词”。至于向下，是表该词位的次序降在某词之后了。）

（ㄉ）

有时又把这填充本位的代名词照（ㄅ）式再提到述语之前；例如

这本“书”，我就‘把’“它”送给你罢。

图解起来，这宾语的同位线向下拉平后又须向上右折以表示又套上了宾提动前之式。（今按：一根管宾语的图解线，如此升降曲折，只是表示：语序中的词位随语意语势而变，但成分因逻辑的关系而不变。）

（ㄊ）

35. 外动词的被动式（一）

可是以上的（ㄌ）（ㄉ）（ㄊ）三式，有要注意的一点；就是：像

这样提到句首的宾语，往往本来是把它作“主语”；而句中的动词，也就是把它变为“被动式”，以为说明主语之用的。例如

这本“书”，已经『送』给张先生了。

这是说明这“书”已经被送的意思。图解起来：

(3)

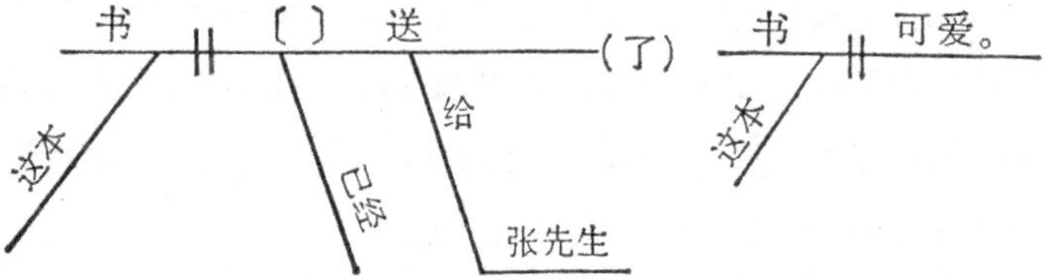

【注意】凡述语用外动词的被动式，就不是叙述主语的动作了，是说明主语被人家的动作射及的情形。图解时，都可照此公式在它的前面作〔　〕为记，这就是表示可添上一个被性助动词——“被”“见”等的。在国语的习惯上虽以不用为常，而图解时必须用这记号表示这动词的被动性出来，以表明并完足文法上的关系。（如有“被”，就可以写在〔　〕内。）

凡用动词被动式的句子，又可以把助动“被”字转化作“介词”将原主语介绍出来（但不可重复），例如

德国‘被’「盟国」打败了。

(分)

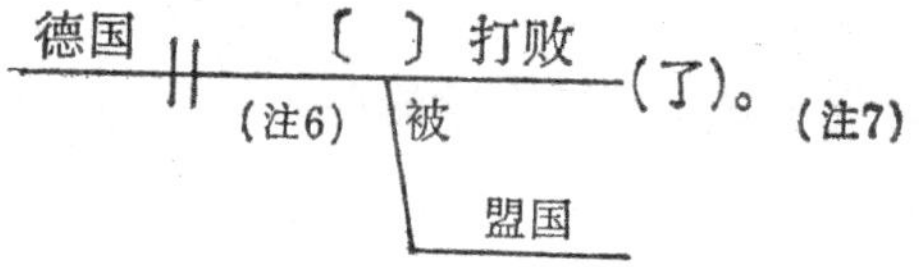

上节“宾在句首”的各变式句，因语意上的关系，大都也可以看作这种被动式的句子，不过原主语前若硬添上一个介词“被”字，大都读不通。（只有（万）式可改为『这本书，已经‘被’「我」读完了』；本

节（ㄋ）式也可添介原主语,『这本书，已经‘被’「我」送给张先生了』:“已经”都要靠前，为的是说明的语气。）若把那些“我”“你”等主语取销，硬在动词上添个助动词“被”字，也一样地读不通。（因为上节的例句多半是商榷的语气，只能提宾，不能改被。）可见宾在句首的变式句，尽管语意上要认“宾”为“主”，也不能全看作“反宾为主”的被动式句子。必须是取销了原来的主语而在述语动词上添个“被”字也读得通，说得顺口，这个句首的宾语才可作为被动的主语，不如此，文法规律就讲不好。但也不是说这就必须在动词上添个“被”字，因为如此又有些不合国语的习惯。（即如（ㄋ）式，动词“送”上，“被”字就是可添可不添的。）

【注6】 外动词“被”字有两种特用：（1）用在副位实体词前面，可当介词；（2）若就用在动词前面，却成表被性的助动词。被性助动词还有“见”“挨”等字，不过本义也都是外动；例如：

敌人昨夜被炸。（“被”若认作外动,“炸”即转为宾语，与“被灾”“遭难”“受累”等结构相同。）

这话见笑得很。（文言“见”字特用较广。但“见笑”“挨骂”已成复合词。）

〔 〕别挨骂了！（“挨”本可作外动看，“骂”就成宾语了。）

在文言里，介词“被”字常用“为”字。但又往往在这被动式的动词上，添加一个“所”字；因之文法界有说这“所”字也是被性助动词，即与介词“为”字相应的；例如（ㄌ）式改为文言：

德国为盟国所败。

【注7】 在句末的“了”字，与紧跟着动词的“了”字，词类不同；在句末的是助词。凡助词，图解时，都写在句末那个词所在之线的末端，外加括弧（ ）为记。

36. 外动词的被动式（二）

有许多外动词的被动式，不但不是叙述主语的动作，并且它所说明的，也不是主语被人家的动作射及的情形；它简直成了形容词的性质，例如：

（ㄍ）这本“书”‘可’『爱』。那件“事情”真‘好’『笑』。“钱”不‘够’『用』了。

（ㄎ）没有成熟的“果子”『吃』‘不得’。这个“人”『靠』‘得住’。我的“钱”『花』‘完’了。

（ㄍ）式是在动词前面加一个助动词或副词，（ㄎ）式是在动词后面加副词附加语（否定的较多），这动词便都成了被动性，并且合着所加的助动词或副词等而成为一种习用的形容性短语。图解上若要从简，不妨直认“可爱”为一个形容性的述说词，如右式。其他诸例，音字也都可连写，文法上仍宜照上 35 节的图解式：被动词前作〔　〕，而其前后所加的助动或副词等还得如法分析。（今按：形容性短语既可认为述说词，所以遇必要时，形容性子句也就可直接用作说明主语的述语，如 34 节各例。）

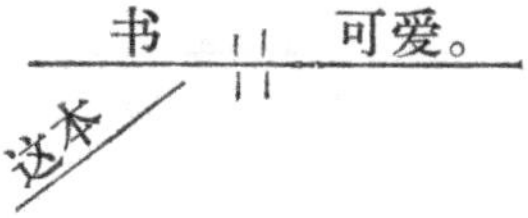

以上（ㄋ）（ㄌ）（ㄍ）（ㄎ）诸式，作述语的动词都变了被动性；他们的宾语，在句子里都成了主语，站在正式的主位，却不要误认为变式的宾位。

副　　位

37. 副位的两种

凡名代用在介词之后的，除特别介词“的”字和上所述“把”“连”等介词的特别用法以外，通叫做在副位。在副位的名词，就是用作述语（或非述语的动词）的附加语的。但在形式上应分作两种：（1）有介词介绍的，（2）将介词省略的。

38. 有介词介绍的副位

凡用介词介绍给动词的一切实体词，都属此位；例如

‘把’“钢铁”「造桥」的工人，‘当’这“时候”，还‘在’“河岸”「作工」。

这些在“　”内的名词，单就介词方面的关系说，可称为介词

的宾语（注8）；若就全句构造的成分说，应叫做在副位的名词，因为它们都是由介词介绍给动词作副词性附加语的；图解起来，便明白了：

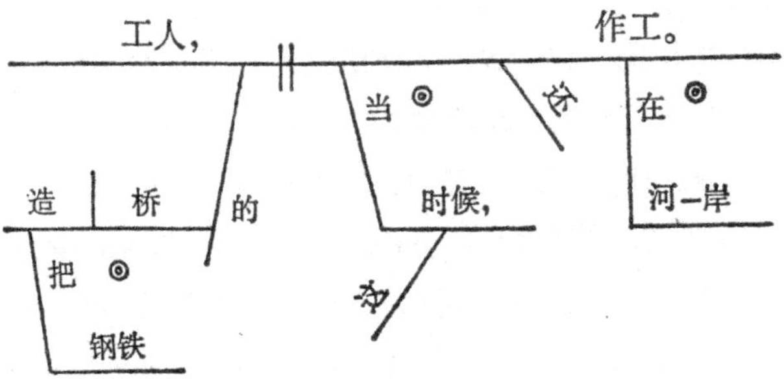

【注8】 介词的宾语，《马氏文通》叫作“司词”，他的界说是：“凡名代诸字，为介字所司者，谓之司词。”

39. 不用介词的副位

这种副位，以表时间或地位的名词为最多；例如：

这座铁桥，〔　〕“今年秋季”完工。

大江〔　〕“东”去。

头一例的〔　〕中可以用“在”“当”“到”等介词，后一例的〔　〕中可以用“向”“往”等介词，但习惯上常是不用的。

40. 变式的副位

这种不用介词的副位名词，位置常可以移在句首；例如：

（ㄅ）“明天”工人休息。

“暮春三月”，草长，莺飞。

但是这种在句首的副位，尤其是表地位的，在汉语的习惯上往往要变更主语的位置，让它倒装于述语之后；例如：

（ㄆ） 茶棚里坐着许多的工人。
前面来了一个和尚。

这种句子，若改为正式的，便是：

许多的工人在茶棚里坐着。

一个和尚到前面来了。

但这正式句和那变式句，语意上轻重之点实有不同。（今按：单就语意说，变式句的“茶棚里”和“前面”两个“空间”可当主语，下文都是叙说这“空间”的情况的。“但国语特征：词位随势变，势重便提前，提前到句首，重与主语等；成分既划定，全面有关连，原则不轻变；成分虽不变，语序已转移，语意仍切合。如此看结构，规律才有定。”）

（ㄅ）式是“副冠句首”，（ㄆ）式是“副夺主位”，各图解一例：

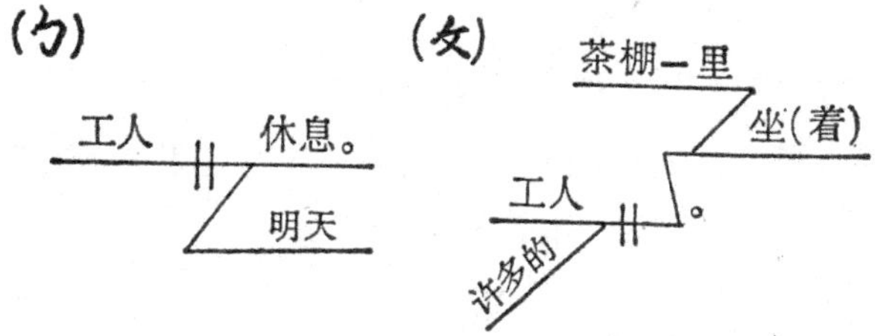

【注意】 凡在副位的实体词，若移前冠于句首，图解时，直线左斜（如（ㄅ）式的“明天”）；若更把主语赶到述语后，这叫“副夺主位”，除主语线向下右折（如（ㄆ）式的“工人”）外，副位线可翻向上（如（ㄆ）式的“茶棚里”。须注意：但冠句首而不夺主的副位，只左斜，不上翻）。——在西文法，图解法只以表明句中各成分的职务和关系为主，并不要求表示词位的次序。但国语文法，句法的成分就是在语序中决定的；而正式语序的词位，又常随语意（包括语势、语气等）的轻重而变。所以，图解法上固定的次序，正是一种论理的次序；语文习惯上移动变更的次序，乃是文学的次序。图解法的目的，就是要使学者

（1）从文学的次序上透过去，看出论理的次序来。（2）因此可以了解文学的次序真正是个什么。（3）并且明白：只要论理的关系保持得清楚，任凭文学的方面怎样移动变更，不能强加限制。（参前《引论》）

41. “有”字的特别用法——似主位的副位

上节（ㄉ）（ㄆ）两式，都把副位的实体词移到句首。（ㄆ）式更把句首的主语赶到句尾去了，他仿佛占领了主语的位置；但他实在不是主语，还容易看得出来。只是中国语言中动词“有”字，有一种特别的用法，例如

（ㄇ） 东面有一道松树林子。

茶棚里有许多的工人。

这两句中的“东面”“茶棚里”好像真是主语，不能再说他是移到句首的副位了。其实这动词“有”字，并不是表“所有”“领有”的意义，乃是表“存在”的意义。所以这种句子的组织可入（ㄆ）式类型：虽然不能照（ㄆ）式改成正式的句子，可是图解也可把主语线向下右折，副位线翻转向上，跟（ㄆ）式一样：

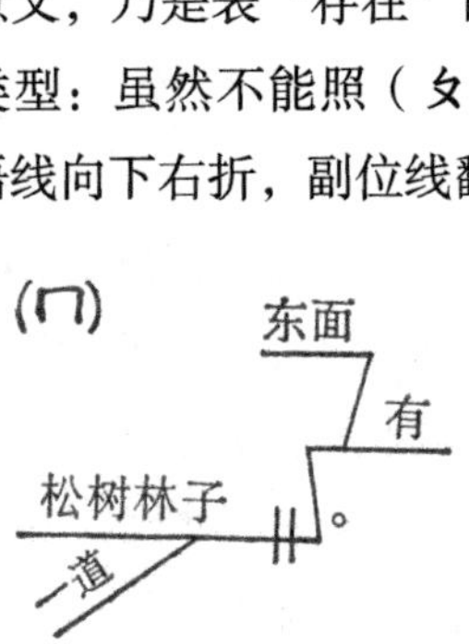

（今按：本节对于“有”字，过分地分析词义，只算一种纯逻辑的说法，或者在对译外语上有点帮助。后来改订：表时间、空间性的名词都得为主语，“有”字的“存在”义融合于“包含”义，参看页101。）

这就是“有”字特别用法之一种——因为他发生了特别的意义。（注9）

【注9】“有”字这种用法，专表“存在”意味的，就可以属之于内动词；不过构造句子的时候，它定要拥戴副位名词作主语罢了。究竟这种句子，如

深山有老猿；大海有鲸鱼。……
这薛家集上有百十来人家。…… }（空间的）

元朝末年有一个嵚奇磊落的人。
昨天有一桩奇怪的事情。……　}（时间的）

仅就每一个单句说来，即认这位在句首表空间或时间的副位名词为副词性的主语本无不可。不过成了复句与篇章的时候，就上下文看来，它这主语的资格总得重给审查。

要是句子里没有副位名词呢，那么这种“有”字可以凭空直起；如

有一个驰名世界的科学家。

有两院制的议会，也有一院制的议会。

有牵牛而过堂下者。

这些若是完全独立的句子，下面又别无述说词，句首那个表存在意味的“有”字，当然取得述语的资格。他可相当于英文的 Being；而副位居首的造句法，也巧同于英文的 there is……。

但若下面又有了别的“述语”，如

有一个驰名世界的科学家到中国“来”了。

深山有老猿“藏着”。

昨天有一桩奇怪的事情“发生”。

有人“传说”这件事，但没有人“看见”过。

世上没有人能够不“穿衣吃饭”。

这些“有”字又怎样呢？只看末后两例，便可断定他应属于何种词类。他乃是领起主语的一种‘冠词（Article）性的形容词’：恰相当于英文的 A 或 Some，Any；而表示否定的“没有”（或“无”），就相当于英文中作形容词用的 no 了。——图解时，这类的“有”字，只好由述语降为主语的形容附加语；句子里主语与述语的次序，却是正式的而非变式的。

国语中，“有”字用法最复杂。以上所列，已有三式：前两式是表存在的内动词，后一式是领起主语的形容词。此外还有外动词、同动词用法。（今按：此注大都否定了，存作滥套英文法的典型例子。）

42. 似宾位的副位——副词性的宾语

以上（ㄅ）（ㄆ）（ㄇ）三种没有介词而又移到句首的副位，都好像是主语。但有时副位紧接动词之后，又好像是一个宾语了；再分为二：

（ㄅ）双宾语的次宾位（例和说明，已见前第 31 节。）

（ㄆ）有一种内动词，如（a）“坐”“走”“站”，（b）用作述说词的“在”“往”“到”“经过”等，这些动作虽然没有射及他物的意味，却常与他物生关系，因此文法界有人名为“关系内动词”；例如

(a) 你"坐"车，我"走"路。

(b) 他去年"在"北京，今年"到"上海，明年"往"广州。

"车""路""北京"……都是表"坐""走""在"等内动词所关系的地位。(也有表时间的。) 这些实体词，都很像是宾语，但也要作副词的性质看待，所以也就列为副位。

又 (a) 例的副位实体词上，还可以添加数量形容词，表明时或地的数量。例如：

(c) 我昨天走了'十里''路"。昨晚睡了'八''小时"。

现在把这似宾语的副位 (a)(b)(c) 三例，各图解一句如下：

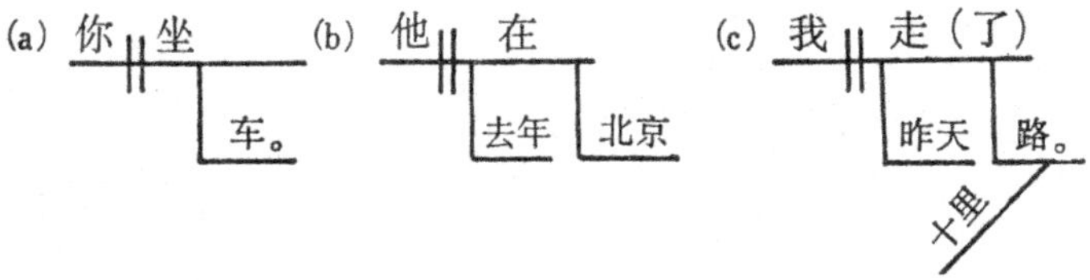

【注意】 本节 (ㄉ)(ㄆ) 两种副位，(ㄉ) 种是授与事物的动作所达到的人，(ㄆ) 种三式都是内动词所关系的地位或时间；从形式方面看，都像是宾语，但从实质的意义说来，就与其它在副位的名词没有任何区别。并且在这些副位的上面，有时还可以添补一个介词：在文言为'于'；在语体，(ㄉ) 种用'给'；(ㄆ) 种则"坐车""走路"自不能仿效西文也插进一个介词；而所谓关系内动词 (详后) 如"在""往""到""过"等，本身已常用作介词，习惯上也就不能在它们的下面再加介词了，然而总还似乎含带一个"于"字的意味，因为文言的"于"字，常是表动作和副位名物间一种难于质言的关系的。(古籍中疑问代名词在副位的，常倒置在介词之前，独介词"於""于"不然；可证其特别。) 不过这 (ㄆ) 种乃是现代语体中不可能用介词的典型的似宾位的副位。

总之，实体词的七位中，副位最要观察得明白，图解得正确；固不可误为主位，也不可混于宾位。但如那“有”字等所载的时、空名词，便宜上可以名为副词性的主语；而这容易混于宾位的两种副位，便宜上也可以名为副词性的宾语（简称副性宾语或副宾，它比那副词性的主语稳定些，也多些）：因为在国语的习惯上，和文法的理论上，都可以说得通。

【附言】 英文法的 Case 中，没有副位的名称。凡名词用作介词的宾语的，同用作外动词的宾语的一样地叫做宾位（《文通》把介词的宾语叫做「司词」，说「司词之次亦为宾次」）。但是英文法当分析句法时，这介词和它的宾语（Preposition with its Object），凡附加于述说词的，也都称为「副词性的附加语」（Adverbial modifier）。这还是就第（1）种说的。至于第（2）种不用介词的副位名词，如“今年”“明天”“前面”以及“秋季”“三月”“茶棚里”等，其前既无介词，自然不能还叫它作介词的宾语，在英文法也就统作「副词性的宾语」（Adverbial Objective；《文通》也统叫「转词」，并说「视同宾次」）。本书则以句法成分为纲，对于这种用法的名词，不论其前有介无介，只要是作副附成分的，一律叫做『在副位』：前有介词的，「介词及所介的副位名词」就可成为一种「介词结构」；如果不用介词，副位仍是副位，关系不变，成分不变，这就再不会跟「宾位」纠缠不清了。（参看《比较文法》页 52。）——但在复合词的构成方式中，凡不可能用介词的副性宾语，便宜上还是可以归入“动宾结构”的。

补　　位

43. 对于主语的补位

把实体词用在述语之连带的成分中，形式上和宾位一样，但与

它上面的主语实在不是两物，这就是同动词“是”字所带的补足语；做这种补足语的实体词，就叫做在补位。例如

鸟是动物。

发见新大陆的是哥伦布。（注 10）

因之，凡用作一切同动词与不完全内动词之补足语的实体词，概叫做在补位，以别于用在外动词后之宾位；因为它们都和主语有同物相成的关系，不是主宾对待的关系。（参照 15、16 两节）

【注 10】 同动词“是”字的主、补两语，有时可以对调，如这第二例句是；有时不行，如第一例句是。这是论理学上初步的重要的讲究。因此这“是”字的作用，只是担任结合，表示决定。在文法上就列为同动词，并且比旁的同动词还要空灵一点。英文法虽也列为动词，德文法却认为一种连结词（Copula，或译为系词）了。

44. 对于宾语的补位

至于外动词所带的补足语，大都不是实体词；但其中第二种“表对于宾语所认定之名”的（参照 18、20 两节，页 26，27），也常带实体词。例如

小孩子「当」蝙蝠『是』“鸟类”。

哥伦布误「认」新大陆『作』“印度”。

这后两个名词也是在补位。但从全句的成分上观察，它们就与上节的两例不同了：乃是对于宾语的补位，不是对于主语的补位，因为它们只和宾语是同物相成的（参照 19 节的〔注意〕和 20 节的〔注 4〕页 27）。

45. 与『是』字同类的同动词

『作』(做)『为』等字，一方面可用为外动或内动；一方面也可用为同动，意思和「是」字一样（内动『成』字也有此用）。不过「是」字常用来结合主语的补位,『作』等常用来结合宾语的补位：这是用

法上有时不同之点。再举四例：

生物学家「叫」人类『做』“理性动物”。

古称「合」天下『为』“一家”。

汉刘邦「斩」白蛇『成』“两段”。

「化」臭腐『为』“神奇”。

（后三例「合」「化」等外动词，就是18节所谓表示「更改」的意思的；以前没有举例，就此补足。）

【注意】 这类句子，又有两种变化：

（一）改为变式的宾位第一种，如

生物学家‘将’人类「叫」『做』“理性动物”。

刘邦‘把’白蛇「斩」『成』“两段”。

‘将’一座梵王宫「化」『作』“武陵源”。（参照32节）

图解之：

（二）就上项诸句式，取消主语，将宾语改成主语，那些外动词便都成了被动式；如

人类「叫」『做』“理性动物”。（参照35节）

白蛇「斩」『成』“两段”了。

图解上，这「叫」「斩」都是被动性，前应加〔　〕，而两动间可表以连号（如〔　〕斩–成），后面便是补位名词。但「叫做」这个词，渐渐的用熟了，却成了复合动词，我们可称为准同动词，专用来决定主语的名称的。图解作一公式：

有时连『做』字也可省略。——文言中的『谓之』『之谓』『曰』都与『叫做』『叫』同解，而与同动『为』字同一用法。

但是国语中，同一动词，有时是外动，有时又是内动；正式句是被动式，变式句又可看作主动式。如将以上诸例句都照此式变作：

臭腐「化」为神奇。
天下「合」为一家。
梵王宫果然「化」作武陵源了。

这「化」「合」诸动词,『自』化呢？『被他』化呢？全不明白。有人就说一种语言，若文法形式上太简单了，论理方面也不免要受些不良的影响；然而就上下文看又不成什么大问题。

【附言】“补位”这个名称，英文法中也没有，就是名词或代名词用作补足语（Complement）的。

领　　位

46. 领位的两种

凡实体词用作形容附加语的，都叫作领位（《文通》叫偏次）；对于被领的实体词（《文通》叫正次），其间常有一介词“的”（或“之”）介绍（注 11）。但在性质上有两个大区别：

（1）统摄性，　　（2）修饰性。

【注 11】 介词“的”字有时也可以省略。省略的原因有二：（1）在习惯常用的短语，往往求整；如“我的国”省为“我国”，“儿童的心理”省为“儿童心理”。（2）在叠用领位的短语，往往求简；如“北京的平民的生活的状况”，连用三个“的”字，太噜苏了，所以通常要省略前两个，只留最后一个，作“北京平民生活的状况”。又如“汉语的拼音的文字的方案的草案”，应有的“的”字全要省略，因为这是一种固定的事物名称，更要求简，所以一个“的”字也不留。

47. 统摄性的领位

可分七项：

（ㄅ）表物主（即物之所有者），例如

“张先生”的帽子　“儿童”的心理

（ㄆ）表物原（即物之所自出，但与物主常无别），例如

“达尔文”的《进化论》（由达尔文著作的）
“桐城派”的古文（由桐城派提倡的）

（ㄇ）表物质（即物之所由成，但已近于修饰性），例如

“玻璃”的窗户（用玻璃造成的）
“大呢”的夹袍

（ㄈ）表主动者（领位对于被领的词是主语），例如

“狮子”的勇猛　“太阳”的光明……被领的名词由形容词转成
“思想”的变迁　“世界”的进化……被领的名词由内动词转成
“父母”的教育　“律师”的辩护……被领的名词由外动词转成
（这外动词应带的宾语自在意中）

（ㄪ）表受动者（领位对于被领的词是宾语，其上可加‘对于’），例如

“国语”的研究（‘对于’国语的研究）（注 12）｝被领的名词必
“职业”的选择……………………………………｝是外动词所转

（ㄉ）表物之所关（依国语的新习惯，可加‘关于’），例如

“社会”的科学（‘关于’社会的科学）（注 13）
“平民”的生活（如说「北京平民的生活，应该调查。」）

（ㄊ）表物之所在（前可加介词，或后附方位词），例如

“中山公园”的柏树　　“现代”的哲学家
“一天”的早上　　“会员「中」”之一人（注 14）

这七组在领位的名词，虽然所表的意味各不相同，可是对于“的”字下的名词，都含有统摄的作用。

【注 12】 按 32 节的〔注 4〕所说，“对于”也可作提前宾语之用，那么，这里不过是把这提前的一部分截下来移到领位罢了。例如说：“这就是对于国语的研究。”图解之，

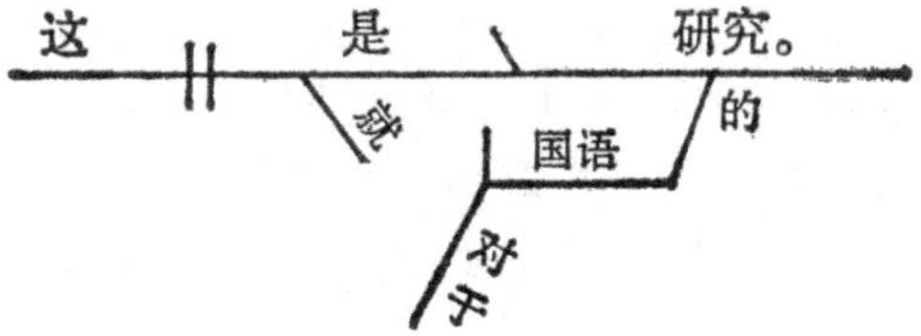

（这“对于”的图解线，仍是 32 节提宾特介的位置，这可叫『移提宾作冠领』法。）

若是“对于”上面有一个“我”字，应该怎样图解？（可参照 123 节，页 188）再试图解下列的各句：

我对于国语的研究很浅。

我对于国语是门外汉。

对于国语的研究，我还没有得着门径。

【注 13】 “关于”的这种用法，是从日本间接传来的欧化的文法；从前关涉、有关、相关等等用法，都是动词，这乃是介词之一种。但图解上又不可比照英文，例如说：“关于社会的科学，是历史学、政治学、经济学……。”图解之，

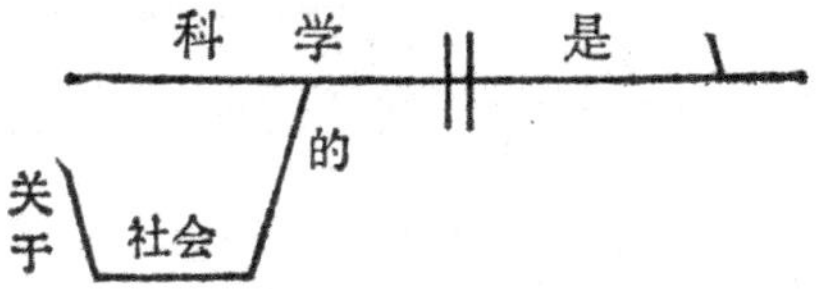

因为国语中的领位，常脱不了“的”字的关系，所以“关于”这个介词，只好另就特别的位置（就是普通介词的图解线，这却可叫『移介副作介领』法）。再试图解下列的各句：

凡关于各种社会的许多问题，都有研究的价值。

这个委员会的编审委员，掌管关于语文教科书的审核事宜。

【注 14】 若前面加介词，当然是加“在”字，但图解上也不能比照英文，无论后面的“的”字有没有。例如说“在山泉水清”，或说“在山上的泉水清些”，或说“泉水在山上清些”；依次图解之：

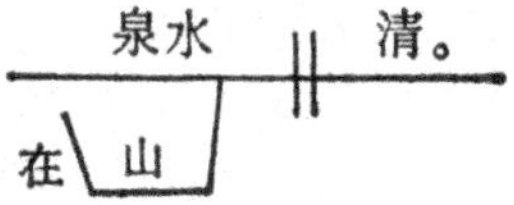

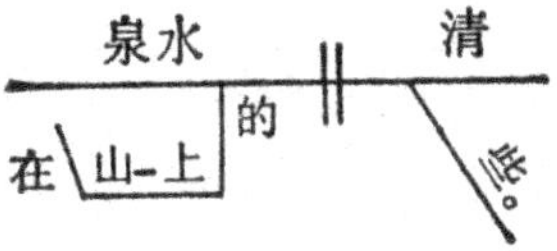

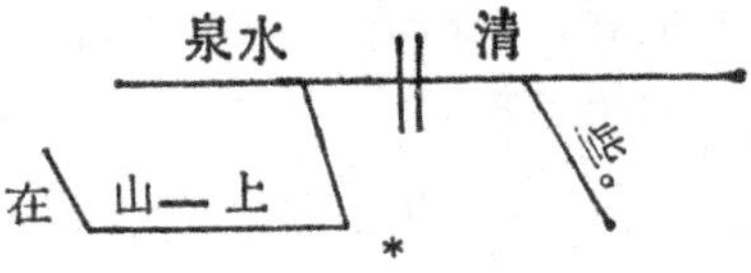

(* 参照 115 节)

这是认“在”字为介词，移介副之介作介领之介，所以位置和上项的“关于”一样。但也可以认为内动词；图解中间的一句作例：

须知国语中介词和动词，本来没有分家，只看组句时的用法和图解上的便利而定。（此例之外都可类推。）

再试图解下面的句子：

钱在手中是真的；钱在口里是假的。

出山泉水浊。

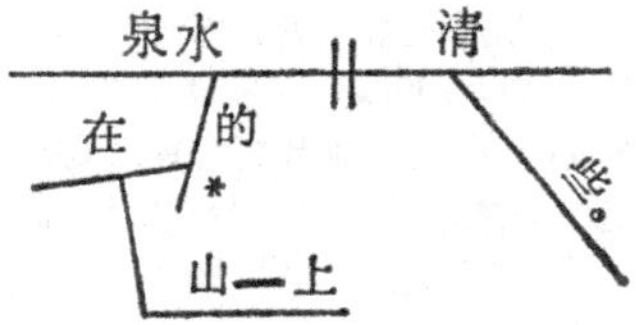

*(可参照 61 节)

48. 修饰性的领位

例如

他的生活，是“平民的”生活，不是“贵族的”生活。

柏格逊著了《“创造的”进化论》(注 15)。

这些在领位的名词，可不是名词的性质了，他已转成了纯粹的形容性。所带的“的”字，也不是介词了，乃是形容词的语尾（参照 21 节〔注 5〕）。

现在从图解法上辨别出来：

(1)统摄性 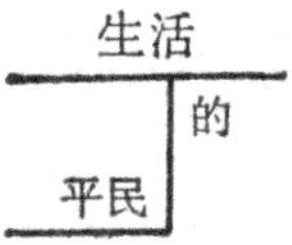

(2)修饰性 

【附言】 这些转成了形容性的名词，似乎可以不再列为领位之一种；但也要体认：它们的本质还是名词，不能说是变了纯粹的形容词，只能说是『转成了形容性』(即『修饰性』)； 因为“平民的生活”意思是“平民式的生活”，这“式”字仍是名词（渐用成名词的语尾了），应在领位，不过经常不用这“式”字，所以就这样从简照形容词图解。在汉语，“领位”这名称的意义，也可以专从形式方面讲的：附加在前，即谓之“领”。

【注 15】《创造的进化论》，在英文为 Creative Evolution。从前有人译这书名为《创化论》。《译言》上说：「吾于是书之名，斟酌再四，始定今名。……有劝余译为《创造之进化》者；然此语若译英文，必为 The Evolution of the Creation，则差之毫厘，谬以千里矣。又有劝予译为《创造进化论》者，此而译英，或亦有 To Create the Evolution 之误。」其实此乃因文言“之”字与口语“的”字都有两种用法：或作介词，或作形容词语尾：词类的形式上无法表明，所以翻译上生此困难。（如日本语，‘ノ’与“的”各有职司，形体判然，声音亦异，所以就没有这种困难。）现汉字分化为“底”和“的”，拼音则“底”独立，“的”连带；但若遇到形容性语句，用起来仍有问题（详后 61 节注 6）。

同　位

两个或更多的名词同在一个位置，而又同指一事物的，叫做同位（注 16）。再分三种：

第一种　相加的同位；

第二种　总分的同位；

第三种　重指的同位。

49. 同位的第一种

“职衔”“称谓”等名词或代名词，常可添加在其他‘名词’的前面；例如

（ㄅ）中国的“首都”‘北京’是“咱们”‘人民’的首都。

也有添加在后面的，例如

（ㄆ）世界最高地是亚洲的‘帕米尔’“高原”。

图解如下：

(ㄅ)

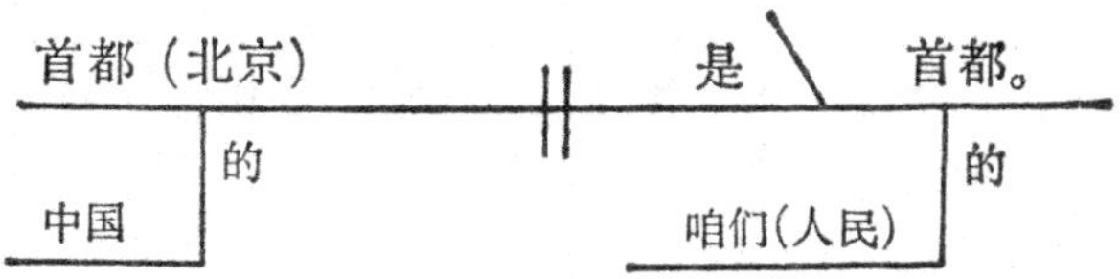

(ㄆ)

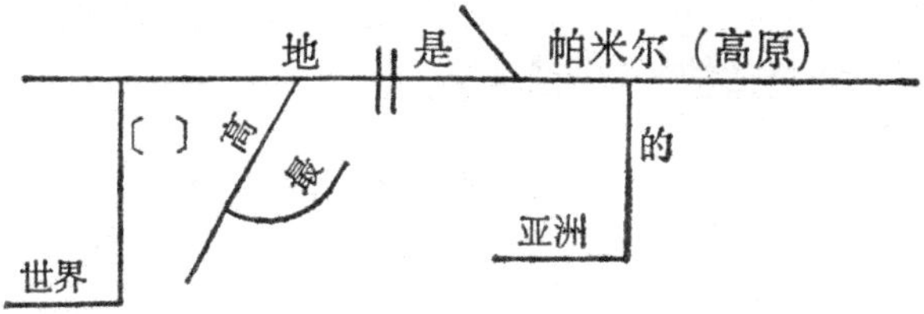

【注意】 不论主、宾、领、副等位，凡同指一物的两个实体词都是同位。但同位的两名，也有‘本名’与“加名”之别（注17），须览全句的意义而定。但图解时，便不必作此区别，只从第二个名词上添个括弧，以表示两名同位，便够了。

【注 16】 名词的同位，在英文法中为 apposition，《马氏文通》叫做“同次”。

【注 17】《文通》叫这第一种同位作“加词”，对于加词称‘本名’。他说：「谓之加词者，盖以本名乃诸名所加之本也。……诸名先后连置，而所指同者，则所次同；同则必有为之加词者矣。」

50. 同位的第二种

一个句子，常有两个以上的主语或宾语、补足语，于是常加一个“总提”或“总括”的名词，和他们同在一位。总提加在本名之前；

总括，在后：各附「数词」。例如

（ㄅ）新民主主义革命的「三个」“敌人”，‘帝国主义、封建主义、官僚资本主义’，在国内都被肃清了。

这是总提而分承的例；图解之，

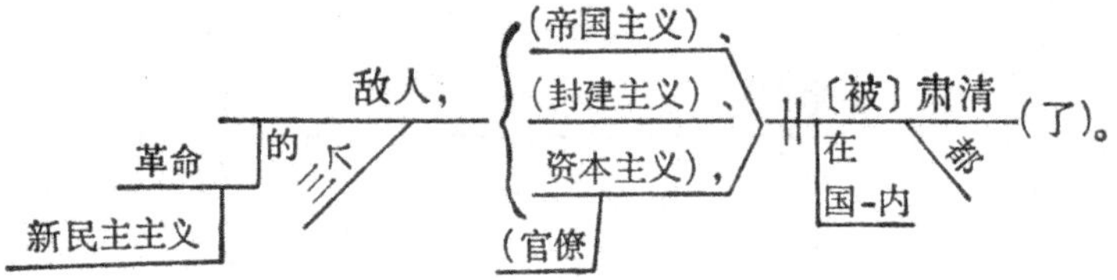

（ㄆ）‘主语、述语’「两种」“成分”，是句子的主要的成分。

这是分起而总括的例；图解之，

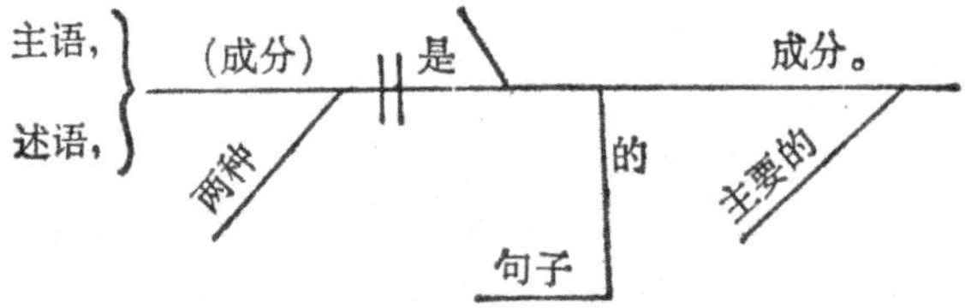

【注意】 总提而分承的同位，应用很广。有时总提不附数词，分承又不列举；例如

‘王冕’“天性”聪明：年纪不满二十岁，就把那天文、地理、经、史上的大学问无一不贯通。

看来首句「天性」是主语，「王冕」是领位；但断句取义则可，通览篇章，就不然了。因为下文全是叙述王冕的事实；这‘王冕’两字，不但是次句「贯通」的主语，并且是全篇的主人翁，如何可降列为附加语呢？所以‘王冕’要算是总提的主位，而“天性”是属于他的一部分，就算是分解的同位了。图解如下：

王冕（天性）‖聪明：

拿着一篇文学作品作大规模的图解时，合于这种例的很多，须注意。否则单句的图解，要和篇章的结构生冲突了。若用了这种“部分同位”的解释，便足以调剂它们。（或将「天性聪明」认为形容子句作述语用。）

51. 同位的第三种

特别着重的主位名词和提前的宾、副等位，往往于本名后重加“类名”（类名上常附一个「指示形容词」），或重加指示代名词“它”字等，以代它的本位。但这着重的词常稍稍停顿，自成一读（这词就是本位成分的‘外位’）；例如：

（ㄅ）‘蚂蚁’「这种」“动物”，到处都有。

（ㄆ）‘电气’，“它”是很有用的。（以上同主位）

（ㄇ）‘蒸汽机’，“它”的功用也很大。（同领位。或作『‘蒸汽机’「这个」“东西”的功用也很大。』）

（ㄈ）这本‘书’，我很爱“它”。（同宾位，参照 34 节，页 39）
　　　那部‘字典’，你可以把“它”借给我么？

（ㄪ）这样一件小‘事情’，我们为着“它”也费了几点钟工夫。（同副位）

试各图解之。

【注意】 以上三种同位，惟第一种加于本名前面的，形式上很像作形容附加语的领位名词；实质上本也带有修饰本名的性质。可是它与领位有一大不相同之点，就是决不可用介词“的”字——这便是同位和领位的根本区别。（把同位第一种句例图解中带介词

“的”或介词线上有〔　〕号的领位，和同位比较一看，便可了然。）

52. 实体词七位的总括

本章首节（26节）所列七位的次序，是依单句成分顺序的常例。若是从他们的形式上、或实质的意义上来辨别，也不可不注意下面的系统。

（1）主位

（2）呼位——形式上，常在句首，很像主位（注18）。实质上，却也是说话的人所要求的真主位。

（3）宾位

（4）副位——一般文法上大都叫做“介词的宾位”；并且又包有一种“副词性的宾语”。

（5）补位——形式上和宾位一样在动词后；若不从动词的意义上来辨别，最易混认为宾位。可是实质上，补主即主，补宾即宾，故理论方面或说为主位或宾位的同位（注19）。

（6）领位

（7）同位——形式上，多在本名前，很像领位；实质上也有带修饰性的。并且它「无所不用其同」，本来没有独立的地位。

依此说来，实体词位虽有七，仍统于三——主位，宾位，领位。

再注意下面的图：

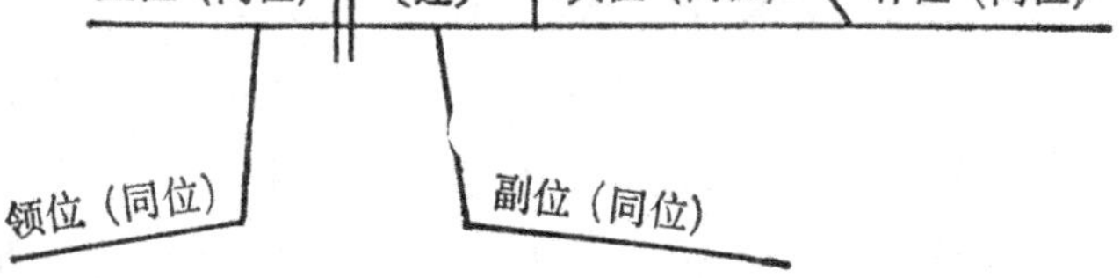

【注 18】《马氏文通》就直把呼位列为“主次”了。他说：“呼人之次，概列主次。……其位，先呼后语为多。”

【注 19】《文通》三把“凡注解之句，概以也字为煞者”列于“同次”，这就是我们所谓对于主语的补位名词（同动词‘是’字的补足语）了。——他那“同次之例〔一〕用如表词者”之第三、第四、第六三式，就是我们所谓表示称谓、认定等外动词所带的补足语，就是对于宾语的补位名词，也就可说是“宾位的同位”。但要注意：这种实质上的同位，无论同于主位或同于宾位，在现代的形式上，一概要认为补位；因为它对于主位或宾位，其间究竟还有一个‘同动词’，和其他紧贴而密合的同位不同，故不能作一样的图解。

第五章　主要成分的省略

（散动词；短语的图解法；联接代名词“的”字和“量词”；形容词的平比法）

53. 主要成分上的实体词

一个句子的主语、述语和述语所带的宾语或补足语，都可算是主要的成分。就实体词的用法说来，凡在主位、在宾位、在补位的实体词，都算是作主要成分之单位的。在国语的习惯上，他们时常有所省略；现在分述如下：

54. 对话时的省略

对话时，凡祈使语气的句子，以及书面上的一切训辞，常省去在主位的对称代名词“你”或“你们”；例如

〔　〕来吧！

〔　〕把我的驴牵在后园槽上，卸了鞍子。〔儒〕

吃饭，〔　〕要右手拿筷子。

坐、立，〔　〕都要竖起脊梁。

若是遇着外动词带第一种补足语的句子（参17节，页25），往往把主位的自称代名词“我”或“我们”，和在宾位的对称代名词“你”或“你们”，一同省去；例如

〔　〕请〔　〕坐！

〔　〕不许〔　〕喧哗！

这种省去主、宾两实体词，只留述、补两动词的句法，只以通

用的熟语为限。（但如第二例，"喧哗"也可以说是抽象名词，就算"许"的宾语：可参照58节。）

答问的句子里，也常省略所问的主语；例如

问：你甚么时候到南京来的？

答：昨天来的。

55. 自述时的省略

叙记文也常省略主语，大抵是省去自述语气的自称代名词"我"或"我们"；例如

雨声渐渐的住了，窗帘后隐隐的透进清光来。〔　〕推开窗户一看，呀！凉云散了，树叶上的残滴映着月儿，好似萤光千点闪闪烁烁的动着。〔　〕真没想到苦雨孤灯之后，会有这么一幅清美的图画！

56. 承前的省略

一切文章的复式组织，可以省去第二句以下的主语，承用前一句的主语或宾语、补足语等。宾语、补足语等也都如此。例如

秦明上了马，〔　〕拿着狼牙棒，〔　〕趁天色大明，〔　〕离了清风山，〔　〕取路飞奔青州来。〔　〕到得十里路头，恰好巳牌前后。〔　〕远远的望见烟尘乱起，并无一个人来往。

这例若不省略，〔　〕内皆用秦明，便不成文理；就是用他称代名词"他"字，也觉赘疣。因为一个句子里，若有许多述语共一个主语，便算是『复述语』了（参照113节之〔3〕），除首出的一个主语外，其余是当然承前省略的。

试举宾语和补足语因承前而省略的例。

57. 图解上的虚位

图解时，54和55节两种省略的成分，都要依式留着"虚位"，

画一个〔　〕为记，以表示那个词本来就没有提。如54节的第二例，作：

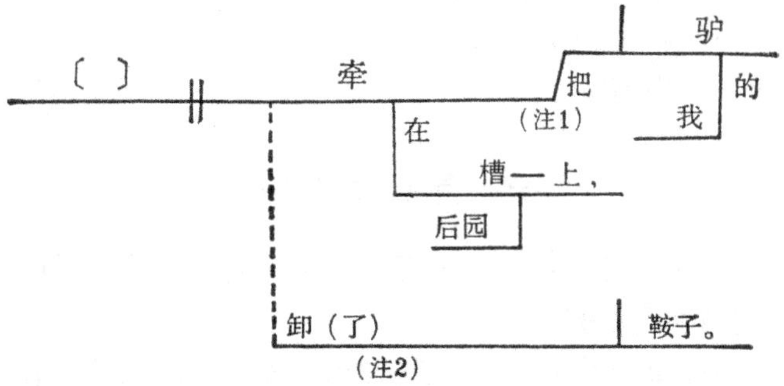

至于56节承前省略的成分，却须分别图解：其省略主语而可看作从一个主语发生的复述语，就不要留虚位了——即如上面的这个图解式，一个述语是『牵驴』，跟着一个述语是『卸鞍子』：这就是复述语的一种图解法（参后页168）。但也有不是复述语的，图解时，却须留着虚位；例如

这是一本很好的书，我要再读〔　〕一遍。

次句的图解，作：

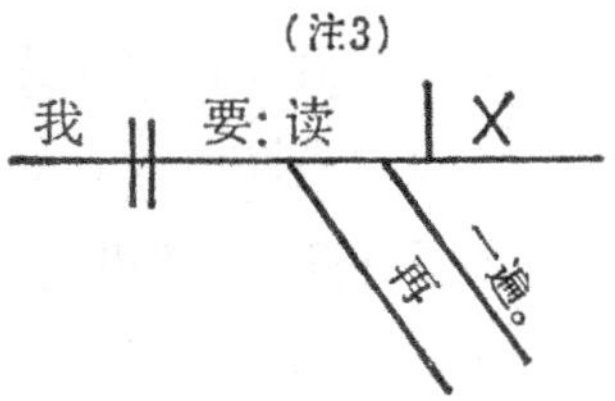

这种承前的虚位，须要看清它所承的前词是什么；和上例本来省略的不同，所以改用 × 为记。

【注1】名词之后，常带着一个表方位的词，如「上」「下」「里」「外」「中间」等，可以和上面的介词‘在’字等相应，以表所在的范围；有时且用成复合名词（如「世上」「人间」）。图解时，一律于名词和方位词之间加一个连号“—”（英文叫hyphen），以作区别，且表联结。

【注2】一个动词之后，常附加「了」或「着」「起来」等词，这叫做『后附的助动词』，实在可说是表动作完成或进行之动词语尾。图解时，一律将它加一个括弧“(　)”，就连写在动词之后。不要当他是副词，分析作附加的成分。

【注 3】 动词之前，常用「要」「打算」或「能够」「可以」「应得」等词，这就是普通的助动词。图解时，于助动词和动词之间，一律加“：”，以作区别，且表相属。

58. 动词的三种散动式

动词在句子里，有时不用作述语，而用作“主语”，“宾语”，或「是」字等的“补足语”(注 4)；例如

（一）“坐”“立”都不是。

（二）“种花”是一件很快乐的事。

（三）他们往天桥去看“耍狗熊”。

（四）太繁琐的礼节，实在「是」“作伪”。

以上各句中的动词，都可当名词看待——这是第一种。

有时又用作形容性附加语，就可当形容词看了——这是第二种；例如

（一）“飞”禽、“走”兽，都受了人类的支配。

（二）“来”的人是谁?

（三）“打虎”的武松是他的叔叔。（水）

有时也可用作副词性附加语，又可当副词看了——这是第三种；例如

（一）武松用拳头“使劲”打那只老虎。

（二）他“笑着”说话。

以上三种动词的用法，都是不作述语的。凡句子，语意只是叙述一件事的，不怕动词多，实际上只能有一个是述语（主要动词），其余的都是不作述语的动词，就叫做“动词的散动式”，简称“散动词”(注 5)。散动词在句中，必须各归职位，划清成分，所以分为三种如上。

【注 4】 外动词的补足语第一种，也是用的动词，也不是句子中间正式的述语（参照 17 节，页 25）。虽然它是属于宾语的一种「相应的动作」，但这动作只是述语外动词「所祈使之事」，就这方面看来，也应该说是散动词，但不属于三种之一种，也就不能一样地当作名词等看待。

【注 5】 散动词是《马氏文通》上所定的名称，恰相当于英文中动词的“无定法”（Infinitive mood）和“分词”（Participle）。分词用作“动名词”（Gerund）的，就可单比我们散动词的第一种——当名词用的。（《文通》对于散动，又称正式的动词及助动词为「坐动」，我们不取。）

59. 散动词的第一种

『不作述语』，是散动词最简单而扼要的定义。若专就第一种，当名词而用为主、宾、补三个主要成分的散动词而论，还有一个特点，就是『不能够再推求他的主语』（第二种当形容词看的，他下面那被形容的名词常是他的主语；第三种当副词看的，所副之动词的主语常是他的主语：这都是有主语可推求的，看上节诸例自明）；因为这第一种散动词，只是一般动作的名称（name of action），不是叙述（assert）谁某之动作的。所以这种散动词，可重下一个定义，曰『非述而无主』。

这种『无主』，乃是本无，不是成分上的省略；于是图解时就不能不有特别处理的法子。

60. 名词语

我们试图解第 58 节中第一种散动词的各例句：第一例的“坐”“立”，就干脆当作主语名词，没有问题。第二例的“种花”，散动词“种”还带有一个宾语名词“花”，就不便当它是囫囵的一个词，而是两个词连结而成的一个短语了（参看第 3 节，页 15）。短语用作名词的，就叫做名词性短语，简称名词语。将全句图解起来，是：

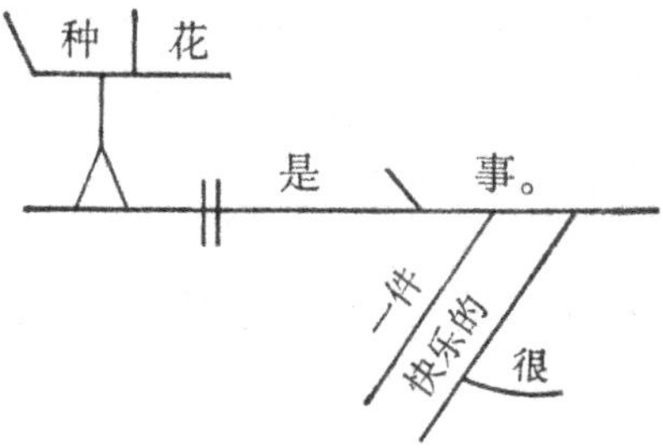

【注意一】 凡名词语，无论用在何位，图解时，都以此“种花”为例。要注意的是：既认明白它是名词语，就不要给它留主语的虚位；若是留了，它就变为名词句，全句的意思便两样了。所以，“种”字前面，用一根斜线堵住。

名词语还可以带许多的附加语；试就此例句扩充起来，为：

“在宿舍一个小花园里，按着时令，种各种的鲜花”，是一件很快乐的事。

图解时，只须添上附加的成分，为：

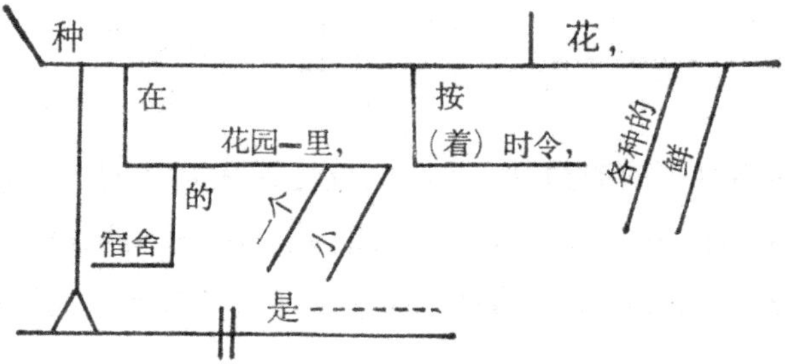

若是散动词不带宾语，又没有附加语，便可当作由动词转成的“抽象名词”，不要说是“名词语”了。如第一例的图解，

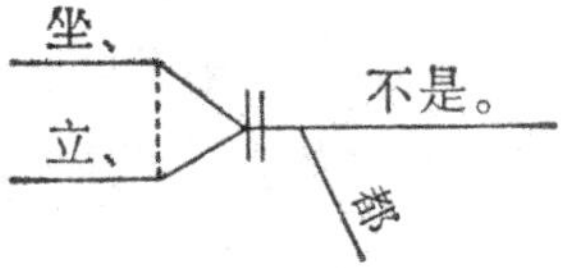

（因这「是」字是形容词，故认「不是」作一形容性的述说词，但若把「不」字分析下来，也行。）

【注意二】 图解要先看清句子的语气。如前54节中（页62）所举对话时祈使语气的例，「坐、立，都要竖起脊梁」，这“坐”“立”就不和上例一样地作主语，可依右式图解：

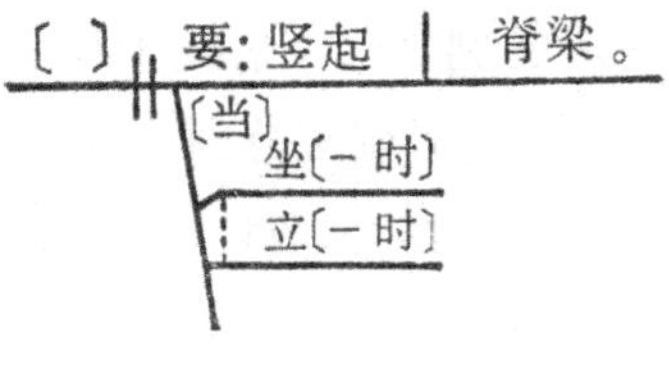

这“坐”“立”两词，也还是散动词，不过是从主语调作副词性附加语（表时的副位）了。但若语言环境并非对话，而是一般训辞式的理论文，就不必拘定这样看。再举一个例：

“矫正姿势”，在乎坐立都“竖起脊梁”。

这“坐”“立”虽仍如上式，但“矫正姿势”和“竖起脊梁”，却都成了名词语，一作主语，一在副位（副词性的宾语）。图解如下：

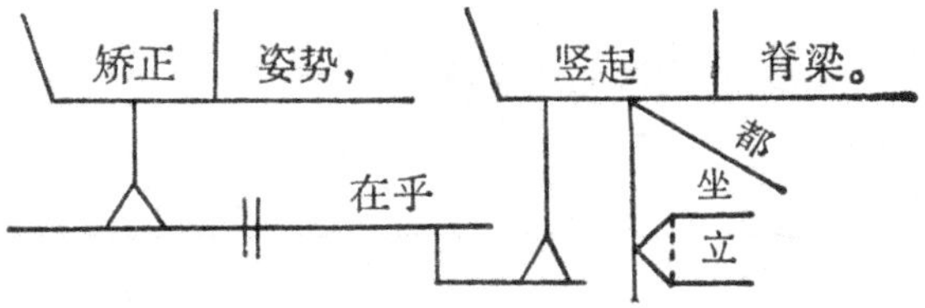

可是散动词有时虽带了宾语，而已用成复合词的，如第四例的“作伪”（又如「出版」「动员」，极端例如名词「点心」），这一种就没有分析之必要。其他则为图解上标明词性起见，也要依“种花”之例，却还不可就囫囵地看作一个词。

【注意三】 依上58节的〔注4〕所说，外动词所带的补足语第一种，应该看作散动词，那么，当然也可以扩充为一短语，而有分析之必要——其补足语第三种也如此。试图解下列各句：

昨天工人请我在他们工厂里报告「工会组织」一点钟。（参照17节，页25）

这句顽话，居然使林黛玉噗嗤的一声笑了。

他们骂卖国贼简直地一点儿良心也没有。（参照19节，页26）

若严格地析词，两词成语，便应分析。但也不是全要照前面「种花」的例，用一根柱子顶上去；如外动词所带补足的第二种，只将补足语的斜线分别长短就行了。再试图解下句：

工厂里的职工们，都推举张同志作他们的代表。（参照18节，页26；又页64）

61. 形容语

散动词的第二种，在 58 节（页 65）中，除（一）（二）两例句外，凡带有宾语或附加语的，都可叫做“形容性短语”，简称“形容语”。图解时，可照下例作公式：

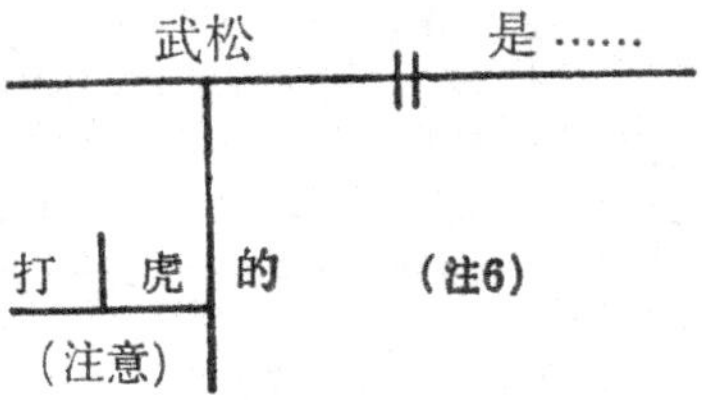

【注意】凡连结形容语（或形容句）的直线，下端要冒出一点儿，以别于领位线之左折（此点最宜注意）。

将这形容语的部分扩充起来，可作：

他就是“那日在景阳冈上用拳头打死了一只很凶猛的老虎”‘的’武松。

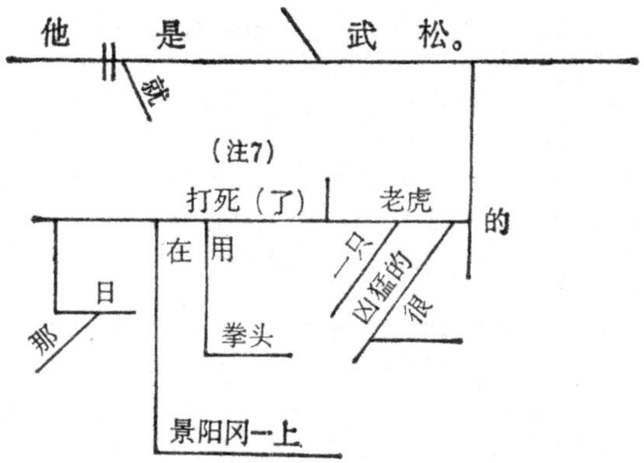

【注 6】介词‘的’字的定义，是介绍实体词给实体词；这类‘的’字，是介绍“短语”给实体词的，当然也可以认为介词。至于 58 节的第（二）例句，「来‘的’人」之‘的’字，乃是介绍一个转成了形容性的动词“来”字给实体词，是不是也要认为介词？可以说：这‘的’字已和“来”字同时变性，变成形容词语尾了，因为：（1）他可以省去；省去‘的’字作「“来”人」（信札中常用），便和第（一）例句的「“飞”禽」「“走”兽」一样，都可看作一个名词上附一个形容性“散动词”。（2）介绍形容语的‘的’字，除习惯语外，却万不可省去；「打虎武松」便不成话。（3）修饰性的领位名词，如 48 节（页 55—56）所说，「平民的」「民治的」，看作形容性的名词，‘的’字也跟着变为语尾；与介词‘的’介绍统摄性的领位名词作「平民底……」等，意思大不相同。名词下之‘的’如此，动词下之‘的’也该一律。——特拟订介词‘的’字和形容词语尾‘的’字的简明区别三条如下：

（1）凡介绍实体词作统摄性的领位的，是介词。（图解时，介词写在直线旁。分别字形时，可用‘底’。）

（2）凡附在单个儿的形容词——或者是形容性的名词或散动词第二种——之后的，是形容词语尾。（图解时，语尾可连写于本词之后。分别字形时，可用‘的’。）

（3）凡联结形容语或形容句作实体词之附加语的，也作为准介词。（图解时，也写在直线旁，但比介词的位置稍下。分别字形时，却要用‘的’；因为实质上它也是修饰性，和第（2）项相近；而与第（1）项之统摄性相去较远。）——这三条区别的界说，不但于国语拼音上的词类连书有重要的关系，就是现时分用‘底’‘的’两个字形的，也可以应用这个界说，以免旁皇凌乱。

【今按】经过多年的研讨，对这第（2）条有所调整，即：1.‘的’在形容词（单个儿的）之后作为语尾没有问题。2.“形容性”的名词（如‘平民的’）后缀‘的’字应同形尾一样连写，但这名词并不转类，只能用“连写”来表示它与统摄性的领位有所不同。（因此页55图解修饰性的领位左斜线还该放平，只要把‘的’字连着名词写在横线上。又下面‘你的’‘我的’等也如此。）3.“形容性”的散动二（如‘来’的或‘飞’的、‘走’的，但动词在词汇上兼属形容词的不在内）后缀‘的’字应一律作为“准介词”（如第（3）条），不连写（图解即与形容语、句一律，如页69之式）。这就是现时汉语拼音的词儿连写法。（《汉语语法教材》中图解也略准此。）

又介词‘的’字介绍代名词时，如「我的」「你的」等，照第（1）界说，这‘的’字自然是介词（自然也得用‘底’字）；可是在西洋文字上，如英文的my、your等，已经另成一种表物主的代名词。在国语的拼音上，也以连写为方便，如ㄨㄛˇㄉㄧ，ㄋㄧˇㄉㄧ，（ㄉㄧ依语音则作ㄉㄜ）和那些要分开写的介词不一样。

还有一说：「打虎的」之‘的’字，便是“打虎”之主语，它已是关系代名词（见下63节），相当于英文之Who或Which，因此，「打虎的」要算是主语倒装的一个形容句。但是，这说可以作为一个中西文法比较的研究，读者「心知其意」好了；用来说明国语文法，却嫌曲折而不干脆。

【注7】「打死」或「打败」和「看见」「养活」等，都可认为双字相属的复合外动词，不必把第二字分析作副词（也有些并非副词，即如「死」「败」「活」等，实在是使动式；若有分开的必要，可于两动间作连号，表示中有连词‘而’字的意思）。至于「老虎」这个名词，也不要把「老」字分析作形容词，因为世间还有「小老虎」。

62. 副词语

散动词的第三种，用如副词的，也可以带宾语或附加语，这就是副词性短语（简称副词语）之一种（注8）。如58节（页65）中的第（一）例「“使劲”打」，“使”是散动，“劲”就是所带的宾语；又可再加副词作「‘十分地’“使劲”打」。第（二）例「“笑着”说」，也可再加副词为「‘嘻嘻地’“笑着”说」。图解这一部分：

【注意】 凡连结副词语（或副词句）的直线，下端也要冒出一点儿，以别于副位线之右折（此点最宜注意）。

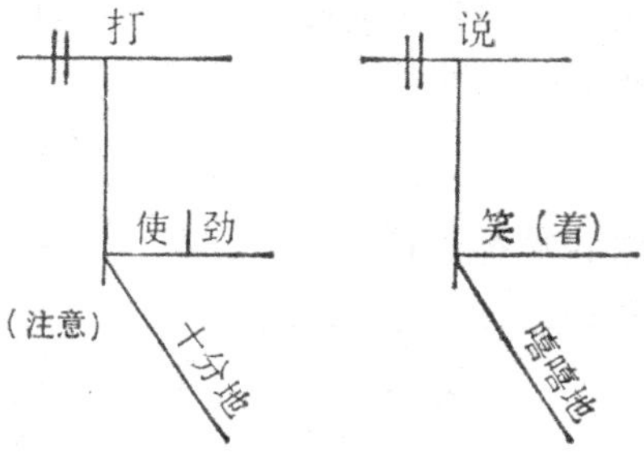

再举两个例句，试完全图解之：

你今天早晨坐着一辆马车往那里去来着？

王大脚手里拿着两包点心走到房里来贺喜。（注 9）

副词语另有一种用‘介词’介绍的；就它和介词的关系说来，也可称为“在副位的名词语”；例如

普及教育，须‘从’“扫除文盲”入手。

试图解之。

【注 8】 副词语原不止一种；形容语也如此。总之，凡是两个以上词类不同的词之组合，而不成句的，都可以称“语”（即“短语”的简称）；各依所在的成分而叫作“名词语”，“形容语”，“副词语”。在图解时，只要把他们在全句中相当的位置和关系表示得清楚，就算不错了。

【注 9】 这句若把「来」字当述语，那“贺喜”也可说是散动词，因为他是附加于述语「来」后的副词语，用以表明「来」之“目的”的。但后附于述语的副词附加语，以及后附于主语（和一切实体词）的形容附加语，都和前附的不同（详十三章），此例若用英文法比较，也可以说“贺喜”是一种补足语；但在国语却要叫作“后附的副词语”，详后（参照 117 节之（2），页 177）。——但这句「来」字也可解为助动（见 84 节之「去」，页 106）。——又，这两个例句中间的一部分，有两种图解法都可通：一，副词语；一，后附的形容语。须注意从实质的意义上分别出来。

63. “的”字的特别用法

形容语或形容句（注 10），大都是用“的”字介绍的；这种“的”字——以及介绍实体词作形容附加语（领位）之“的”字，乃至非介词而作形容词语尾之“的”字，全都有一种很特别的用法。这种用法，实因省略被形容的实体词而来。即如「来的人是谁?」，可以省略实体词‘人’字而作「来“的”是谁?」;「打虎的人来了」，可以省作「打虎“的”来了」。来的、打虎的，两个“的”字，大家相喻都是指一个人；于是这两个“的”字，便都成了‘人’的代用品。现再举数例：

（ㄅ）大街上有一个卖花“的”。
你看见了卖花“的”没有?（宾位名词的省略）
这就是那个卖花“的”底帽子。(领位名词的省略)

（ㄆ）这些都是从大街上买来“的”。(补位名词的省略)

（ㄇ）很可担忧“的”就是这些花都养不活。(正式的主位名词的省略)

以上诸位的名词都省略了；那些“的”字便都兼有『代名词』的作用:（ㄅ）例三句都代‘人’;（ㄆ）例代‘物’(即‘花’);（ㄇ）例代‘事’。“的”字这种用法，一方面替代实体词，一方面仍旧联接上面的形容附加语；所以一般文法学者多认这种“的”字为国语中的『联接代名词』(注11)。——在文言里，便另用一个“者”字，与介词或形尾的「之」字分职。口语中，虽间有用“者”字的新名词(如「劳动者」「被选举者」)，但寻常只用一个“的”字，以介词或形尾而兼代实体词之职务。图解时，也得给他留一个所代的虚位，式如下：

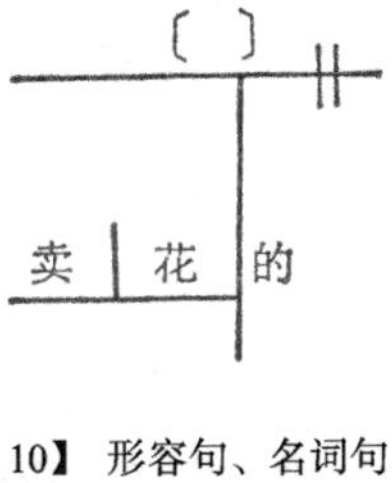

或者径作

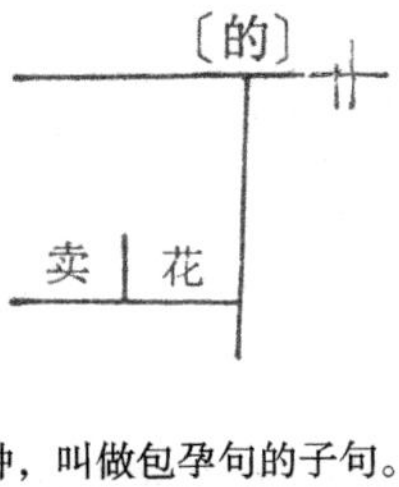

【注10】 形容句、名词句、副词句，都是复句之一种，叫做包孕句的子句。在图解上，和形容语、名词语、副词语是一样的位置和关系；不过多一个主语在前面，成为有主有述的句子形式罢了(参照十四章，页187—189，196)。成句的是子句，不成句的是短

语，这就是“语”与“句”形式上的根本区别。至于在全句的组织上，短语和子句的职务、作用，是一样的。

【注 11】 联接代名词，在英文为 Relative Pronoun，一译为关系代名词，一译为复牒代字（“复牒”两字之意最洽）。可是国语中这个“的”字，虽用成了联接代名词，却不可拿外国文来比：因为我们这种用法，一点儿没有“复牒”的意思（也有可比拟的，须看后十三章，页 173—174）；所谓联接者，只是表明“的”字所代的实体词，其上面一定联接了一个附加语：这是最宜注意的。——文言中“者”字用作代名词的，也是如此。但“者”字在唐以来译解佛教经论的文字中，却有用作人称代名词而不联接附加语的，是例外。

还有一说:「卖花的」底“的”字，便是「卖花」之主语，它真是和西文一样的关系代名词，不过位置在述语之后罢了；因此,「卖花的」要算是主语倒装的一个名词句。例如「杀人“者”死」「杀人“的”该死」，实在是「“的”杀人该死」，白话也可变成正格，作「“谁”杀人，就该死」。又如「不来“的”不是好汉」，可作「“谁”不来，谁不是好汉」;「爱听的尽管来听」，可作「“谁”爱听，尽管来听」; 即此证明“的”字相当于“谁”（who），是倒装的主语。但是,“的”字的来源和作用，既只是从介词等而来的『联接』(参照 61 节，页 69），本来不像 Relative pronoun 的「复牒」，所以本书直捷了当地说它是以联接的性质而『兼代』虚位实体词的职务。至于和 who 字比较，可作为文法研究上之一种比较的说明，不要认为国语本身上有这同样的规范和质素。(这条须注意参看 61 节〔注 6〕的末一条）

64. 量词的特别用法

本章原是叙说句子里主要成分的省略——因省略而说到第一种散动词（作名词用的）本无主语；又说到第二种散动词（作形容词用的）省略它所形容的主体（多即其主语），于是担任联接职务的“的”字起而代之。现在还有一种，与这“的”字有同样作用的，就是“量词”（注 12）。

形容的附加语若是一个数词，那数词下常带有量词；这种量词，也可以将那被形容的主体名词取而代之；例如

这一“盆”〔　〕是我自己种的‘墨菊花’。

今天的会到了两百‘人’，其中劳动模范就有二十“个”〔　〕。

图解时，可照上节的例，把被省略的主体名词留个虚位。（凡被形容词或语句所形容的和被领位名代所领着的主体名词，都可叫做‘本名’。）

但这被省略的‘本名’，如‘墨菊花’‘人’，或前或后，常要在句子里出现一回。若不出现，就是习惯上已将这量词用成了一定的代名词，例如

他们几“位”都来了。

这“位”字可直接代所尊称的人，就不必说它下面还有省略的‘本名’了。指示代名词中的「这“个”」「那“个”」等，也都是如此形成的。

【注 12】 量词，在国语中用得很多。凡名词上加数词，多半要带量词。量词的种类和用法，见下章名词细目 73 节（页 84）。

65. 逻辑的主语之省略

以上 63、64 两节，都是省略实体词，单留着它们的附加语：一个就用附加语中之“的”字来代，一个就用附加语中的“量词”来代。还有一种句子，从论理（逻辑）上看来，他的主语实在是省略了，所留的只是“领位名词”，而习惯上却都认为主语，不觉得有所省略；例如：

这“酒”太淡。

实在是说“这酒的味太淡”。

这棵枫树的“叶子”都红了。

实在是说“……叶子的颜色都红了”。

这种省略，虽不合于论理，在习惯上却不至发生误会。单论语言和文学的习惯，原是偏于心理方面的；但若讲到文法，便不能不兼顾论理的方面，所以这也要叫做论理的省略。

可是习惯上也有应得留心的；例如说——

他现在很好。

这话就不免有含糊不明的毛病，因为不知道究竟是指他的哪一部分：——境况好呢？身体好呢？性质好呢？……所以在修辞上，对

于大家不经意的省略成分之习惯，也要注意。

66. 省略主语的平比句

拿两样东西互相比较，而推断其相似或平等，这种单句，也常有主要成分的省略；例如说：

猴子像人。

“像”的意义，究竟不免于含糊：单指形体相似呢？兼说性习相同呢？在论理上，应是兼说性习；不过语言的心理习惯，对于“像”这个同动词，若不指出所比的部分，就大都认为单指形体。所以在文法上，还不必说这种句子的主要成分有所省略。但若说：

臣心如水；译为语体，作：

（ㄅ）我的心像水似的。

这就可以分两方面说他的省略了：

第一方面，可说它是省略了主位名词“干净”（因为说这句话的人是保证他虽然“臣门如市”，但自己决不贪污的意思）。

补足起来，应作：

我心里的“干净”，像水似的。

所以图解上，须认这种句子相比的实体并没有说出来；因为“心”和“水”形体上毫无相像之点，一定是把它们某部分的属性相比；属性纵然没有明言，理应留着虚位。

(ㄅ)

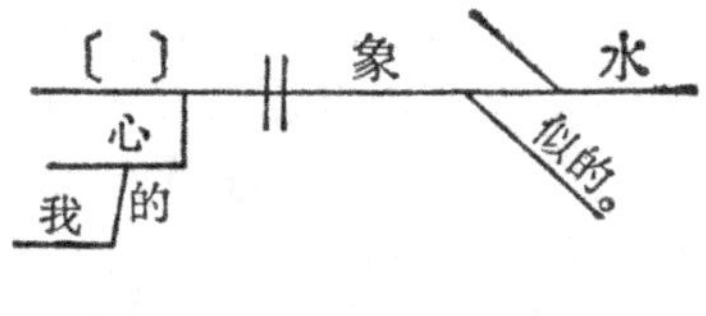

（注13）

*　严格讲来，补足语“水”的方面，也应和主语“心”一样作虚

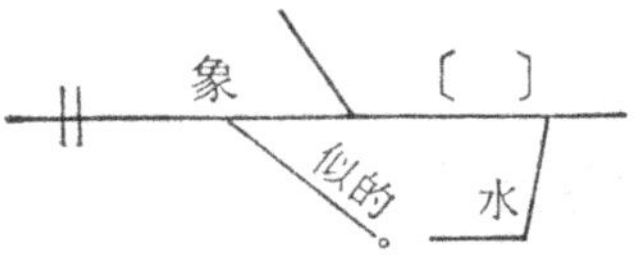

位如左：——因为它也只能在领位领着它那未说出来的属性。不过在文法上，只要主语方面标出虚位，也就尽了图解法的责任了。

【注 13】“似的”和“一样”“一般”都是表比较的数量副词，可以通用；但“一样”“一般”原是形容词，有时也可看作同动词，径用作述语；例如将此例改为：

（ㄆ）我的心「和」水『一般』。

这句子里没有同动词“像”字作述语了，“和”字是介所比的介词（或平列连词），那“一般”这个形容词，便在述语的位置了。图解之：

(ㄆ)

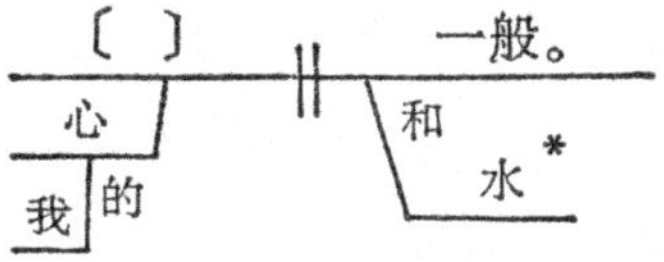

*「水」在副位；但论理上，副位名词也是虚的，「水」乃是副位的「领位」。

【注意】 现在将（ㄅ）（ㄆ）两式，各依次补出所缺的成分：

（ㄅ）我的心『像』水‘似的’或（‘一般’‘一样’）：

（补作）我心里的干净像水似的。

　　　　我心里的干净像水的干净似的。

（或作）我心里的干净像水一般地（或‘一样的’）干净。

（ㄆ）我的心和水『一般』（或『一样』）：

（补作）我心里的干净，和水一般。

　　　　我心里的干净，和水的干净一般。

（或作）我心里的干净，是*和水一般的干净。

*这『是』字却是必要的，否则语不圆。即或没有，图解时也得在述语上作虚位，因为“一般的”已经不是述语了。

试把以上两式八句全图解之——注意各式的第四句。

67. 省略述语的平比句——形容词的平比法

上节所补的“干净”两字，是抽象名词，是把两物相比的属性认为实体。若改从第二方面看来，这种句子，也可以说不是省略主语方面的实体词，乃是省略述语方面的述说词——就是形容词“干净”；于是就讲到形容词的比较法了。（注 14）

凡性态形容词作述语时的平比法，在单句有两式：

（1）作比的词，由「介所比的介词」引着在副位。试依上节（ㄉ）（ㄊ）两例，各补出所省略的述语，作：

我的心“干干净净”，像水似的。——依（ㄉ）例补

我的心“干干净净”，和水一般。——依（ㄊ）例补

仍就省略的原句图解出来：

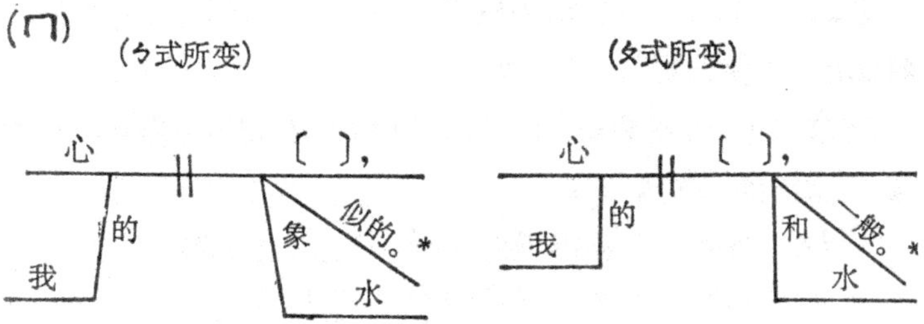

（ㄉ）例中同动词『像』字，便须退作介词，就介着原来的补足语「水」；（ㄊ）例中同动词（形容词作述语的）『一般』（或『一样』），仍须退作副词：这都是因为正式的述语“干净”已经出来了。而用作比喻的词，都叫介词领着在副位。

*「像水似的」「和水一般」都可看作副词语，这「似的」「一般」两个副词，对于介词和所介的比喻，还保留了几分同动词性；又另有一种简便的图解法：详下副词细目（往意，页 138）。

（2）作比的词，在「得」字领着的副词语中（注 15）。仍依上节（ㄉ）（ㄊ）两例补出述语，作：

我的心，“干净”「得」像水似的。——依（ㄉ）例补

我的心，“干净”「得」和水一般。——依（ㄊ）例朴

(ㄈ)

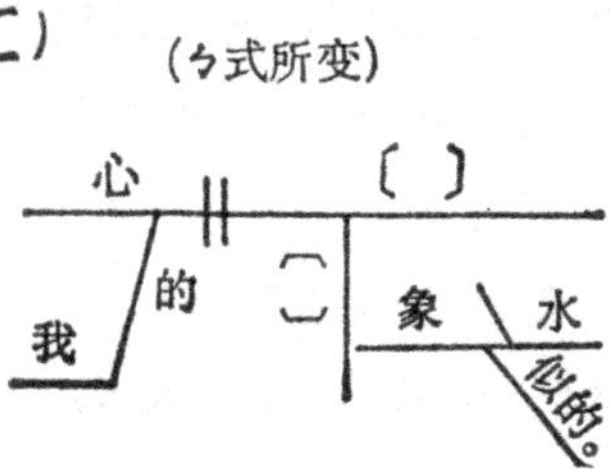

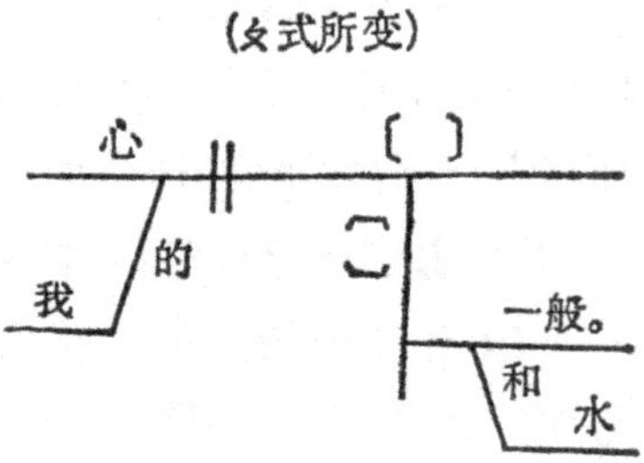

那么(ㄅ)(ㄆ)两式中的述语，便整段地截下来(叫「得」字领着)，作副词的附加语了。于是作比喻的词，都搁在「得」字所领的「副词语」中。

总之，(ㄅ)(ㄆ)两式，认为省“主”；(ㄇ)(ㄈ)两式，认为省“述”：试将图解，比较细观。

【注意1】 现在将(ㄇ)(ㄈ)两式，也各依次补出所省略的成分(「或作」是句法之变)：

(ㄇ)我的心，像水似的(或一般，一样)。(原ㄅ式)

我的心，和水一般(或一样)。(原ㄆ式)

(补作)我的心，“干干净净”，像水似的。(ㄅ变；ㄆ式类推)

我的心“干干净净”，像水的干净似的。(ㄅ变；ㄆ式类推)

(或作)我的心，像水似的“干干净净”。(ㄅ变，以下可省作干净)

我的心，水也似的“干净”。(ㄅ变)

我的心，和水一般的(地)“干净”。(ㄆ变)

我的心，水一般的(地)“干净”。

(又或作)我的心，像*水那般的“干净”。(ㄅ变)

我的心『有』*水那样的「干净」。

*(『像』字可作同动词;『有』字必作同动词。那么,「干净」都要改为「补足语」了。)

(ㄈ)··························(原ㄅㄆ两式同上)

(补作)我的心，“干净”「得」像水似的。(ㄅ变；ㄆ类推)

我的心，“干净”「得」像水的干净似的。(ㄅ变；ㄆ类推)

（或作）我的心，“干净”「得」像水的干净。（ㄅ变）

我的心，“干净”「得」和水一般的（地）干净。（ㄆ变；ㄅ类推）

（又或作）我的心，“干净”「得」如水。（ㄅ变）

这（ㄇ）（ㄈ）两式，就是形容词作述语时『平比法』的两个基本句式。在语言和文学的习惯上，这种作述语的形容词，是常常省略的，因为要使人家只从所比的实体，默喻相比的性象，便觉得浑含些，圆活些。

【注意2】　此种比较的单句，‘一般’‘一样’（或加语尾‘的’或‘地’）‘似的’同是副词，固可通用；就是那些同动词『像』『好像』『好似』『犹如』『如同』等，也都可以与「和」「同」「与」等通用作介词或连词，他们既没有明确的词类界划，所以可就（ㄇ）式定一公式如右：

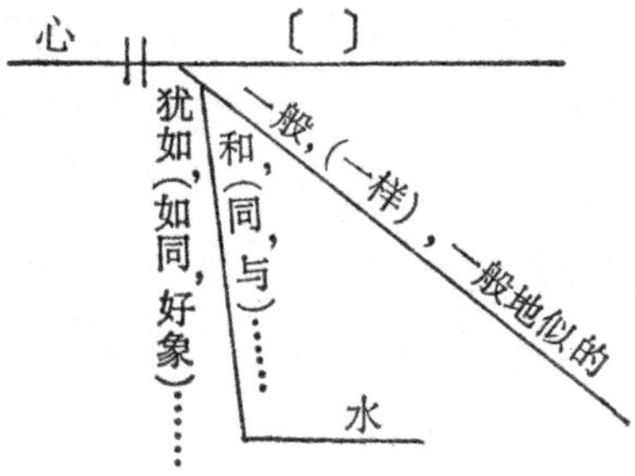

而（ㄈ）式所领的副词语，词类也是活用的；试将〔注意1〕那些「(或作)」的句子图解出来。

【注14】　形容词有三种比较法：一，平比；二，差比；三，极比。这乃是句法成分上和副词使用上的讲究，与英文法中形容词分 Positive、Comparative、Superlative 三级（Degree）而变动「词尾」的，意虽同而法不同。（本节单说『平比』；『差比』和『极比』详后100节〔2〕之〔ㄆ〕〔ㄇ〕。）

【注15】　这种用法的「得」字，也是一个特别介词，专在述语的后面领着副词、副词语或副词句，来作附加的成分。这是国语中所特有的。详后118节。

68. 否定的平比句——形容词的消极的差比法

但如上节所述（ㄇ）式的两平比句，若改为否定，便不能简单地各在述语上加一个否定副词‘不’字，如

我的心‘不’像水。

我的心和水‘不’一样。

这句法虽不觉得不通顺，可是意思就惝恍迷离了。所以必须补出所省略的成分，作：

（ㄞ）我的心‘不’像水那般的“干净”。

（ㄉ）我的心‘不’和水一样的“干净”。

但图解起来，这两句的组织，虽都可把“干净”当述语，“像”“和”都当介词，适用上67节（ㄇ）式的公式。

但这“不像”两词有时复合，可以改用“不如”“不及”或“没有”，都可不分析，因为是专表程度不能相等之意。——凡表推较的同动词不论肯定否定，既可用作述语，也可降作介词，有时还可用作比较复句里的「连词」。如果说上举各比较的单句实在就是比较复句的缩合，那只能是理论的；为了避免用词的重复讨厌，总得把一边的属性省去，甚至把两边的属性全都省去了。再设两例，试图解之：

那枝笔「不如」(或「没有」) 这枝好。

我的诗「不如」你的。

【今按】 66、67两节，只是从逻辑上（补出被省略的属性）和修辞上（比喻法）来看语法上可能构成的句式；可是补列的那些推演出来的例句，流于烦琐，并无实用价值。关于修辞，页79的几句话也就可以概括了。

第六章　名词细目

（私名号和省称；量词的种类＝国语的特点）

69. 名词的分类

名词在国语文法中，本无分类之必要；但国语也有几个特点是关系于名词之类别的，所以分为下面的三大类。现在先举其名，并各注明分类的原因：

（1）特有名词（略别为六种）——因添加符号及省称的关系；

（2）普通名词（再分为三种）——因添加量词的关系；

（3）抽象名词（再分为三种）——因词类转变的关系。

70. 特有名词

是某人或某物特有的名称，虽在同类的人或物也不得通用。

（ㄅ）人名

孔丘，孟子，张同志（或张同志），达尔文；

（ㄆ）机关团体名

中国人民政治协商会议全国委员会，北京大学；

【注意】 机关团体名，在现在书报上往往用省称（注1）；如以上两名可作：

政协全委会，北大。又如：

师大附中初一（师范大学附属中学校初级第一学年之省）。

（ㄇ）地名

北京，昆仑山，伦敦，ㄇㄚㄦㄙㄟㄧㄝ（Marseilles 即马赛）（注 2）；

（ㄈ）国家种族名

中华人民共和国，斯拉夫人（“人”字下不可把私名号连着）；

（ㄪ）时代名

春秋时，清代道光朝，启蒙时代；

【注意】以上（ㄆ）种有时因名称很长，今多用引号「　」等代替私名号。（ㄇ）（ㄈ）（ㄪ）三种，印刷上，旧时习惯也可用平行的双线“＝＝＝”作私名号（或两端相结），以别于（ㄅ）种人名之用单线。

（ㄉ）书篇名

《春秋》，《孟子·离娄篇》，《毛泽东选集》（注 3）。

【注 1】省称大抵随习惯，没有一定的省略规则可言；就大体说来，总是用每一个词的首一字。但如“中国人民政治协商会议”只用“政协”两字，则所省的就很多了。有时将注音字母所拼各词的第一个字母写作省称，如一九二一年曾把ㄍㄨㄛˊㄩˇ ㄊㄨㄥˇㄧˋ ㄔㄡˊㄅㄟˋ ㄏㄨㄟˋ（国语统一筹备会）省作ㄍ.ㄊ.ㄔ.会，写和读都更省事。省称本是一般的语言习惯，但若对于较长的名称任意加以不适当的省略，也是应当矫正的。（今按：关于省称问题，可参看《中国语法教程》上册页 24 至 27。）

【注 2】外国人名地名等，向来用汉字译音；因为方音不同，所以纷乱得很，学者苦之。现拟除已经很通行的译名，如马克思、列宁、斯大林以及莫斯科、伦敦等外，都用注音字母依原音翻译，如ㄇㄚㄦㄙㄟㄧㄝ等，比用汉字译的“马赛”，自然要确切些、统一些，而且省事些。

【注 3】私名号中，书名要特用曲线的缘故，就是因为书名最易和其他私名相混，如《春秋》和春秋（时代名），《孟子》和孟子（人名）。又如《墨子》，书中有些不是墨子所说的话；假如称“墨子说”，是引书呢？还是引墨子所说的话呢？就不能不赖有区别分明的符号了。

71. 特有名词与数词

特有名词，是专属于一个人或一件事物的，只能有一，不能有二；他的上面，自然不应该加‘数词’。但是造语、遣词，有时要简明而有力，往往借用特有名词来象征一种人或一事物；那么，他就变成了普通名词的性质，可以添加数量词了。例如：

纵令有‘一百个’“袁盎”，能够离间他们吗？（译目苏轼《晁错论》「虽有“百盎”，可得而间哉？」）

“袁盎”是象征一般的“谗人”，所以上面可加‘一百个’数量词，便由特名转为通名了（注4）。今按：此节补例：如下：

你们杀死‘一个’“李公朴”，会有‘千百个’“李公朴”站起来。（闻一多《最后一次的讲演》；“你们”是指当时国民党反动派。特名上加多数的数量词，是以特名象征通名；但也可加单数的‘一个’，这是对衬着‘千个’说的。）

豆腐店里确乎终日坐着‘一个’“杨二嫂”。（鲁迅《故乡》；加强特名，非转通名。）

【注4】 特名转为通名，是一种修辞上的假借法，其例甚多，可是也有把通名用成特名的，那就是一种习惯了；例如从前经义中称“夫子”，是专指孔丘；史论中称“秦皇”，只指始皇，不及二世，皆是。又后来还有一种未改变的习惯，就是以地名代人名，例如称康有为为“康南海”，翁同龢为“翁常熟”等（或只称“南海”“常熟”）。此例起于唐以后；虽然当时共知其人，不致误会，但也有许多不便处，是文法的特名部分中应该改革的。（今按：现在除笔名外，旧习都已革除。）

72. 普通名词

普通是对特有而言；普通名词，就是同类事物之名称，见属同类，都可通用；他方面便和他种事物有区别。因文法上之必要，又可分为三种：

（ㄅ）表个体的　是有形可指、有数可数的物体之名称；一方面表此物的个体，一方面也可表同类的全部。但所表的范围有大小不同；例如：

人，鸟，花，树，杯子……………………………范围大；

女儿，鹦鹉，桃花，柳树，酒杯………………范围小。

范围的不同，要属于名物实质上和论理学上的讲究；在文法上，不论范围大小，这种通名，都有一方表个体一方表全部的作用。

【注意】 这种通名，上面原可以直接添加数词；但是近代语言的习惯，都要插入一个量词，如「一个人」「两只鸟」「三朵花」「四棵树」等。

（ㄆ）表质料的　是一切物质和材料的名称；虽然有形可指，但在他的本身上是无数可数的。例如：

水，油，面粉，布，米，木材，空气。

若是要把数目来计算它们，（一）有些要靠一种容积它们的物体来作单位，如「一杯水」「两桶油」「三包面粉」等；（二）有些要特用一种权度它们的器具，就是度、量、衡，来表示数量，如「四斤油」「六尺布」「五斗米」等。

【注意】 因此，这质料通名添加数词的规则，就和个体通名不同：第一，不论文言、语体，都不可直接添加数词（注5）；第二，所用的量词，是确有定量的，不像个体的量词那么通脱而广泛。

【注5】 在古体文或成语中，质料通名上也有直接添加数词的，如「一粥一饭」「半丝半缕」等。但是只限于‘一’或‘半’等数词，因为是形容它们的最小限量。

（ㄇ）表集合的　是聚多数个体而成的集合体之名称；虽然有数可数，但不一定都有形可指。例如：

家，国，社会，军队，马匹，森林。

【注意】 在集合的通名上添加数词，大致和个体通名差不多：有时直接添加，如「一家」「两国」等；有时也要插入习惯上的量词，如「一支军队」「一道树林子」等。

73. 量词

量词就是表数量的名词，添加在数词之下，用来作所计数的事物之单位；可再分为三项：

（ㄅ）即用一种个体的普通名词来表他物的数量，如“碗”“桶”“包”等，可以作“水”“油”“面粉”的量词，而成为“一杯水”

或“水一杯”等。

（ㄆ）有一种专表数量的名称，就是一切度、量、衡，如“尺”“寸”“升”“斗”“斤”“两”等。——但其中也还有两个区别：（a）尺、升、斗等可以表量，又是物名（即个体的普通名词）；（b）寸、斤、两等只是名称，没有物体，它们的职权就只在表量了。

（ㄇ）更有一种量词，既非物体，又非专称，大都是从名词转变而成为形容词性质的，如“个”“只”“朵”“棵”“匹”等。变化虽多，却有一定的习惯；如人必称“几个”而不可称“几只”，花必称“几朵”而不可称“几个”，马必称“几匹”而不可称“几头”。这些分别，虽然是成于习惯，但也非全无系统；大抵要随事物的形、质、功用而定：一般狭长形的物体多称“几条”，如杆棒、鞭子、裤子、牛、羊等；功用在平面上的物体多称“几张”，如纸、皮革，桌子等（注6）。

【注意】（ㄅ）（ㄆ）两项，是专用来表质料通名之单位量的；（ㄇ）项，是专用来表个体通名（或集合通名）之单位量的。这就是量词用法上的大概分别，也就是普通名词还要再分为个体、质料、集合三种细目的缘故。

【注6】有人主张这（ㄇ）项的量词要作为形容词。可是它们固然是形容词的性质，但把（ㄅ）（ㄆ）（ㄇ）三项综合看来，说话行文时，用法是一样；（ㄅ）（ㄆ）两项的本身既都是些普通名词，这（ㄇ）项也就附在名词一类中说明为便。《马氏文通》亦谓为记数之别称。

近前日本人著的《支那语文法》，称量词为“陪伴词”，独立为一种词类，列在名词后。又分为二：一，纯粹陪伴词，就是这书所分的（ㄇ）项；二，转化陪伴词，就是（ㄅ）项。

74. 抽象名词

是无形可定、无数可数的事物之名称。不指某物之实在的体质，而抽出它的性、象或功用，成为一种事体的名称，所以叫做抽象。又可分为三种：

（ㄅ）无形的名物　例如：

他的“道德”很高，“精神”也很充足。

“运命”有定，是不可信的。

（ㄆ）事物的性质和状态（大都由形容词转成） 例如：

“困难”不要紧，只要能够耐得“苦”。

学者不要为“聪明”所误。

“绚烂”之极，归于“平淡”。

（ㄇ）人事的动作（大都由动词转成，即散动词的第一种，参照59、60两节） 例如：

“战争”快完结了。

“合作”“互助”，他不但有此“思想”，并且时常实现于他的“行为”，成了他的“习惯”。

【附言】 名词虽是事物的名称（参照第8节所下的定义，但在文法上，他却不须依事物的种别而分类；虽是表示观念中的实体，但他也不须依实体观念的性质而分类。若是依事物的种别分类，如天文、地理等，便像从前的类书，或是一种『方言采集簿』（如日本国语调查会所制）。若是依观念的性质分类，像英文中Roget's Thesaurus of English Words and Phrases一类的书，于文法也没有直接的关系。所以它的分类，是由于配词造句种种文法形式上的需要。这个需要，在国语中很简单。因为国语原是分析语的底子，很少语根（Root）语尾（Suffix）等分别与变化，所以各词在句子里都有独立的资格；名词更没有文法上习惯的束缚。至于西文法，名词中最要紧的、最费记忆的规则，如阴阳性（Gender）、单复数（Number）、和代名词的位（Case），大都于实体词的本身或语尾生种种的变化，实在繁琐而无当。国语的名词并没有这些麻烦；在文法上，只有运用量词是一个还待整理的特点。

第七章 代名词细目

（他、她、它，那、哪之分化；方言、俗称与古文法）

75. 代名词的分类

代名词可分为四大类：

（1）称谓代名词　代替人物的名称。

（2）指示代名词　代替说者所指的事物。

（3）疑问代名词　代替所不知道的事物。

（4）联接代名词　代替附有形容语句的事物。

76. 称谓代名词

再分五种：

（1）自称　说话的称呼自己。

（2）对称　说话的称呼听话的。

（3）他称　说话的称呼自己和听话的以外的。

现在把这三种列表于下：

<table>
<tr><th colspan="2" rowspan="2"></th><th rowspan="2">单　数</th><th rowspan="2">复　数</th><th colspan="2">领　位</th></tr>
<tr><th>单　数</th><th>复　数</th></tr>
<tr><td colspan="2">自　称</td><td>我</td><td>我　们</td><td>我　的</td><td>我们的</td></tr>
<tr><td colspan="2">对　称</td><td>你</td><td>你　们</td><td>你　的</td><td>你们的</td></tr>
<tr><td rowspan="4">他
称</td><td>男性</td><td>他</td><td>他　们</td><td>他　的</td><td>他们的</td></tr>
<tr><td>女性</td><td>（伊或她）</td><td>（以下例推）</td><td></td><td></td></tr>
<tr><td>通性</td><td></td><td></td><td></td><td></td></tr>
<tr><td>中性</td><td>（它或牠）</td><td>（以下例推）</td><td></td><td></td></tr>
</table>

（注 1）　　　　　　　　　　　　　　　　　　（注 2）

【注意】北京话对称常用“您”，是一种尊称（他称也间有尊称，用“您”）。

（4）统称　统括自称、对称两方面，或并统括他称；如：

大家，彼此……例如：

“大家”都欢喜。（在主位）

我们“大家”去。（可统对称）
他们“大家”都不干了。
　　}（在同位）

请“大家”不要走！（在宾位，带补足语）

【注意】“大家”用在同位的很多，用在宾位的很少。又若用在主位时，常自带“彼此”等词作同位，例如：

岂不“大家”“彼此”都欢喜！（石）

又北京话和北方许多方言，常用“咱们”（或作“喒们”）作自、对两方面的统称；例如：

你们姐妹四个，我们兄弟五个，“咱们”大家共总兄弟姊妹九个。〔赵片〕

“咱们”一同走罢！

要是你不愿意，“咱们”别再讲猫罢。〔阿丽思〕

“咱们”去；他们是不去的。

北京话“咱们”常不统括他称，但有时“我们”却统括了他称，这是把“他们”加入在“我们”的范围内了。因此，可得一公式：

我们+你们（或我+你）=咱们。

但因　我们+他们（或我+他）=我们*

则　　我们*+你们（或〔我十他〕+你）=咱们；

所以，“咱们”有时可以统括自、对、他三方面，因为在这场合，自、他两称已先合而为一了。——但普通多只用“我们”。

【附言】“您”和“喒”（“咱”《篇海》音咂，初亦“喒”之入声）、“俺”，当初都是闭口韵（以m，即ㄇ声母收音），专表复数；后来这

ㄇ渐开张成音，遂成“们”字（旧写作“每”）。此外如疑问代名词之“甚”，副词中之“恁”“怎”，也都是闭口韵，由这闭口的声母开张成音，便变成“什么”“那么”“怎么”。“么”与“们”最初的成因是一样的。

（5）复称　复指上面的名、代词；如：

自己，（自，自家，亲自，亲身）……只用在两位：

（ㄅ）在同位（重指用法）；例如：

我“自己”送他到车站。

这信是张先生“亲自”写的。

（ㄆ）在变式的宾位（反身用法）；例如：

他真“自”杀了。

各民族先“自”治。（参照33节）

【注意】 以上「统称」「复称」两种，可兼摄指示代词，不以人称为限。

【注1】 他称的男、女性和通性（Common Gender）、中性（Neuter Gender），在国语习惯上并无区别之必要；但在翻译界和欧化的语体文作品中，却又常感无区别之困难。所以现在且把比较地通行的几个字列在表内。仅就汉字的字形上区别，他、她、牠可以同读“他”字的音。若要使口语上也能辨别，女性之“她”可以用“伊”，若仍写“她”，也宜读成“伊”音；中性之“牠”，可以用“它”，读ㄊㄨㄛ（即古他字，本义为蛇，也是指中性之物），若仍写“牠”，也宜读成“它”音：——因为“她”见《玉篇》，“牠”见《切韵》（唐写本残卷），两字都是古来有的，其音本来也是读为ㄧ、ㄊㄨㄛ（说详钱玄同《“他”和“他们”两个词儿的分化》，见《国语月刊》一卷十期）。至于通性，究竟需要狠少，似乎可以通用男性之“他”和“他们”；即如法文文法的例，「哥哥，妹妹，猫，“他们”三个」，就统用男性了。但通性有用“佢”读ㄑㄩ́，即“渠”和“佢们”的；而中性又或不用“牠”和“牠们”而用“彼”和“彼等”（见陈望道《作文法讲义》附录的《用字新例》）：“彼”取文言，“佢”（ㄎ'ㄛㄝ）从粤语，“伊”（ㄧ）乃吴称；虽与臆造新字不同，但方言囿于地域：渡江而北，大家都是从“他”不解“伊”的；“佢”音也不能依粤读了。总之，他称的分化，不当但改字形，应使口、耳也能辨别；可是语言的习惯很难战胜，故总以必要与简易为分化的标准。

【注2】 在修辞的习惯上，领位并不一定要带“的”字；例如：

像“我”这周长兄如此大才，呆是不呆的了。〔儒〕

“他”家顾小舍人去年就中了学，和“咱”镇上梅三相一齐中的。

77. 指示代名词

再分四种:

（1）近称　指眼前的事物，于意甚近；如:

这；这个【单数】；这些，（这些个）【复数】…………指事物及人
这样，（这般，这等）……………………………………专指事
这里，（这儿）……………………………………………指地方

（2）远称　也指眼前的事物，但于意较远；如:

那；那个【单数】；那些，（那些个）【复数】…………指事物及人
那样，（那般，那等）……………………………………专指事
那里，（那儿）……………………………………………指地方

【注意】“这”“那”只能用在主位；若在宾位或补位、副位，常须用“这个”“那个”或“这些”“那些”。

又以上近称、远称两种，除专指地方的外，概不能用在领位；若在领位，便成指示形容词。

（3）承前称　一切代名词，都可用为承前称，但这里只就上节称谓代名词他称的中性（见前表）来举个例。这种“它”字，除指一切物外，还可指一切事，但都是前文中已经说过或见过的事物（这事物就叫代名词的‘先行词’）；例如:

‘丁香花’开了。“它”有很好的香气（主位）；“它的”颜色也不一样（领位）。你们不要折“它”（宾位），因为这个园子被“它”点缀得很有意思了（副位）。

【注意】承前称的“它”（或“牠”）字，又常用在同位；例见51节，却不常用在主位。

又“它”字这种用法，习惯上不分单复数，所以“它们”除新的译著外，用得很少。

又上例若用文言翻译，主位用“彼”，领位用“其”，宾位用“之”，

副位也可用“彼”或“其”，而“被它”却又可译成“为所”（参看125节〔注4〕）；可见文言文代名词的用法，规矩繁密些。

（4）不定称　有两项：

（ㄅ）泛指一般，即用疑问代名词；例如：

这公园，不问是“谁”，都可以进去。

想“什么”，说“什么”；说“什么”，写“什么”。

（ㄆ）也是承前称，但因分承而成不定；如：

有的，（或）；有些【专表复数】……例如：

这树上开的花，“有的”红，“有的”白；“有的”正开着，“有的”要谢了。

【注意】 用（ㄅ）项的代名词时，那句子的语气，便有概括一般、不用分别、无须选择的意思。又（ㄆ）项只能用在主位的同位，并且限于『分承』的同位（参看50节）。

78. 疑问代名词

如：

谁（领位作“谁的”）……………………………………………专指人

*那个（领位作“那个的”）……………………………………兼指物

什么（无领位；若添加在名词上，便成疑问形容词）…………专指事物

那里，（那儿）（领位加“的”）………………………………指地方

*【注意】“那个”之“那”，有三项应注意的事：

（一）“那个”是从多数的人或物中作选择其一的疑问（相当于英文之Which）；例如：

“那个”是你的朋友？

你最爱的是“那个”？

有时虽可与“谁”字通用，但所就而发问的范围究有不同。

（二）疑问的“那个”“那里”，和指示的“那个”“那里”，字同，音同，只靠四声来辨别：疑问的“那”读上声，指示的“那”读去声，向来是如此的。但现在用字新法，也有将疑问的“那”改为“哪”的。又北京语指示的“那”，单数（那个）为ㄋㄟˋ，拉开时更似ㄋㄞˋ，这都是「那一」两字急读的合音。轻声多读ㄋㄜ。（但疑问的“那”，也跟着变音为ㄋㄟˇ或ㄋㄞˇ；“那里”则为“那儿”或「ㄋㄟˇㄏㄜ？」〔那合〕，因为“那里”是两个上声字相加，头一个照例要变调为阳平声，疑问不便；若是用了，“那”读半上，“里”变轻声。）

（三）从词的组成上说来，“个”“些”都是量词（参照73节，页84）。无论什么名词，只须将属于他的量词，添上一个“那”字，便成了他的疑问代名词；又例如：

那位？（指“人”），那本？（指“书”），那朵？（指“花”）。

在严格的文法上，都要认为省略本名的疑问形容词；其实也不妨认为整个的疑问代名词。“个”是一切个体通名之量词，“些”是其复数；它们所量的范围大，所以所代的方面多。故大家认为代名词。其他量词，既事同一律，何妨也认为代名词！——不但疑问，就是表指示的“这”“那”，也是加于量词“个”“些”之上，而成“这个”“这些”等等代名词的；自然，也可以加于其他一切量词之上，而事同一律的。（参看64节）

【附言】 代名词在国语文法中，本是很简单而有条理的一种东西；比西文法那种烦琐无谓的变化，自然好得多。但是国语中也有三个特点：

（一）方言最不齐一的也在这点。只从南京沿沪宁路线到上海，人称和指示代名词就变到五六个样子。即如古书中很不齐一

的字形，如

自称——吾，予，余，朕，卬，台……
对称——汝，尔，若，而，乃……
他称——彼，伊，渠，夫……
（复数加——等，辈，曹，侪……）
指示近称——此，是，斯，兹……
指示承前称——之，其，所……
疑问——谁，孰，畴，何，曷，胡，奚，安，恶，焉……

这些不同，实在是当初方言里「音的转变」，假借了许多的字形写出来；现在还可以按着古音寻出转变的条理。并且现在方言中有音无字的那些代名词，也可以从这些字里将源头找出来。

（二）在古代文法中，用代名词也间有『位』的限制，例如：

之——限于宾位或副位；
夫——限于主位；
其——限于领位或子句中主位（若在宾位，一定带补足语，还不使失去主位的资格）；
所——限于子句中之宾位或副位；
孰——不用在领位；
胡——限于宾、副，且须倒装。

到了现代的国语，用字既简，这些限制也大都解除了。

（三）习惯上，人称代名词还有许多特别称呼：或借用名词，或径用量词，或于名词上加形容词“令”“敝”等以代领位“你的”“我的”。虽然是些尚虚文的旧套，并且已有删除的趋势；但不免还有些照旧套流行在社交的语言中。附表于下，以备改革：

自称（谦称）——兄弟，小弟，鄙人……

对称（尊称）{——先生，老哥，老兄，君，公，阁下……〔单数〕
——诸君，各位，列位……〔复数〕}

他称
- （通指）
  - ——这位，那位，〔单数〕
  - ——这几位，那几位，〔复数〕
- （特指）
  - （尊称）令尊，令堂，令兄，尊夫人，令郎，令爱，宝眷……
  - （谦称）家严，（家父），家慈，（家母），舍弟，贱内，小儿，敝戚……

79. 联接代名词

白话中只有两个：

的，（者）（注3）——说详“形容语”（参看63节）和“形容句”（参看124节）。

所——说详“形容句”（参看125节）。

【注3】“者”只有一，“的”或有二。因为“的”“底”若分，形尾之“的”，介词之“底”，都可转成联代；那么，联代也只好兼用“的”“底”两字。

第八章　动词细目

（从句法出发的动词分类法；“有”字用法的分化，国语特有之后附的助动词＝国语中动词的“完成式”和“持续式”）

80. 动词的分类

动词可分四大类：

（1）外动词　动作影响，外及他物。

（2）内动词　动作表现，内正自身。

（3）同动词　没有动态，只有动性。

（4）助动词　帮助动词，占其一部。

用法上又有两式：

（1）被动式　反宾为主，动成被性（限于外动词）。

（2）散动式　不作述语，动是散在（各动词都有）。

81. 外动词

从内容的意义上可再区分为八种；这个区分，和句法的组织很有关系：

（1）处分事物；如

取，种，吃，作（做），搞，制造，保存………

（2）经验方法；如

看，听，试，想，记忆，知道，感着，觉得，受……

以上两种，只带宾语；有了宾语，句子的意思便完全了。

（3）交接物品；如

送，寄，赠，（夺），赏，（罚），给，传，交付，教授，问……

这种外动词，常带双宾语（参31节）。（注1）

（4）交涉人事；如

使，令，请，拜托，劝，嘱咐，允许，禁止，拒绝……

这种对于所带的宾语，常再带补足语（参照17节）。

（5）认定名义；如

认，称，叫，（谓），当，以，（以为）……

这种又名不完全的外动词，常再带补足语（参照18节）。（注2）

（6）变更事物；如

改，化，分，合……

这种虽非不完全的外动词，却也和第（5）种一样，常再带补足语（参照18节；又45节）。

（7）情意作用；如

爱，恶，希望，忧虑，赞成，佩服，称许，批评，笑骂……

这种对于宾语，有时也再带补足语（参照19节）。

（8）表示关系；如

有，没有，（无）……

这种性质已是同动词；所带的宾语，实在没什么动作的射及。

【注1】 双宾语的句子可成五式：

（1）阳货“送”孔夫子一盘肘子。

（2）阳货把一盘肘子“送”孔夫子。

（3）阳货“送”一盘肘子“给”孔夫子。

（4）阳货“送给*”孔夫子一盘肘子。

（5）阳货把一盘肘子“送给*”孔夫子。

若都译成文言“阳货馈孔子蒸豚”，“把”改作“以”，“给”改作“于”或“与”皆可通。

*这“送给”的“给”，本与上（3）式一样可以说是介词；但它本来是一个动词（国音读ㄍㄟ），也可以和上面的“送”字结合而成一个『同义并行或两动相属的复合动词』。因此可知这第三种交接物品的外动词，若是单音的，下面大都可以任意结合“给”“与”两字而成复音。如：

送给[ㄍㄟ]，寄给[ㄍㄟ]……发给[ㄐㄧ]，供给[ㄐㄧ]，赠与，授与，给[ㄐㄧ]与，……故如上例的（4）式和变式的（5）式，都可看作两动复合。若拆开用，便成（3）式，"给""与"便退居于"介词"的地位了。（有时"动"'介'连用"给"字，如「供"给[ㄐㄧ]""给[ㄍㄟ]"他」，「"给[ㄍㄟ]"一盘肘子"给[ㄍㄟ]"他」。）

【注2】这种外动词的组句法，可和文言列一个对照表：

（语）	（文）
"叫"……做（或省）……	"谓" / "称" }……{ 为（或省）…… / 曰（或省）……
"认" / "当" }……{ 作…… / 为…… / 是……	"以"……为………
"叫做"，"叫"（被动式）	"曰"，"谓之"，"之谓"（被动式）

82. 内动词

照外动词例，也可区分为五种：

（1）通常动作；如

飞，来，去，走，站，坐，休息，睡，死……

（2）关系他物；如

在，往，到，上，下，出，入，进，过，回，离……

这种内动词，叫做关系内动词，常带副词性的宾语，即副位（参照42节）。（注3）

（3）自身变化；如

变，成，作（做），为……

这种叫做不完全内动词，须带补足语（参照16节）。

（4）情意作用；如

笑，哭，欢喜，害怕……

这种兼可用作外动词，和上节第（7）种同。

（5）表示存现；如

有，存在，出现，消失……

这种也兼可用作外动词，并且所带之宾，即是其主（如「还“存在着”许多问题」即是「许多问题还“存在着”」)。又“有”字的用法很特别（参照41节，页46)，已兼属外动（即上节第（8）种)，应都按其性质，统归『同动』(依《马氏文通》例,“有”字只叫同动，而有“同内动”“同外动”之分)。(注4)

【注意】外动词和内动词，所属的字并无一定，有一字两属的，全在用法上区别。上两节所分列的，不过是举例，当活看，别拘泥。

即如外动词第（2）种表经验方法的“感着”和“觉得”，若作用只在主语的自身，也不妨认为“内动词”，那所感所觉的宾语便可图解为‘补足语’，和内动词第（3）种同一句式了。例如：

周先生大“感”‘不快’。

他倒“觉得”‘很舒服’。

【注3】如上面（注1）所说『复合动词』，不但交接物品的外动词可结合“给”“与”两字，就是“关系内动词”也常被一切动词结合而成复合动词，例如：

阿菊被他的父亲“送进”一个光明、空阔、透气的地方。

他仿佛从一个世界“投入”别一个世界里。

这“进”“入”应看作“介词”。但有时也可不必分析；因为“介词”是介出副位的，而这些有时用成了结合的熟词，或带宾语而实是副位，或另用介词介出副位。因此，又可说是“副词”紧附于动词之后的，但也不必分析，总当作『两动相属的复合动词』好了。

又通常内动词“来”“去”也常被结合，例如：

他号哭欲“起来”罢，伊总不会理他。

这只小麻雀就“飞去”了。

可是“来”“去”更常被复合动词结合为第三字，例如：

微弱的光线从街上“透进来”。

外面一个人“走进来”。

这些第一字是内动词的，若把“来”字拆开，中间若不是夹着副位（a)，便成主退谓后的变式句（b)；例如：

夏总甲“走进”门“来”。——（a）

外面“走进”一个人“来”。……………… } (b)（参照40节）

恨不得“长出”两张嘴“来”，还吃不了。 }

（图解时，凡“来”“去”被拆开的，可与其前的动词空一字写。）

若第一字是外动词，“来”字便以拆开为常，因为中间要插进一个宾语；例如：

镜子，请在你的当中，“照出”一个伊“来”罢！

你何不“省下”这几个钱“来”？

老师“送了”丁祭的胙肉“来”。

宅门里“投进”手本“去”。

若把“来”字结合，便成宾位提前的变式句；

请你“把”伊“照出来”罢？（参照32节）

这几个钱，你何不“省下来”呢？（参照34节）

有时“来”字仍旧拆开，中间却只插着宾语的数量词，例如：

夏总甲“把”腿“蹺起”一只“来”。

以上各例的“来”“去”都还算是有动词的实义的，若引申起来，渐成虚词，便要看作助动词了（详下84节〔1〕之〔ㄊ〕；又〔2〕之〔ㄇ〕）。

不但此也，『复合动词』还有许多结合的公式；又不但动词，一切词类都各有许多结合的公式。别详词类连书条例和汉语构词法（复合词表），本书一概从略；特附识于此。

【注4】 就41节所说“有”字的特别用法看来，「茶棚里“有”工人」和「工人“在”茶棚里」内容是一样，而句法完全相反；就是因为这“有”“在”两内动词同义而异用的缘故。但“有”字也非一定要使主语转移在后，例如：

茶棚里工人也“有”，学生也“有”，农民也“有”，商店里的店员也“有”，什么人都“有”。

看这些“有”字，更可证明：无论主语的位置，或在前，或移后，这述语“有”字总不失为表示存在的同动词。（今按：主语移后说已否定。）

83. 同动词

同动词的职务，只在结合补足语；这种补足语，和被补足的主语必是同物（此点最须注意）。但或是同全体，或是同部分，却不一定。它的数目很少，约为两种，列举于下：

（1）决定的同动词

是，（系，为），就是，（即，便是），乃是，（乃），〔　〕算是，（算）（被动式）……

〔否定的〕不是，非，（匪）……

为，作（做），成（内动）……

此四字常用来结合宾语的补足语。又常与外动词的第（5）（6）

种相连而成复合动词，如“叫做”“化为”等：其中的

〔　　〕叫做，（叫），〔　　〕说是……

已说为“决定名称或情状的准同动词”了。（参照45节）

*【注意1】“是”字有时用得很虚灵，例如：

你众位“是”不知道我们学校规矩。〔儒〕

你“是”爱我，所以把好话来劝告我。

这两例的“是”字都可删，否则也应在句末添个联接代名词“的”字。但国语的习惯上却都不必如此：因为这种“是”字下面的补足语，不是要决定前面的主语是什么东西，乃是决定主语有怎样的一个情形——这补足语只是散动词联结他词而成的短语，所以不须添加「的」字来充当实体词；并且这“是”字一面表示决定的意味，一面还带有缓宕语势的作用，所以也不可删去。（语言中此例很多，都可如此活看；并参照95节）

上举的第二例，若把“是”字读重音，也可加强语意。用法若再虚灵一点儿，“是”字就成了“词尾”；例如：

「只“是”」（连词）今日不同，「还“是”」（副词）周长兄请上。〔儒〕

先生「说“是”」（复合动词）我的文章有才气。

【注意2】还有“在”“在于”（在乎）等关系内动词，有时好像可当同动词看待，因其所带的「副词性的宾语」，常是表所在之空间或时间，而有时又和“是”字决定的作用差不多，例如：

大学之道，“在”「明明德」，“在”「亲民」，“在”「止于至善」。

他的伟大的地方就“在于”「他能够把学者和革命家这二种性质结合在一起」。（柯译《马克思之为人》）

易卜生的长处，就“在乎”「他肯说老实话」。

似乎所带的是「补足语」，而它本身就可转为“同动”了，但不这样，它仍是“关内”带「副性宾语」。又如：

做长远计划的“不在乎”目前这点「小利」。

这“在”字又含有倚靠、贪图的意味，好像又可当外动词看待，而所带的可算正式宾语了，但也不这样，它仍是“关内”带「副性宾语」。所以，国语中动词的类别，并不是全随这个词的内容意义而转变的。

有;〔否定的〕没有，没，无，欠。

同内动的“有”，和外动词第（8）种表「所有」之关系的不同。外动性的‘有’，主、宾必异体；例如：

我‘有’书。（藏有之意）

人民‘有’很多的财产。（领有之意）

国民都‘有’纳税的义务。（负有之意）

而同内动的“有”，主、补必同体；再分三项：

（ㄅ）表主语所包含：

（一）同体而异部，例如：

人“有”手。

这张桌子只“有”三只脚。

满堤杨柳都“有了”新叶了。（含动意）

* 此项的“有”字，认为外动性亦可，但下项必当认为同内动。

（二）「即体」而分部，例如：

乡下的人，也“有”拿钱来买的。（一部分的指出）

菊花，“有”红的，“有”白的，“有”黄的，也“有”其他杂色的。（多部分的述说）

（ㄆ）表主语的性状：

（一）将补足语表明性状，例如：

* 那人虽然“有”道德，可是“没有”学问。

* 你若肯来，这事就“有”办法了。

* 此日登临，不免“有”兴亡之感。（这“有”字带发生之意，下句同）

小孩子见着母亲，“有”说“有”笑。

他“有了”年纪，走不动了。

* 这几句的“有”字，认为外动性，也无不可，那么，他下面所带的便是宾语了。

（二）合补足语成形容语，例如：

这部书很“有趣”。

你的话真“有见地”。

他现在“大有进步”。

（ㄇ）表主语的数量：例如：

从黄帝到现在，“有”四千六百多年。

中国的人口，现在“有”六亿多。

【注意】“有”字的用法，以同内动来说；要点就在:『他的主语，必与他所结合的补足语同体』。若表主、宾异体的关系，就同外动词；若表主语存在的意味，也同外动词；若用来领起主语，可算形容词。读者要参合 41 节的全节和本章同看一遍，最好自行概括起来成一个系统表。

（2）推较的同动词

像,（像是），好像,（好像是），犹如，如同,（如），好似,（似），等于。

单句的实质上，若的确没有正式的动词作述语，这类的同动词，就是将两种实体词（或名词的语、句）囫囵地相比，而较量其相似，或推断其相同；例如：

猴子“像”人。

从解放射出来光明，好“像”初生的太阳‘似的’（注 5）。

二加三“等于”五。

她提着笔，“像”要写什么‘似的’。

【注 5】 这‘似的’两字，是后附的比较副词，图解上的位置，可参照 66 节，和 100 节〔2〕之〔ㄆ〕。

84. 助动词

数目也有限，可是用法上对于动词的位置，有“前附”和“后附”

的不同：

（1）前附的助动词　附在所助的动词之前面，再分七种：

（ㄅ）表可能：

可以，（可），不妨，（何妨）……例如：

他“可以”办这件事吗？（可能之意）

你“可以”不去罢！（认可之意）

现在没有时间“可以”浪费了。（试图解这句）

这花「“可”爱」。（合被动词成形容语）

我们「‘不’“可”」抹煞他的好处。（‘否定’转禁戒意）

大家“不妨”试一试。

能够，能；会，〔反面〕不至于……例如：

他几时“能够”回来？

酒，我一点儿都不“能”喝。

您怕摔下来吗？「‘不’“能”」？（‘否定’转成「不至于」「不会」之意；这是北京话。）

张先生的胡琴拉得好；我也“会”拉。（会得之意）

不人道的政治，渐渐地“会”从这世界上消去了。（会须之意，和上句的语意不同，但也是从可能的意义引申出来的。）

够，（彀），足♀（足以）；配♀……例如：

战争的苦痛真“够”受了。（助成被动。又助形述，合程度之意）

他的举动，“足以”做学生们的模范。

这班人实在「‘不’“足”道」。（否定合被动成「形容语」）

没有内容的文字，真「‘不’“足”观」。

他们也“配”说这种话吗？

（ㄆ）表意愿

要*，（欲）*，想*，打算*……例如：

我还“要”到县门口黄老爹家吃年酒去哩。〔儒〕

他“想”把外语练习纯熟。

你“打算”学习哪一国的语言？

愿意,*（愿）,*肯*……例如：

谁“愿意”听，谁就来听。

没有一个人“肯”上前去。

敢,*屑,*试*……例如：

他们是不“敢”去呢，还是‘不’“屑”去?（“屑”字常是‘否定’的）

你们“试”去一去。

（ㄇ）表当然

应该,（应、该、宜），应当,（当、应得）……例如：

“该”做的事，“应当”早做。

享了一分权利，“应得”尽一分义务。

须要,（须、要），须得,（得），务必……例如：

你“须要”作一番彻底的研究工夫。

读书“要”专心;「‘不’“要”」驰骛。（“要”的‘否定’转成禁戒意。急读作「别」（ㄅㄧㄝ），北京话。）

家事你「‘无’“须”」管。（“须”的‘否定’转「可不」之意。又“须”“用”同解,「不须」也可作「不用」；急读为『ㄅㄥ』(甭)，北京话。）

孩子要学坏了；我“得”找地方搬家。（“须得”之意，没有否定的；北京话，读ㄉㄟ，意同“当”。）

不是本会职员,「‘不’“得”」进里边去。（‘否定’的就转成禁止意，与「不许」同，较「不可」重。但仍读ㄉㄜ́。）

太公到来，喝那后生『「不“得”」无礼』。〔水〕

【注意】“得”字用在动词前，本也是表可能的；不过现代北方口语大都变为表当然的（“须得”之意）了。但如旧小说中：

不然，老爷如何“得”知你会画花?〔儒〕

都不“得”有甚好收场。（否定的）

高俅“只得”来淮西临淮州。（合成副词，见后99节之〔ㄆ〕，页133）〔水〕

这些都还是表可能的。但“得”字后附时的可能性，比较更纯粹而确定（详下〔2〕之〔ㄅ〕，页107）。

（匚）表必然

一定，必定，（必，定）；决定*（决，决计），断◎（断然，断乎），一准◎准◎……例如：

我若能办，我“一定”办。

请你「不“必”」担忧。（“必”的‘否定’和「无须」同，也转成「可不」之意。）

我明天“一准”动身。

不得不，不能不，不可不，不免，（免不得，未免），不由得……例如：

他并不是爱说我们的缺点，只是“不得不”说。

一路上“免不得”饥餐渴饮，夜宿晓行。（此‘免’字也可看作动词）

【注意】这项助动词，实在是些短语，故有些可以分析，如第一例句的「不得不说」，可图解如右：

又若将「他不可不去」改为「他非去不可」，或「他不去不行」，都是「他若不去，就不可行」这种复式句的缩约，图解上就应得改为：

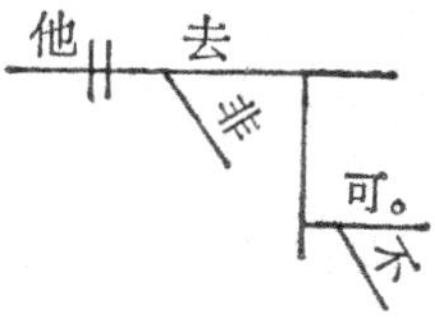

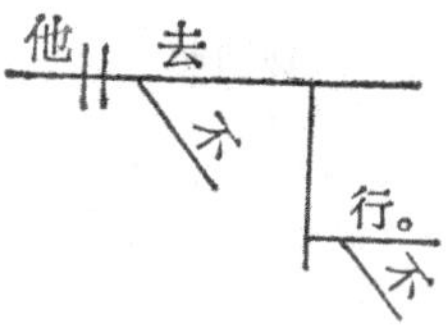

「非……不可」或「非……不行」，方言中有把「不可」「不行」省略的，于是否定的“非”径变成肯定的“必”，如北语「必须去」有时作「非得去」，这是因为语势急激，竟把后面「不可」两字省掉了。

（万）表或然

许◎（或许，或者，容或），恐怕*（怕）……例如：

明天我也“许”不动身。

特别快车“恐怕”已经改早了钟点了。(被动式的助动词)

(ㄉ)表被性

被，见，挨，(例见35节〔注6〕);

(承，蒙)，(客气而偏于文言的)。

【附言】有说“所”字也是这种助动词的，见前35节之〔注6〕，详后125节之〔注意〕。

(ㄊ)表趋势

来，* 去，* (以没有「来」「去」的实在动作的为限); 例如:

桂官! 我“来”问你:

你怎么作这样的事，“去”同这路的人订婚!

【注意】若‘来’‘去’还有实在的动作，便仍旧算‘内动词’，例如:

集上人家凡有公事，就在这庵里‘来’会议。

沈大脚手里拿着两包点心走到房里‘来’贺喜。

(以上有向着说话地点的趋势，故用‘来’)

领了这项银子‘去’养家糊口。

◎你到别处‘去’寻找你丈夫「去」罢!

(以上有离开说话地点的趋势，故用‘去’)

教人‘去’请朱贵上山‘来’筵宴。(向、离两趋势同有)

提着笔‘来’写字。

张开口‘来’说话。(前后两动词趋势相同，故用‘来’)

放下笔‘去’踢球。

收起书‘去’睡觉。(前后两动词趋势不同，故用‘去’)

这些‘来’‘去’自然不好说尽是助动的虚词，但也大都不是句子里主要的述说词，图解起来，也就干脆地可以一律把它们搁在“前附的助动词”之位置。——试把这些例句图解一遍；若遇着「复成分」的句子，可参看113节之〔3〕。

若因上下文的关系，有时不能不认‘来’‘去’为主要的述说词，那么，‘来’‘去’后面的动词便须退居于副词附加语的地位，可看作散动词，用来表‘来’‘去’的『目的』或『原因』的（参照 117 节〔2〕之〔ㄅ〕)；再设问答的例句如下：

你‘来’做甚？我‘来’『访问你』。

你往南城‘去’干什么？我往南城‘去’『看牡丹』。

同样，在‘去’字前面的动词，有时也可看作表『目的』或『原因』的散动词，例如：

你上那里‘去’？我『睡觉』‘去’。

你往南城干什么‘去’？我往南城『看牡丹』‘去’。

他到上海去『接家眷』‘去’了。（上面有◎号的那个例句的「去」字，与此同例。）

图解起来（见右图）：

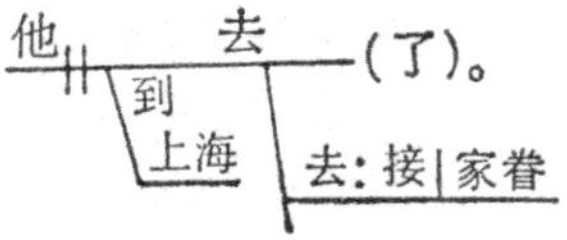

但是‘来’字却很少这样的例句；有之，往往变成助动词——助动作持续的完成，详后〔ㄇ〕项（试将这三个例句的‘去’字后面再加上一个“来”字，便明白了)。

但若‘来’‘去’和后面动词是同样的重要时，便要认为“动词的连续用法”；图解时，中间离开一点，加一虚线连着，因其间可加连词“而”字（参照 113 节〔3〕之〔注意〕)。凡复合动词要分开图解时，除复述语外，大都准此。

* ◎以上各助动词，凡字的右上角作 * 的，可以认作正式的动词，而把下面的动词作散动词；作◎的，可以认作副词，分解为附加语：都要看上下文句的语意如何而定。

（2）后附的助动词　附在所助的动词之后面，这是国语特有的。再分三种：

（ㄅ）表可能

得——（与“能”同意）这种用法较旧，故分三项，多从旧小说中举例：

（一）助内动词

你还走“得”吗？我已经走不“得”了。

你既害病，如何来“得”？〔水〕

俺如何‘与他’争“得”？（带‘介词介来之副位’）〔水〕

（二）助外动词

胃病好了，吃“得”东西了。

最是踢“得”好脚气球。（副词「好」在宾语前，可作形容词用法看。）〔水〕

小的胡乱踢“得”几脚。（承前省宾语）〔水〕

只靠着我替人家做些针凿生活寻来的钱，如何供“得”你‘读书’？（宾带有‘补足语’）〔儒〕

母亲说「他」“不得”。（否定式一）〔水〕

告诉“不得”「你」。（否定式二）〔石，儒〕

拿“不得”「轻」，负“不的”「重」。〔儒〕

有「什么」做“不得”？（否定式三）〔儒〕

（三）助外动词的被动式

生冷的东西还吃“不得”。

我「眼见“得”」不济事了。〔儒〕

此殿开“不得”。〔水〕

他这馆子里，这路菜一定「吃不“得”」。（「不好吃」之意，被动式成「形容语」）。

【注意 1】 在现代北方官话，这种专表可能的“得”字，常不单用，必再加一副词‘了’字，于是“得”字就变了引副词的介词；否定的就把“得”字改成“不”字；例如：

咱们已经走了十里地了，你现在还走「“得”‘了’」吗？我可走「不‘了’」啦。

这‘了’字的意思，也只是单纯的表可能（或含成就意），于是“得”字顿变虚灵，就是引着副词‘了’字来表可能的，便和它引着副词表程度或效果的用法，形式一样了（参照 118 节）。

【注意 2】 这种专表可能的“得”字，常和它前面的动词连结而成复合动词，但可能的意味仍旧存在，例如：

> 薛大妹妹今年十五岁，虽不是整生日，也“算得”将笄之年。〔石〕
> 别人拿他取笑，都“使得”。〔石〕
> 我“觉得”有些奇怪。

若用否定的‘不’字，除“觉得”外，也还可以夹在中间。

（ㄆ）表完成　这是国语中动词的 Perfect。

* 了——（不全属过去时），例如：

他们来“了”一会儿了。（助内动） 吓得把衣袖蒙“了”脸。（助外动）	‘现在’的完成（恰完成）
‘那时候’我多喝“了”几杯酒。 他‘已经’有“了”妻子了。	‘过去’的完成（已完成）
到“了”‘明天’，甚么事都忘记“了”。 我总不‘会’忘记“了”你。 ‘等一会’他就出来“了”。 ‘若是’踢伤“了”，只怪秦二老官。 （‘若是’表假设，这是虚拟的完成） 饶“了”我‘罢’（吧）！ （‘罢’表祈请语气，这是祈使的完成）	‘未来’的完成（将完成）

* “了”字本常作动词或副词，读ㄌㄧㄠˇ，但作助动词时，常要读ㄌㄜ或ㄌㄚ（并详第十七章助词）；说得快时，若在句中，好像只有“ㄌ”的声母（带音的，即浊声）；写音字时，可简写作『ㄌ’』。

（ㄇ）表持续　这是国语中动词的 Continuous。

* 着——（正进行的持续），例如：

他在那儿坐“着”。 背后立“着”宋江。	（助内动）
武松敲“着”桌子。 摇“着”头进店去了。	（助外动）

* “着”字也常作动词或副词，读ㄓㄨㄜˊ（北音则多读ㄓㄠ），但作助动词时，音轻成

ㄓㄜ；读得更快时，音字简写，也可作『ㄓ'』，北音说话或唱歌时常是如此。

* 来着——（已完成的持续），例如：

我上天津去“来着”。

你‘刚才’偷嘴“来着”。

* 这词还不甚通行，乃是北方话，列在此以备一格罢了。它是表“方才正在”的意思，相当于英文的 Have Been —ing。——南方话中有“去来”，也是「方才去过」之意，这“来”字便和这第一个例句的“来着”相同。若有时用在疑问句的句尾，那却又和助词‘呢’字一样；例如：

写的人和读的人都要费一番翻译工夫，这是何苦“来”？

问他到底忙个什么？所为何“来”？

却为谁“来”？

你叫他更靠谁“来”？

谁同你吵嘴“来”？

谁作弄你“来”啦?

可是细细地参详语气和上下文，这“来”字，却不是单纯的助词，也大都含有“已完成的持续”的意味，和“来着”是一类的（第四例句稍异）。

来，起来；去，下去——（方开始的持续），例如：

你且听我道“来”。

屈指算“来”，已经一十五年了。

大家唱“起来”吧！

他们唱“起”歌“来”了。（这是“起来”的拆开用法，可参看 82 节的〔注 3〕）。

天色不好，下“起”雨“来”了。

凳子搬来了，咱们坐“起来”。（以上用“来”字，势近。）

信口说“去”，总免不了错误。

放开眼界看“去”！打起精神做“去”！

这件事，由你办“下去”吧！（以上用“去”字，势远。）

说“来”说“去”，总不如实行的好。（“来”“去”并用，成反复性）

【注意 1】 一种动作方开始与继续的进行，又表快完成之趋势，则可用重叠法（Iterative），例如：

我“去去”就来。

病中“看看”书，“写写”字，又上公园去“逛逛”（北京土语一作“溜达溜达”)。

这东西坏了，拿去“拾掇拾掇”罢。

你亲家今日何不来陪先生“坐坐”?〔儒〕

【注意2】 后附的助动词，实在和助词的性质差不多；不过他们只管帮助动词（或已成了动词性的他种词类），比助词还可以帮助一切语句的不同，所以特列为助动词。他们也比前附的助动词不同：前附的都有较深厚的意义，都可以再加副词（加了否定副词的，往往别成一义）；有时还可以独立（除（ㄉ）（ㄊ）两种外），例如：

他十八般武艺都能「要」，你“能”“不能”?

这事「做」错了，越想越不“应当”。

明天「走」「不走」，还不“一定”。

后附的一离所助的动词，意思就捉摸不定；除（ㄅ）种外，全没有否定的；造句时都是附着动词，不能分立（详下注意3）。所以（ㄆ）（ㄇ）两种，更类似西文的『动词语尾』。至于图解时，前附的和后附的，符号上也有区别；其公式，可参考57节的〔注2〕〔注3〕（页64—65）。

【注意3】 后附的助动词，若要和所助的动词分立，有时也行。但必是因为动词下面有一个很密切的‘副词’连着，差不多成了一个复合动词；例如：

他踢‘伤’“了”你。

别碰‘坏’“了”脑袋。

又或因为动词下面有一个‘得’字引着副词挤进来了；例如：

他们正吃‘得’香“着”呢！（这“着”字于「香」字也有分）

至于“得”的否定，起来之“来”，都还可分立在宾语后；例都见前，试去找找。——“了”字若离开动词分立在宾语后，语意便不相同：如“吃了饭”是动词“吃”的完成意；“吃饭了”便没有完成意了，因为这“了”字已变成了结煞全句语气的助词了（详第十七章，页

229—234）。

【附言】 以上四节，外、内两类动词区分的种数，同、助两类动词列举的字数，都不能算是「尽于此矣」；读者若能从国语的文学作品中，或日常语的应用上，归纳得新的条例，就请给找补起来。

85. 外动词的被动式

详前35、36节。

86. 散动词

详前58至62节。

【注意1】 关于这两节，读者可按「详前」的诸节各制一系统表。

【注意2】 动词的用法，除被动、散动两式之外，还有一个"使动式"，例如：

> 这事你若肯相就，倒"了"我（使我了）一个心愿。
>
> 前任老爷"取"过他（使他取得）个头名。〔儒〕

这类句子，实在就是外动词带补足语第一种（参照17节）的变式，它把述语中应有的外动词"使"（或"致令"）字的意义，纳入补足语动词"了""取"诸字中去了，便叫"了""取"诸字跑到前面来作述语：这乃是动词活用法之一种。

大凡遇着动词活用时，图解上不必拘于成式，或滞于语意，总以临机应变为宜；因为国语中动词的用法太灵活了。即如下例：

> 如今没奈何，把你"雇"在隔壁人家放牛。〔儒〕

这"雇"字乃是"使被雇"之意，转了被动，再成使动，只可意会，不可图表的。——此外内动词与形容词也可成使动式，在文言文中尤多。（使动一名致动；又可简称为使动词。）

还有一种“意动式”（简称意动词），是将名词或形容词活用作动词的，但多见于古文，例如：

卿自“君”我，我自“卿”卿。（《世说》；意谓你尽管“叫”我做“君”，我还是“称”你为“卿”）

时充国年七十余，上“老”之。（《汉书》；“嫌”他“老”了的意思。）

这类句子，实在又是外种词带补足语第二、三两种（参18、19节）的变式，变法和使动式一样。（须参照《比较文法》页159—164，又可参陈承译《国文法草创》页115—119。）

又如「出汗」只是「汗自出」（参照28节），「来饭」乃是「取饭来」，如此等类，都可视为动词的活用；只要完全明白了动词是怎样的活用，也就不必拘定在句法上作变式的考究了。

第九章　形容词细目

（形尾“的”字和准介词“的”字的用法；形容语的种类；直接用作述语的形容词＝国语的特点）

87. 形容词的分类

可分为四大类：

（1）性状形容词　用来区别实体事物之性质、形状或程度的。

（2）数量形容词　用来区别实体事物之数目或分量的。

（3）指示形容词　用来指示实体事物之所在或范围的。

（4）疑问形容词　用来询问实体事物之种类、性状或数量的。

用法上，除作正式的『区别词』，用为实体词（即事物）之附加语外，还可以——

（1）用作述语，——算是『述说词』了；

（2）用作补足语，——是述语连带成分了。

88. 性状形容词

就所表示的内容，可再别为四种：

（1）表性质的，例如：

“好”人，“新”思想，“糊涂”东西，“精明的”企业家；

（2）表形体的，例如：

“高”山，“大”“方”桌子，“狭长的”隧道；

（3）表状态的，例如：

“红”花，“脏”手巾，“美丽的”山色，“赫赫的”声势；

（4）表程度的，例如：

“幼”虫，“老”人，“高等”学校，（多联成复合名词）。

【注意】 性状形容词，由他种词类转用的颇多，亦常与下名联成复合名词：（注意：这是结构上转移成分，不是词的转类。）

（ㄅ）用名词的，例如：

“蜂”目，“猿”臂，“犬”子，（比喻性状法）；
“石”砚，“铁”桥，“玻璃”窗，“芦席”棚，（表示质料法）；
“国”语，“饭”碗，“夜”市，（标明种类法）；
“男”丁，“女”工，“母”鸡，（区别阴阳法）。

（ㄆ）用动词的（即散动第二种），例如：

“落”花，“飞”鸟，“悬”崖；
“招”牌，“汇”水，“行”人。

89. 数量形容词

再分两种：

（1）定数词　从用法上又可约为三项：

（ㄅ）计数法，例如：

中国“六万万”人；（附名词上）
日本人口“八千多万”；（附名词下）

“一「匹」”马，“三「桶」”煤油，
“两「斤」”牛肉；（附名词上）
国语教科书“两「本」”，
陈米“十「石」”；（附名词下）
}（带「量词」）

（ㄆ）序数法，例如：

“第二”章，“第一”流人物，“第五”个儿子；
他考取“第一”。（省略‘名’字）
}（标“第”字）

“一”月，“二”月；“二”哥，“三”弟；（附名词上）
卷“一”，卷“二”；（附名词下）
}（省“第”字）

【注意】 数词中，计数常用“两”字，序数必用“二”字；所以“二月”和“两月”可以不混淆。又一切计数常带量词；序数若带量词，常标“第”字：这也是习惯上免混淆的自然法。

（ㄇ）分数法，例如：

日本的人口，只有中国人口“「七分」之一”。
“「三成」的两成”；“「什」九”，（「十」有九），
}（先标「母数」）

我已经读完了“八成”的光景。
这事便有“五分”光了。〔水〕
}（省母数，母数限于『十』）

（2）不定数词　就不定的范围，再分两项：

（ㄅ）余数不定，例如：

一百“几”十人，十“余”省，两个“多”月

（ㄆ）全数不定，例如：

“十来”个◎“两三”斤，“七八”分，（估其量）
“千”方“百”计，“七”嘴“八”舌，（形其杂）
“千千万万”的人，“百儿八十”人（言其多）
}（用定数词示不定数）

【附言】 国语的古籍中，定数之“三”，常是用来表示多于一、二之不定数；“九”，常是用来表单数中很大的不定数。可参看汪中《述学释三九上》。

“几”天，“多”年，“众”人，“诸”位，
新诗“若干”首，“无数”，“好些”，（些）*
}（不定的复数词）

◎【注意1】「十来个」的“来”，中南各地的普通方言也可作“把”，但必附在量词或数词之后。例如：

镇日坐在一间开方‘丈’“把”的屋子里头。
李老爹着实跑起来了，怕不一年要寻‘千’“把”银子。〔儒〕
我记得你家老太太该在这‘年’“把”正七十岁了。

*【注意2】 不定数词“些”字（或“些须”，“点儿”；北语或作“些个”），用法甚活，用场也很多，仿佛是一个表不定复数的冠词。例如：

你拿“些”水喷了，揭下来。〔儒〕

鲍廷玺坐着说“些”闲话。

你这里有“些”甚么菜？

我的文章，有“些”「不合规矩」。（冠于短语上，“有”作述语。若将‘有些’作不定指代，——参照77节〔4〕之〔ㄆ〕——则语意有别。）

若有“些须”「缺少费用」，学生这里还可相帮。（若作「缺少“些须”费用」，语意也有别。若不将“有”当述语，则“有些须”可看作副词。）

【注意3】既有不定复数的冠词，那单数冠词也还有一个“个”字。例如：

就在这观音庵里做“个”学堂。〔儒〕

我看老爹像“个”斯文人。

家里没“个”好菜蔬，不恭！

我到有“个”“商议”。

说出这话，明卖“个”情。

好“个”气质！

后几个例句中的“个”字，就不像平常表个体名词的量词了，所以可说为冠词。

90. 指示形容词

再可分为七种：

（1）近指　即用指示代名词的近称附加于所指示的名词上；如：

这，（此）……〔单数〕例如：

“这”书；“这个”人，“这件”衣，“这桩”事情；“这样的”情形；（常带量词，上有单数数词“一”省去了；或加形尾。）

这些，（此等）……〔复数〕例如：

“这些”东西；“这些个”人；“这么（们）样的”情形

（2）远指　即用指代的远称附于名词上；如：

那，（彼）〔单数〕
那些，（彼等）〔复数〕 }（例准前）

（3）承前指　即是指示代名词承前称的『领位』。但“他”（当“他的”讲，或径作“他的”）等之外，兼可用“这”“那”等字，在文言即“其”字；例如：

‘辛亥年’‘武昌’‘起义’，“那”‘时候’我恰好住在“那个”‘地方’，亲眼看见“那些”‘事情’。

某君原是眼高手低的：“他那”（“他的那个”之省）见解很对；“他这”（“他的这个”之省）作品，我却不敢恭维。

（4）不定指或虚指；如：

有；有些〔复数〕，——领起主语，不附他位（参照41节的〔注9〕）；例如：

“有些”人对我说：“有”责任到你的身上来了。

某，（或）——说者不知，或知而不言。例如：

“某”同志昨往“某”地磋商“某种”问题。

（5）统指　概指全体的；如：

一切，所有；凡，大凡……例如：

虞小相公比人家“一切的”孩子不同。

“凡”人都料定他“所有”办法一定都有缺点。

【附言】“是”字也有此用，如「是人」即「凡人」，「是处」即「到处」；或谓乃“甚”字声转，则属疑形的不定指用法（见下节的〔注意〕）。

（6）逐指　逐指个体的；如：

每，各，例如：

“每”天上课四小时。

“各”人自己去领讲义。

（7）别指　另指现说事物以外的；如：

旁，旁的，别，别的；其余，其他，此外的；例如：

“旁”人说“别的”事，不必分心去听。

【注意】 以上「不定指或虚指」，若将其后之名词省去，即为指代之「不定称」(参 77 节之（4），页 91)。其「统指」「逐指」「别指」三种，若其后无名词，亦可认为指代(「统指」可附于代词之「统称」〔参 76 节之（4），页 88〕;「逐指」「别指」，指代未列，就此补充)。

91. 疑问形容词

从所问的方面，再分三种：

（1）普通的（不带量词），即：

甚么，(什么，甚)，何；谁（专附人），例如：

“甚么”人来了？（也可作“谁”人来了？）

他说的是“什么”话？

他为“甚”缘故不去？

他是从“甚么”地方来的？（问地可省用代名词『那里』）

你“甚么”时候回来的？（问时可省用副词『多咱』『多会儿』）

【注意】 凡疑问形容词，若句子的语气不是疑问（用“？”号的），而是直述的语气，就要认为“不定或虚指的形容词”，属于上节的第（4）种；例如：

是“甚么”人，说“甚么”话。

说到“何”处，做到“何”处。

用标点符号时宜注意；凡这类句子，不得因为句中有疑问词，便在句末加一问号。

可是遇着『然否的』的疑问句（可参看 144 节），句中的疑问形容词也不管事，例如：

人生『有没有』“甚么”意义与价值？

他『是不是』受了“甚么”委屈？

长兄这几年『可』曾得个“甚么”梦兆？（这『可』字，参看144节，页243）〔儒〕

试对于每句依习惯作一答语，便知道这些“甚么”都不担负疑问的责任，就也算是“不定指的形容词”了。

可参看指示代名词之不定称（77节（4）之〔ㄅ〕，页91）。又本节下面的（2）（3）两种亦同此例。又可参看103节疑问副词的附则（页146—147）。

（2）选择的（常带‘量词’），即：

那（哪），例如

刚才来的是“那”两「个」人？
你要的是“那”「本」书？
“那”一「位」是你的朋友？

【注意】 除关于时与地的询问外，“甚么”和“那”，用法上不能通融；如「“那”本书」改为「“甚么”本书」，便不成话；即改为「“甚么”书」，虽然成话，可是所问的范围和意义又大不相同，选择的词意便失掉了。

（3）数量的（偶带量词），即：

几，几何，几多，好多，多少，若干……例如：

到会的共有“多少”人？
班上有“几”「个」辅导员？
全班的人数共有“若干”？
你在上海住了“多少”日子？（问时数，可省用副词『好久』）
你一小时能走“几”「里」路？（问地数，可省用副词『多远』）

【注意】 指示和疑问两种形容词，如这、那、甚么等字，和代名词是共同的。他们的分别全在用法上：不代‘实体’，退为“附加”，这就是“形”异于‘代’之点。将下例一比较，更易明白：

‘这’（指代）是“甚么”人？（疑形）
“这”人（指形）的名字叫‘甚么’？（疑代）

92. 形容词和语尾“的”字

形容词，除指示（和疑问）的一部分外，大都可以添一语尾“的”字。但有不必添的，也有必要添的；例如：

青“的”山，绿“的”水，高大“的”房屋，红色“的”封套，许多“的”东西，‘大’好“的”春光……

以上这些“的”字都可以省去；

强健“的”身体，活泼“的”小孩，十二分“的”人情，‘扁’圆“的”橘子，‘很’热“的”天气，大‘得很’“的”屋子，亮‘得满屋子如同白昼’“的”电灯……

以上这些“的”字却大都是必要的。大抵要添与不必添的原因，（1）习惯上有熟词与非熟词；熟词如「青山」、「绿水」、「大好春光」，自不必添。（2）以语句的整齐、调节、流利为标准，而定添与不添。（3）一个形容词的附加成分若是太多，就有添“的”字的必要。（4）添与不添，往往意思不同；如「这样东西」是直指其物事，「这样的东西」是形容其性状了。

由他词转用成形容性，凡与实体词联成复合名词的，其间都不要添“的”字（参照本章88节〔注意〕)。但如：

（1）名词用成了修饰性，即形容词性的领位，其下必添“的”字；例如：

“平民的”生活，“贵族的”文学，“民主的”发展，“不人道的”待遇（参照48节）

（2）单纯的散动词用成形容性，往往添“的”字；例如：

“飞的”禽，“走的”兽，“来的”人，“过去的”光阴（参照61节〔注6〕，页69）

这些“的”字，虽然严格地要说为准介词，但便宜上也都可看作形容词语尾。

【注 1】 图解上，形容词是左斜的直线；但若再有附加的副词，岂不在左斜的直线上要再加一右斜的直线？副词上倘若更加副词，那右斜线上更加右斜线，(如仄)岂不参差错杂之至？现在要免除这个毛病而又便于检寻词类，可依下式：

例：不很热的天气

凡附有副词的形容词或副词，概照此式作弧线，形容词既左斜，副词可向右弯。

93. 形容语(或形容句)和准介词"的"字

由散动词结合他种词类而成的短语，常可以作性状形容词用；但必用一"的"字连结到名词上来，这"的"字便叫『准介词』(参照 61 节)。有时"的"字也可省去；例如：

拼音〔的〕文字，红烧〔的〕牛肉，凉拌〔的〕粉皮，

因为这些都成了惯用的熟词，所以"的"字可以不要了。

这种由散动词组成的形容语，就散动词所结合的词类，可约为三种：

(1)带「宾语」或「补足语」的，例如：

"卖「花」的"人；"像「老虎」的"猫；"有「理性」的"动物；

(2)附有'副词'或'副词语'、'副词句'的，例如：

过去世界上，"'突然'发生的"事件很多，"'已经'解决的"问题却很少。

这不是"调和'不了'的"时局。

这可算是"跑'得很快'的"马了，但是还有"驶'得马都赶它不上'的"汽车。

(3)附有『助动词』的，例如：

"『可』爱的"儿童，具有"『能够』'健全'发育的"体质，别把"吃『不得』的"东西给他吃。

【注意】 试把以上各形容语中的散动词检查一番，看那些是

“被动式”？又图解上“的”字的位置如何？形容句和形容语在图解上有何不同？

94. 形容词（或形容语）作述语用

国语的句法上有一个特点，就是述语可以直接用形容词；这种用法的形容词叫“形述”，犹述说词内的『内动词』(参照9节页19)；例如：

花“红”，柳“绿”；燕语，莺飞。
山“高”，月“小”；水落，石出。
他现在的身体很“好”。

这些形容词，在实质上，或在句法结构上，实在不是静性的区别词，乃是动性的甚至含有动态的述说词。因为他的前、后、都可以添附‘助动词’；例如：

菊花“黄”‘了’，天气也“凉”‘了’。
孩子“大”‘了’，今年要请一个先生。〔儒〕
女儿的年纪也不“小”‘了’。
就到头发“白”‘了’，还要唤做新娘。〔儒〕
你的胡子却也“白”‘了’许多。〔儒〕
他现在“五十岁”‘了’，快‘要’“老”‘了’。

这就可以证明：它们不但在句法结构上是动性，便在实质的意义上，也含有迁变流转的动态了。

至于散动词所成的形容语，试就上节所约的三种，从句中截取出来，各将“的”字去掉，改为在它下面的名词的述语，结果是：

第（1）种　概成动词的主动式；

第（2）种　多成“被动式”，如「问题“已经解决”」，「时局“调和不了”」；被动式的动词，已是重在说明，不重在叙述了（参照35节，页41）；

第（3）种　就大都是完全作说明用的了。如「儿童“可爱”」，「东西“吃不得”」，（又如「……“使得”」「……“使不得”」）；这种述语，仍旧不改变其形容性，那么，仍旧可以称为用作述语的形容语（参照36节，页42）。

95. 形容词（或形容语）作补足语用

用作述语的形容词或形容语，有时在它上面接一个「同动词」，他就退为连带成分的“补足语”了；例如：

这朵花「是」“红的”。

天色「是」‘很’“晚”了；月儿还「是」‘不’“亮”。

酒「是」“喝够”了，饭也「像」“吃不下”了。（“喝够”“吃不下”就是上节所述第（2）种之形容语）

这棵树的叶子真「是」“鲜绿可爱”。

她的面色「好像」“红润”了一些。

她「有」二十五岁了。（「有」字带形容词作补足语，限于数量形容词，参照83节之〔ㄇ〕，页102。）

这些句子的语意，和那直接把形容词作述语的，有何不同？试体会之。

【注意】 补足语属述语的部分，所以叫“连带的成分”；并不是独立于述语之外的。此点要看得明白。

又本节只说形容词作主语的补足语，是同动词所带的。还有一种，是外动词所带的，在全句的成分上也称补足语；但不是补足主语，乃是『说明宾语』的。例见19节（并参照20节）。

凡形容词作“述语”和作主语的“补足语”的，《马氏文通》都叫“表词”（名词作主语的补足语，也叫表词）；又另把动词作‘述语’的叫做‘语词’，本书不取。

第十章　副词细目

96. 副词的分类

可分为六大类：

（1）时间副词　表明动作的时间，或缓急、久暂。

（2）地位副词　表明动作的方位，或远近、高下。

（3）性态副词　描写或拟度一切动作或某种情况的性质、状态。

（4）数量副词　表明一切动作的次数、范围，或某种情况的程度。

（5）否定副词　用来否定实体词以外之一切词类。

（6）疑问副词　用来询问关于动作或情况的时、数、原因和方式。

97. 时间副词

表示有定时间的词，如日子、月份、季节等，大都是实体词；然而在叙述句中，他们总是在『副位』（参照42节的〔附言〕，页49）。还有一类专从「时间流」中区别某种动作的一个时限，或表动时的持续，或表动时的反复；多从名、形、动（或短语）的"副附"用法，渐转成专用的副词：这就叫"时间副词"。就所表时间的流行上，约为四种：（兼用作实体词等的，就在字的右上角作 * 为记。）

（1）过去时　从最远的到最近的，列举于下：

从前 *,（以前），先前,（早先，先），当初,（起初，起先），起首 *,

（首先）（“首先”今不表时，‘第一’之义。）……例如：

“从前”大家把时间提出独立，现在把他并入空间了。

早就，（早，早已，久已）……例如：

战争到了中途，利害“早就”不管了。

本来*,（本，根本），原来,（原，压根儿〔北语〕），向来,（向，一向），素来，（素），从来，（从）……（都是表持续性的）例如：

“本来”他就没有懂得。——（1）

我“从来”不觉得他们都是焦愁得这样利害。

已经，（已竟〔北语〕，已，已然，业已，业经）；曾经（曾，也曾）……

过，完，（动词转成，只可用在述语后。“完”专对事，不是表时；现且附列）例如：

时代“已经”过去了。

我“也曾”使“过”眼色，“也曾”递“过”暗号。〔石〕

功课“业已”做“完”了。

刚才，（刚，刚刚，刚巧），方才◎（才，纔），甫……（以上最近的过去，即以表现在之开始）；近来*（专表持续性）；……例如：

“刚”被太阳收拾去，却教明月送将来。

他“方才”拿姻家帖子来拜学生。〔儒〕

你拿了刀，我“纔”也拿了刀的。

他“近来”‘才’觉着自己没有懂得。——（2）

◎这‘方才’、（‘才’、‘纔’）三词兼可用作连词，不要专看作副词。以下有这记号的都准此。

（2）现在时

现在*（现），这会儿*此刻如*今*（于今，现今*）；……至今（专表持续性）……例如：

他“至今”还没有懂得。——（3）

馒头还得「“现”蒸」，小菜也得「“现”买」。（北京话，“临时”

动手之意）

正在，（正，在，正待）；恰好，（恰），恰巧……例如：

他们是椎髻、裸身，“在”（“正在”之意）和激涨着的潮流接仗。

他有时“在”斫伐林树，他有时“在”开凿山岩。

那荀玫若是还“在”应考，贤弟留意看看。（以上两例，都带“在那儿”之意，兼作地位副词）

鲍文卿“正待”要说，又忍住道：「不说罢！」

（3）未来时　从最近的到最远的，列举如下：

就◎（这就，说话就，说…就…），例如：

先生！我“这就”去。（北方话）

大哥！小弟“就”「要」走了。（副「助动词」，虽可作联成的一个副词看，但图解时以分析为宜；以下准此。）〔水〕

‘说’定“就”定，‘说’做“就”做，‘说’成“就”成。

老师送了丁祭的胙肉来，只得“就”开了斋。（以上两例，略带表决心）〔儒〕

馒头早已蒸上，“说话就”得。（北京话）

将，（将「要」，快「要」）……例如：

知识虽然不是我的，——可是我“将要”有它们了。

将来，后来，往后，（以后，随后，落后，嗣后）；

等一等，（待一会儿）……例如：

他现在已经听见你亲口说的：你同他“将来”没有问题，“以后”一切事都好办。

我们“随后”再说完我们的话吧！

从此◎（此后，从此而后），（专表持续性）……例如：

“从此”任务日重一日。

他“此后”恐怕更难懂得了。——（4）

究竟，（毕竟），终究，（终归，终于），到底，末了，（末末了儿）；早晚……（重在表事变之流极，不以时限）例如：

他‘就’“终于”不能懂得了。——（5）

你“究竟”要我们一块儿住吗?

若是他们跳出池子，跑到海湾中去，我以为他们“终归”有些不合式。

(4)不定时　可以通于过去、现在、未来三个时间。从动作的性态与时的关系上，可再约为六项：

(ㄅ)表绵延

常常，(常，时常)；时时，(随时)……例如：

敬只是“常”惺惺地。(持续性)

“随时”提撕；随处收拾。(反复性)

寻常，(平常)……例如：

“平常”不闲，临时不忙。

永远，(永久)，长久，始终；老，直(北语)……例如：

自从他走过之后，为甚么你“永远”不写信给他?

他“老”不放心。(北方话)

他“始终”是一个不懂得的了。——(6)

吓得我“直”哆嗦。(“尽”颤之意，北方话)

(ㄆ)表匆促

不久，一会儿，一时……例如：

他“一会儿”『就』来。(未来时)

我『此刻』还「可以」等他“一会儿”。(现在的未来时)

我『恰好』看「了」“一会儿”报。(现在的过去时)

他『已经』去「了」“一会儿”了。(过去时)

【注意】　国语中动词『时制』(Tense)的变化，依靠『时间副词』和「助动词」的参伍活用。细看此四例，和84节(2)之〔ㄆ〕“了”字所举各例，便可得其大概了。

即刻，(立刻，立即，随即)，当下，(跟手就〔北语〕)……例如：

“随即”每桌摆上八九碗。〔水〕

“当下”叫小厮搬出三十锭大元宝来。

临时，（临）……例如：

"临时"抱佛脚。

"临"渴掘井。（"临"在名前，应属介词，互见后页151。）

守财奴"临"死还不肯放手。（「临渴」「临死」皆介合散动成副词语）

暂且，（暂时，权且，权时），姑且，聊且，（聊），（这一路的词，只表「短促」，无「匆遽」意）……例如：

你"暂且"不要理他们。

咱们"姑且"试试！

（ㄇ）表急进

快快地，（快，快快，快「点」，快「些」），赶紧，（赶快，上紧）……

（ㄈ）表渐进

慢慢地，（慢，慢慢，慢「点」，慢「些」），渐渐地，缓缓地，从容……例如：

马儿"慢慢"行；车儿"快快"随。〔厢〕

（ㄪ）表突起

忽然，（突然，陡然，猛然，猛），抽冷子，（冷不防），一旦；乍，（刚一）……例如：

轻敌的也许"一旦"变为俘虏。

（ㄉ）表偶发

偶然，有时，间或……例如：

我"有时"也"偶然"感到这种真乐。

98．地位副词

表一定的位置或方向的词，大都是实体词。但他们也常在『副位』。在副位而没有介词介绍的，就和副词同功用，因此特表地位的副词也就没有了。常在副位的「方位名词」和「指示代名词」，如：

（ㄅ）东，西，南，北，左，右，前，后，上，下，里，外，（常添附“方”“面”“边”“头”等字，成复合词）；又如：

中间，（当中，居中），底下，旁边；

（ㄆ）这里，那边……等。

这些实体词，只要上面不用‘介词’，有时可看作“地位副词”；不过在图解上，不宜径画作副词，仍当作名、代的副位，因为他们上面的介词有时还要来的。例如：

哥哥“前头”走，兄弟“后边”跟着。(「在」前、「在」后之意）

大江“东”去。(「向」东之意）

汉族“西”来。(「从」西之意）

请“这边”坐。(「靠」这边之意）

但除实体词外，也有一种由形容词转成的，但和不定时的时间副词的性质一样，已近于表动作的性态了；如：

（ㄇ）远远地，密切地，高高地……例如：

“远远地”来了一支人马。

“高高”举起，轻轻落下。

【注意】 表时与表地的，既大都是实体词用在副位，因此表地的就没有特设而专用的副词了。何以表时的又有那么多呢？须知时间和空间都是物质存在的基本形式，就常识说，空间只是森然罗列的；一切动作和斗争，都是从时间方面的相续变动看出来的。所以表地的副附，大都是静止的实体，常靠介词来表出他们与动作的关系（看本节（ㄅ）（ㄆ）下四个例句的注脚自知）；而表时的副附，虽也有如——

昨天，今日，明早，去年，下月，道光二十年，一八四〇……等，和表地的副位实体词是一样的用法，但因时间更可说是宇宙间一切运动着的物质（物质过程）靠着它的客观实在性（这是时间和空间相同的）更明显地反映在人们的意识中，所以语言中，在他国就要发生动词的时制（Tense）；在国语，就要发生许多专门修饰动作的时间副词。试细味上节所列举的，可以体会语言组织上之一种理论关系。

99. 性态副词

分客观的、主观的两种：

（1）客观的　某种动作有怎样的性质、状态或效果，纯粹地从客观方面描写出来；这也大都是“形”、“动”或短语的“副附”用法，很少能转成专用的副词。例如：

“奋发有为”‘地’在世上做人，不要“糊涂懒散”‘地’混日子。

却听窗外“远远”‘的’吼了一声，那纸窗“飒飒”‘的’响，那屋尘“簌簌”‘的’落下来。〔老〕（‘的’今当作‘地’。）

这个歌词做‘得’很“不错”，唱的唱‘得’更“好听”。（“好”字副‘听’，也就是形转。）

一切副词化的形容词、第三种散动词、修饰性的副位名词、或副词性的语句，都不过是“副附”用法，都可作“性态副词”看待。若附加在述语前，常煞个语尾‘地’（过去通作‘的’；旧白话有作‘价’的，也读如ㄍㄚ、ㄍㄜ；‘语尾’是活接的，有些也用成固定的‘词尾’，如‘特地’），带着去修饰后边的述语（如前两例是）；若附加在述语后，就可嵌个特介‘得’（过去也通作‘的’），引着去修饰前边的述语（如后一例是）。

但这种形容词、动词或短语，又常直接附加于述语动词之后；例如：

我已经把这篇文章看“清楚”了。（表效果）

我想买杯酒“喝”。（表目的）

有一种转成的叠字副词，也常直接附加于所副的形容词或散动词之后，构成复合的形或副。例如：

亮“晶晶”的月儿！活“泼泼”的人儿！（仍用作形）

扑“刺刺”宿鸟飞腾；颤“巍巍”花梢弄影；乱“纷纷”落红满径；碧“澄澄”苍苔露冷；明“皎皎”花筛月影。〔厢〕（多用作副）

修饰性的副位『名词』，有些直转用如副词，例如：

万商“云”集。帆樯“林”立。

“血”红的花儿，衬着“碧”绿的叶子，越发显得鲜丽。

〔附言〕 凡名词的象征用法（详71节，页83），动词活用法中的意动词（见86节的〔注意二〕，页112），形容词中由名词转用的（详88节的〔注意〕，页115，即修饰性的领位之一），和这种名词转用如副词的，在文法上说来，这些引申、转变，都可以说是词性的活用法；若在修辞学上讲来，大都是将一种比喻隐然含蓄这些词的形象中——即如“林”立，是喻其多；“云”集，是拟其盛——叫做隐喻法（Metaphor）（可参照唐钺《修辞格》页十五至廿四）。

（2）主观的　从说话者的主观方面，认定或揣度某种动作的性态（或非叙述动作而为说明情形的述语的性态），这种副词，字面上虽也是由他种词类转用的，但大都已成了专用的副词，数目却有限制了。再从说话时意所偏重的物、心两方面，且共约为十组：

第一，重在事物方面的，暂列五项：

（ㄅ）表真确

实在，（实，其实），的确，（确，确实），准，真正，（真，真是）……例如：

他们“实在”有了觉悟，“真”可喜！

【注意】 助动词表必然的，如「一定」「决」「断」等（参照84节（1）之〔ㄈ〕，页105），也可用为表真确的副词，那么，「助动词」与“副词”的分别又怎样呢？先从定义上说：

（1）助动词实在就是主要动词的一部分；

（2）副词乃是对于实体词外一切词类的附加的成分。

再从用法上说，若同一个词而要分别这两种词类，只有：

（1）述语若是外、内动词，这个词就是助动词；例如：

我若能办，我「一定」办。图解作

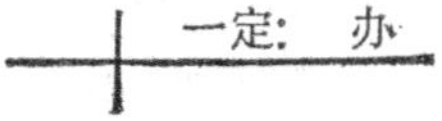

（2）述语若是同动词（或形容词），这个词就是副词；例如：

这件事“一定”是办得好的。图解作

因为同动词（或形容词）不是叙述动作而是说明情形的：既非动作，那得云助？而是情形，所以能副。因此，这个用法上的分别法，乃是很简易而且合理的——试将所有助动词一一添加于『是』字上，看行不行，便可证明。

（ㄆ）表趋势

自然，(自)，当然，不用说，(不消说)，就，(即，则)……例如：

> 我“自然”有相当的办法。
> 社会制度，“当然”是随时改进的。

【注意】 助动词表当然的，有时也可用作此等副词。分别词类，法如上例。

只好，只得，(含不足意)……例如：

> 封建社会的穷苦人民，“只好”忍着饥捱过去。
> 他二位不好进衙门，“只得”在关帝庙坐下。

（ㄇ）表归着

果然，(果真)，居然，竟，(竟然)……例如：

> 气候“果然”起了变化了。

（ㄈ）表事效（专用在语句后，是由复句的缩约而成）

才好，(才对)，才是，(才行)；就是，(就得，便了)……例如

> 这个先生，须是要城里去请“才好”。〔儒〕
> 你总得小心办理“才好”。

揭下来，裱一裱，收着“才是”。

我尽我的力量办去“就是”。

如今一言为定，择个好日，就带小儿来过继“便了”。

小生前去一番“便了”。

（ㄞ）表样式

如此，这么，（这们），这样，（这般，这等），那么，（那们，恁，恁地）例如

“这么”一来，什么事都改变了。

“这等”看起来，不相干了。〔儒〕

唐兄！你是“这等”说……〔镜〕

第二，重在心理方面的，暂列五项：

（ㄉ）表决定

横竖，（反正，红黑，左右），左不过（北语）；索性；尽管；简直，（直）；敢则，（敢情）（有「岂料本来如此」之意）；例如

小孩子看了序，“横竖”不懂的，所以这个序顶好不做。

咱们“索性”担起来，“反正”是卸不了责任的。

这“简直”不成话了。

也罢，得，（得了）——（独立地用在句首）例如：

“也罢”，我就和你同去。（表决心）

“也罢”！这些话也不过是他们不得已的一番声明。（含让步意）

你原来是我周老师的门生；“也罢”，权且免打。〔儒〕

“得了”，就此完事罢！不必争闲气了。（含知足意）

（ㄊ）表发动

特地，（特，特意，特特儿），故意，有心……（例如）

我们“特地”到此来宣传。

（ㄋ）表侥幸

幸亏，（幸而，多亏，亏）；好在……例如：

“幸亏”他们都有了悔心。

（ㄉ）表相反

偏，（偏偏，偏「要」），可，*（却）；倒，*（到，倒反），反，（反而）……例如：

要干好就是这样，你“偏偏”要妨碍我，反对我。

周进因他说这样话，“到”不同他让了。〔儒〕

现在我“可”就明白你的意思了。

*【注意】“却”“倒”的用法很灵活，有时所表“相反”的意思甚微，只是语气有一点儿转变；现多举数例，以备揣摩：

先生“倒”有一个。〔儒〕

这件事，我“倒”有个商议。

我因为先生吃斋，“倒”想起一个笑话来。

从前“倒”有六个小儿，而今说不得了。

这个“倒”失于打点，“却”不知先生因甚吃斋。

一齐举箸，“却”如风卷残云一般，早去了一半。

（ㄍ）表不变

仍旧，（仍），依然；（也），还是，（还），尚且，（尚）（兼表让步意）……例如

烈士死去了，精神“仍旧”存在。

月亮“还是”没有出来。

100. 数量副词

分三种：

（1）关于次数的　约为三项：

（ㄅ）表一次

一次，一趟，（一荡），一回，一番，一度，一遍……（常附动词后）……例如：

这是一本很好的书，我先前读过“一遍”，现在打算再读“一遍”。

*【注意】 表一次的副词，也可利用动词的重叠法，如上例，可改作：

……我先前读了“一读”，现在打算再读“一读”。

不过意思不如“一遍”的实在，且又和表持续的助动用法相通（参照页 110）。

（ㄆ）表重加

又，再，（复，仍复），也，*（亦）例如：

嘿！你“又”来了！他“也”跟着你来了！

我不“再”怕你了，你“也”不能“再”诱惑我了。（以上两例，“也”字可看作连词）

监生“也”可以进场。〔儒〕

不是亲的“也”来认亲；不相与的“也”来认相与。

*【注意】 作副词用的“也”字，最灵活，不必是表重复；例如：

只因当年先母病中在观音菩萨位下许的，如今“也”（已）吃过十几年了。〔儒〕

我不知道，该罚该罚！……但这吃斋“也”（却）是好事。

金有余道：『我也是这般想，只是那里有这一注银子？』……那客人道：『这“也”（倒）不难。』

这些“也”字，就上下文意看来，都不妨改用他种（括弧内的）副词。还有劈头就用“也”字的：

“也”只为赤贫之士，又无馆做，没奈何上了这一条路。〔儒〕

“也”须得把彩云和玉钏儿两个孽障叫了来！“也”不要冤屈好人！〔石〕

上文中并没有和这「所“也”的」相类相等的事实，不过“意有所比例”罢了，故不必说是表述说上的重复，却只是语气上因意有所比例而带有几分表重复的意味。

于是，“也”字有时紧贴着旁的“副词”，再无意义可说，仿佛像那副词的词尾——单音词常带尾音，以宕辞气而增明晰，就叫词尾，或即称“语尾”。例如：

做梦「倒“也”」有些准哩。〔儒〕

「却“也”」聚了许多人。

这「倒“也”」不怕。〔石〕

你「再“也”」休题!〔厢〕

有时又简直和文言一样地成了助词，与“啊”字的用法相同（参照146节，页247）；再分两项说明：

（I）提顿的用法——只举几个用在实体词下面的作例：

赐“也”何敢望回？回“也”闻一以知十，赐“也”闻一以知二。〔论语〕

洒家要甚么！你“也”须认得洒家!〔水〕

我“也”休疑难!〔厢〕

他“也”未必真重我。〔石〕

（II）煞尾的用法——例如：

君子人与？君子人“也”。（表决定）〔论〕

我回去“也”。〔西〕

仁者，人“也”；义者，宜“也”。（解释的）〔孟子〕

子张问：十世可知“也”？（表疑问）〔论〕

你将这个那里使“也”？〔厢〕

此外“也”字还有和他种词类互相应和的用法，杂见他节，这里不备举了。

（ㄇ）表多次

几次，多回，……再三，屡次，（屡屡）；往往，每每，（每）；行动，（动辄，动不动）……例如：

当他不在的时候，我“每每”记不起是什么样子。

他“行动”爱恼人。〔石〕

【注意】一切有定数词，都可加在“次”“回”诸量词之上，用作次数副词。但成语中，也有径用有定数词当副词的；例如：

诸葛亮“三”气周瑜，“七”擒孟获，“六”出祁山。

黄鹤“一”去不复返。

这事“千”回“百”折，才得成功。（假喻的，非确数）

（2）关于程度的　约为四项：

（ㄅ）表估量

几乎，差不多，仿佛，（似乎，好像），大约，（大概，约略，颇）；或者……例如：

他们住在这儿，完全与世界隔离，——或者“差不多”完全隔离。

多半，一半，有几分，多少，一点儿，稍微，（略微）……例如：

那坏人在你那里干什么事，你“一点儿”不知道。

（ㄆ）表比较　分平比、差比两项：

（一）平比

一样，一般；似的（或似地）……例如：

那边来的人马，犹如海潮“一般”。

我心里的干净好像清水“似的”。（参照66节〔注意〕）

我的心和清水“一样的”干净。（参照67节〔注意1〕）

只是那一个不领你的情，“一般”也恼了。〔石〕

这马「飞也“似的”」跑过去了。（这‘也’字就是飞字的提顿助词；可参照上面〔1〕之〔ㄆ〕的【注意】）

【注意】“一样”、“一般”，因为原可用作“形述”，故图解上虽在副词的位置，却仍旧可再带副词的附加语，如右式：

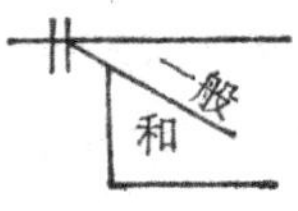

但有时为便利起见，可依下式：

这是照方位词借连号后附于实体词之例，把这种副词当作一种“表态度相同”的后附词。再试图解下之例句：

他有潘安"般"貌，子建"般"才。〔厢〕

雾"一般"的青烟，和着蒙蒙的水蒸气，好像一重柔软的薄幕"一般"把她轻轻的遮住了。

这小相公，若是卖到他州别府，就和那几个相公"一样"不见面了。〔儒〕

黄老爹家里房子盖的像天宫"一般"。

（二）差比

更，（更加，更见），尤其，（尤），加倍，（倍）……（以上附在述语前）

些，一点儿，几倍（或几等；"几"字也可改用定数词），多*……（以上附在述语后）例如：

阴谋家的祸国，'比'捣乱派"更"利害。

阴谋家的祸国"更"利害。（省略所比的）

阴谋家'比'捣乱派多"些"。

捣乱派少"些"。
现在的物价都贱"些"。 }（省略所比的）

*阴谋家'比'捣乱派利害"得""多"。（或作利害"多"'了'；"多"字作比较副词时，其前后必有所附，不单用。）

当时米价贵了"五倍"。（省略所比的）

比较地，较为，（较），（在句中不要说出所比的）例如：

这枝笔"比较地"好写。

越发，（越，愈，益发，一发）……例如

他的身体"越发"强健了。（与"更"字用法略同）

只听桂花阴里，发出一缕笛音，果然'比'先"越发"凄凉。〔石〕

成老爹"越"吃"越"饿。（连词的用法）〔儒〕

（ㄇ）表极点　分极比、泛说两项：

（一）极比

最，极，*（极其，至），顶，（挺），第一，*尽……（"极"等可兼属下项。）例如：

她‘在’这一班里，年纪“最”轻，功课“最”好。

中山公园‘的’树木，柏树“顶”多。

（以上是用介词（或省）介出所比的范围）

今年夏天“第一”炎热。

他的病“极”沉重。

（以上意有所比，无从指出范围）

（二）泛说

绝对地，非常*格外，怪，特别,（特），十分*满,（漫），狠*（甚）；了不得*厉害*（利害）（专后附）……例如：

这个办法，“绝对地”不行。

“满”望来京相晤。〔儒〕

我“满”不怕你。（北语）

今年夏天“很”热。

*【注意】 有这记号的，兼可附在述语后；但习惯上用法也稍有不同：

这个办法妙“极”了。
今年夏天炎热“第一”。
他的病沉重“非常”。 }（直接后附）

天气热‘到’“十分”了。（‘到’字领）

他的病沉重‘得’很。（‘得’字领。‘得’或作‘的’;「得很」也可作「之至」「之极」）

今天热‘得’“了不得”（‘得’字领：无‘得’都不成话。）

（ㄈ）表过甚

太,（忒），过于,（过）……例如：

这几天的炎热“太”利害了。

先生不要“过”谦。

【注意】 以上四种程度副词，除（ㄅ）种外，都是用来副形容词（或副副词）的；（ㄆ）种表比较的“平比”“差比”,（ㄇ）种表极点的

"极比"，就是形容词的三级比较法——在英文是变化形容词的词尾来表示，国语就全靠副词的运用了。平比法的造句法较为繁复，已详67节；本节特详说差比、极比、两法，以便前后综观。（但差比法有积极的和消极的两种：本节单说积极的；消极的即平比法的否定，已详68节。）

（3）关于范围的　约为五项：

（ㄅ）表专独或空枉

仅仅，（仅），单，（单单，独），只，（衹，止）；不过；光，就，（北语）；惟有，（惟，只有），（兼含决定意）；

白，徒然，（徒），空，（枉）例如：

昨天"仅仅地"来了几个人，所以"只"开了一个谈话会。

革命"惟有"奋斗到底，否则以前的努力算是"白"牺牲了。

（ㄆ）表各别

各，另，两下里，双方……例如：

他们"各"有专长，我就"各"派职务。（上"各"字当说为指示代名词，与主语'他们'为同位；和下"各"字不同。）

（ㄇ）表相互

相，*（互相，互，交相）……例如：

他们两人现在已"互相"了解了。

出入"相"友；守望"相"助。

*【注意】"相"字并不一定表相互的关系，例如：

实不"相"瞒，我学生是长斋。（不瞒'你们'）〔儒〕

山东虽是我的故乡，我却也没有甚事"相"烦。（烦'你'）

（ㄈ）表共同

共，（共同），一同，（同），一起，一块儿，一齐，一并，（一并，并，兼）……例如：

现在世界上，由国际"共同"管理的是哪几件事？

这本小册子，我“一并”送给你，你就“一块儿”拿走吧！

（万）表统括

都，（皆，俱，备），全，（完全，全体，并），尽，（尽数），遍，尽（兼时间性），通同，（通共，统同），一概，（一切）；总（偏于主观方面），总共……例如：

我看透了我们相互的生活，“完全”不是真正的结婚。

老师托我汶上县荀玫，我怎么“并”不照应？〔儒〕

我和他“并”无干涉。〔水〕

我“并”不知道这个细情。（上三“并”，是“全”意，与“一并”不同）

【注意】以上范围副词，多数可说为指代，不但“各”字而已；可是位有一定，现分配之：（ㄅ）（ㄆ）两项，必在同位，可属代词复称之（ㄅ）；（ㄇ）项必在变宾位，可属复称之（ㄆ）：（参照76节之〔5〕）。（ㄈ）（万）两项，可属统称，也在同位（参照76节之〔4〕；又90节之〔注意〕）。谈文法时，若须精析，指代为宜；若但粗陈，副词较便。

101. 否定副词

不；没有，（没，未，不曾）（常用在过去时）例如：

他昨天“没有”来，今天还是“没有”来，明天也许“不”来了。

他「“未”必」有此意，你可「“不”必」多疑。

现在“没有”完哩！恐怕他将来也“没有”完；就是这一世也决「“不”会」完。

莫；（勿，休）……（表禁戒意）例如：

快去，“莫”停留。

凡属人类，「‘莫’不」恨战争贩子。（与「‘无’不」同，此‘莫’字可不是表禁戒了；‘莫’‘无’这种用法，是统称代词的反面，可附于76节之〔4〕。）

【注意】 表禁戒意的副词，常用“不”字加在助动词「必」「须」「可」「要」「得」或动词「许」「准」之上；如：

“不”必（意最轻），“不”须，“不”用（甭），“不”可（意较重），“不”要（别），“不”得，“不”许，“不”准（意最重）。（参看84节，页103—105）

102. 对话时的然否副词

以上所列，乃是专附在动、形、副的自身，乃至附在凡实体词外一切词的否定副词。还有一种，专用在对话时，表示然、否的语气；可就然、否分为二种：

（1）表肯定

是，（是的，然），对，不错；可不是吗！（可不是！可不！）……例如：

> “是的”，必须实际上去体验。
> “对”了，我也该共同生活。

（2）表否定

不是，（不，否），不对，不然；不见得……

或然或否，都是对于人家的话表示认可与不认可的意味：答“是”，就是「你说得“是”」之意；答“不对”，就是「你说得“不对”」之意。与英语的yes，no用法颇有异同；例如：

（ㄅ）
> （问）他已经到了上海吗？（答）“是”，到了。
> （问）他还没有到上海来吗？（答）“是”，没有来。（“是”可省，但不可答“不是”）

因为“是”与“不是”，并非跟着问句里边肯定与否定的词而加以决定，乃是对于问句全部的语气而表示认否。但如问句中原有同动词‘是’字，答句中也可以跟着它；例如：

（ㄆ）
（问）你‘是’工人吗？（答）“是”。（「‘是’工人」之意，就用‘同动词’表然否）
（问）你‘是’作买卖的吗？（答）“不是”，我‘是’工人。（即「“非”也」之意）

有时不能用“不是”来表否认，要改用“没有”；例如：

（问）你近来读书吗？
（答）“是”，我天天读书。（肯定，可用“是”）

（ㄇ）
（问）你近来作工吗？
（答）“没有”。（否定，不可用“不是”）

因为“没有”这个否定副词，可当“不曾”讲。凡问句是指过去时的，便不能用“不是”作否认的答词。有时问句中原有‘没有’（或同动，或副）的，也可跟着作答。例如：

（ㄈ）
（问）你‘有’儿子‘没有’？（答）“没有”。
（问）释迦牟尼‘有’佛性也‘无’？（答）“无”。
（同动词）

（问）你‘没有’到过北京吗？
（答）“没有”。（副词；与（ㄇ）式同。又（ㄅ）式第二例也可照此改作。）

有时然否副词全不适用；例如：

（万）
（问）你没有到过北京吗？
（答）到过的。（但凡此类答意和问意相反，而语意较促时，可先用“不”字表示否认。在北京话，或加尾音作“不ㄐㄧㄝ”。）

103. 疑问副词

分五种：

（1）问时间　约为两项：

（ㄅ）时期

几时，多早晚，（多偺），多会儿……（“什么时候”之意，参看91节之〔1〕。凡疑问之“多”都读阳平。）

（ㄆ）时数

好久，多久……（“多少时候”之意，参看91节之〔3〕）

【注意】 问地位的疑副，即用疑代之专指地者，如“哪里”、“哪儿”（页91），在副位而省介词，即为疑副，不另列。

（2）问数量

多，（多么，多少），好，* 几（都要加于一切表形体的性状形容词之上）……例如：

这坑有“多”深？“多”长？“多”宽？

*【注意】 “好”字用法更广；引伸起来，不一定表疑问，也不限于数量，乃是对于形容词或其他副词更加一层浓厚的程度，并表赞叹的意味；例如：

“好”一个「不得已而为之」！

你“好”大的胆子！

「“好”容易」将这篇小说作完。（变否定，即「不容易」之意）

「“好”‘不’」伤感人也呵！（却不是否定，将“好”打消‘不’，「“好”‘不’」即「极其」之意）

家里房子盖的像天宫一般，“好不”热闹！〔儒〕

（3）问原因

怎么，（做甚，怎，怎的），干吗……（即「为甚么」之意，稍重即「做甚么」之意。文言作为何，何为，何故，何以……）例如：

你“怎么”到这时候还不回家去？

你“怎么”这样的冒险呀！（无疑而表惊叹）

他问你“做甚”？

“怎的”王相公今日不见来此？〔儒〕

（4）问方法或情形　有时直用作述语：

怎样，（怎么样，怎么，怎么的，怎么着）……（即「作甚么样式」或「做甚么」之意。文言作如何，何如……）例如：

我们“怎样”去研究那个奇事？

宝姐姐和你好，你“怎么样”？不和你好，你“怎么样”？前儿和你好，如今不和你好，你“怎么样”？你和他好，他偏不和你好，你“怎么样”？你不和他好，他偏要和你好，你“怎么样”？（直用作述语）

孩子！你“怎么”啦？（直用作述语）

【注意】 凡疑问副词，若不是用在疑问或感叹语气的句中，而是用在直述语气的句中，便也和疑代、疑形一样地属于表不定的一种用法；标点时，须注意不要误用了问号。例如：

不知春去“几多时”。

要“怎么”办，就“怎么”办。

阿丽思立刻跟进洞去，再亦不想想这辈子“怎么”能再出来。

因为疑代的「谁」「那个」「甚么」「哪里」……可以用为不定称（见77节〔4〕之〔ㄅ〕，页91）疑形的「甚么—」「何—」「谁—」「哪—」「几—」「若干—」……也可以用为不定指（见91节〔1〕之〔注意〕，页119），而这类疑副也有这种用法；于是这三种词类的疑问词，都可作泛指一切之用了。若语意更加严重，便可再添上一种——

表无条件的副词—附于疑代，就算形容词，即：

无论，（不论，任），不拘，（不问，不管）……例如

“无论”谁，我‘也’不怕。
“无论”哪里，我都跟你去。 }（附于疑代；可当形容词看）

“不管”甚么人，‘都’要从这边走过去。（可当附于疑形的副词）

教师“无论”怎么好，‘也’不能代替学生自己的练习。（可当附于疑副的副词）

用了这种词的部分若成了副句，或将上例都看作副句的缩约，便算『无条件的连词』了（见后136节之〔ㄇ〕）。

（5）表反诘或反推

难道，（难道……不成），哪，（哪有，哪里，岂有，岂）；

莫不，（莫不是；无乃，怕不）……例如：

“难道”你不知道‘吗’？

我“哪里”知道！

“岂”有此理！

“莫不是”有鬼？

“莫不是”他和我玩，他就自轻自贱了？（可当连词看）〔石〕

“怕不”一年要寻千把银子。（可看作坚确决定的语气。）〔儒〕

第十一章　介词细目

104. 介词的分类

就所介的事物的意义，可分为四大类：

（1）时地介词　介绍一种表时间或地位的实体词给述说词（地位包括所关的事物对象）。

（2）因缘介词　介绍人或事物等实体词给述说词，以表明其原因或动机。

（3）方法介词　介绍一种实体词给述说词，以表明其所需、所依等等方法，和相与、相较等等关系。

（4）领摄介词（特别介词）　介绍一种实体词作某种事物的领有者、统摄者、或孕育者。

何以第（4）类叫做特别介词（参照 11 节）呢？因为在用法上，（1）（2）（3）三类都置在所介的词之前，所以常叫「前置的介词」（英文的 Preposition，就有译为「前置词」的）；唯有第（4）类必置在所介的词之后，可以称为『后置的介词』，这是国语中特有的用法，故叫做"特别介词"（英文中的 of 也是领摄介词，但用法仍是前置，和其他的前置词一样）。

又介词中，还有两种特别的用法：一种是提前宾语，一种是引起副词：都可列为"特别介词"。

105. 时地介词

有时包人及事物而言。再分五种；

（1）介所在　表一定范围内之定着的关系。

在，（於，于），当，临（多介散动）例如：

全校的师生们，都“在”风雨操场听报告。

鱼“在”水中游泳。

满屋子的孩子们，有的站“在”椅子‘上‘，有的躺“在”地板‘上’，有的躲“在”书架‘后’，有的蹲“在”书案‘下’。

我“当”清朝末年的时候就到北京来了。（介出时间）

一个巡警“当”街站着。

伊“临”去把秋波一转。（参照97节〔4〕之〔ㄆ〕）

【注意1】 因为要表示地位或时间的一定范围，故所介的名词之下，常带一个表方位的词，如上、下、前、后、内、里、（里面、里头）、外、旁边……等，以与介词“在”相应（如上第三例句）。凡名词带着方位词，有些可当作复合名词看待，如：

楼‘上’，路‘东’，「早‘上’」，「午‘前’」，黄昏‘后’，「晚‘间’」，花园‘里’，世界‘上’，「世‘间’」……（在「」内的都是凝定的复合名词）

这些『以下名辅上名』的复合词，便可当作整个的名词看待。其余则下名（方位词）虽与介词互相关应，但也不必与上名分离；图解时，可准照56节的〔注1〕——这也是国语中的一个特点。

【注意2】 内动词的第（1）通常动作和第（2）关系他物的这两种（参照82节，页97—98），其中如「坐」「站」「休息」「骑」「睡」「死」等，这些动作的状态却都是静定、固着的；又如「飞」「走」「跑」等，这些动态乃是流动、连续的（推之各动词皆然）。凡表静着的内动词，若要用介词“在”介出‘地位’，或前或后，都可附加；例如『我‘在讲台上’「站着」』，也可作『我「站着」‘在讲台上’』。若是表流续的内动词，便不能如此，只可附加在前；例如『他们‘在操场’「赛跑」』，除诗歌或新的译著外，习惯上都不可作『他们「赛跑」‘在操场上’』。但也有只能附加在述语后的，见下（5）之（ㄉ）〔注意二〕。

【注意 3】“在”字所介的词有时只指明‘动词所关的范围’，并不一定是属于时与地；例如

这件事，“在”我们算得甚么，“在”‘他’却是一个很难解决的问题。（介人）

你所说的，“在”‘理论上’固然是很圆满，“在”‘事实上’恐怕一时还不能实现。（介事物；常可省去介词）

我就坏“在”‘读了这几句死书’。（介出副位名词语）

可是到了这第三例句的意思，就往往要用“于”字了。例如：

果然英雄出“于”‘少年’。

江河成“于”‘点滴’。（以上近“从”字意）

积“于”‘平日’，毁“于”‘一朝’。

他很“富于”研究心。（这“富于”却已粘合成词，可作同动词用，不必分析了。）

至“关于”“对于”等，也已粘合成词，径可用作整个的介词，纳入本项之内。例如：

“关于”‘信’这一点，直译总算不错。

“对于”东南沿海一带，国语更要竭力提倡。

这都是表动词所关涉的一定范围的。

（2）介所从　表动作的起点或距离。

从，（打从，从打，打），起；自从（专介时），（自，由）例如：

我“从”上海来到北京。

那日“打从”街上经过。

离，距；例如：

颐和园“离”西直门还有多远？

现在“距”辛亥年已经是四十几年了。

（3）介所经　表动作的历程或凭依。

过，经，（经过）例如：

粤汉铁路从汉口“经过”湖南，一直通到广州。

靠，（依，傍），挨着；顺，（接），迤，沿（多介地）例如：

车马“靠”右边走。

第二舰队“沿”海岸航行。

“接”这边走，出大街，往南，“顺”大街再拐一个弯儿，就到。（北语）

【注意】 介所经的介词，是表有连续性的历程，这动作自然不是静着的动词。若是静着的动词，例如「“靠”山脚扎营」「“傍”岸停船」，那就不是介所经，而要属于介所在了——这就是介词要随着动词而『活用』的例。

（4）介所向　表动作的趋向（专介地）或对象。

向，（往，望，朝，衝，冲），上，（下）例如：

“冲”着那电灯杆儿，“往”东一直走。（北方话，两介词都读去声）

范进去“往”山东到任。（后附的用法）〔儒〕

刚才周大“上”这儿来，说他明天“下”乡去。

对，对于；於，（于）；管（关）（北方语）例如：

我们“对于”世界的前途，总不要抱悲观才好。（介事物）

你“对”他说些什么？难道你还要“向”他诉苦吗！（介人）

我刚才“管”他说过，他应该“管”你叫老哥。（北方语；‘管’‘关’同音，义近‘对于’，所以列在一起。其实这例首句是介所共，今已不大用‘管’；次句乃提宾用法，还通行，所提的常是兼格宾语，后有补足语的，图解可准照页51。）

【注意】 所向的反面就是所背，如「“背着”灯静悄悄地坐在那儿。」但“背着”还只算散动三，不列入介词。其它介词的反义词，都可准此类推。

（5）介所到　表动作的终点或目的、结果。但可分为两方面：

（ㄅ）动作所到之境　常附在述语之后。

到，（至，于，在）；临，赶（北语；这两词所介必在述前）例如：

他一口气跑“到”这里来了。（这“来”就是“跑”的后附助动，中隔介所到的副附，参页 137。）

张先生预备“到”欧洲去。（未到之“到”，是表目的，和“往”通用；但常要附在述语前。）

每天工作“到”十二小时之久，也可算得勤劳“到”十分了。（表动作或情形所到的程度，也必后附。）

吓“的 *”这个调儿，还只管胡说！（“的”可改用“到”，也可用“得”，可见引副介词“得”是源出于“到”的。）〔石〕

「“赶”明儿」瓷花砖上堆灰。（合成「副词语」）

*【注意 1】 在旧小说中，“到”、“得”、“的”常因双声相转（声母都是「ㄉ」）而通用，都是以“到”字为本义，都是表结果或程度的介词（参照 118 节，页 178）。并且近代“得”字用为述说词，或就是关系内动词“到”字的意义（但图解上应认为同动词，却不可误作介词）；例如：

那时才“得”七岁。〔儒〕

这琉璃灯内，只“得”半琉璃油。

【注意 2】 照前面（1）介所在的〔注意 2〕（页 149）讲来，凡是表流续性的动词，如「飞」「走」「跑」等，若用“在”字介出这等动作的地位范围，便须附加在前面而不可在后。但若是附加在后，例如：

一只小麻雀「飞」“在”电杆上。

那么，这“在”字却和“到”字同义，是介出动作所到着的地点了。至于「来」「去」两内动词，则“在”字及其所介，无论附前附后，都是到着意。

这路附加在述语后的“在”字及其所介，有时也决不可移到述语前面去；即如上例，若改为『一只小麻雀‘在电杆上’「飞」』，意义便大不同：「飞」字由定着性又变为流续性了，而且这“在”字所关涉的范围也扩大了。再举几个必后附的例：

周进「接」酒‘在手’。〔儒〕

只得承谢众人，将酒接‘在手里’。

一个门斗已将他「掩」‘在凳上’。

这是周大老爷的亲笔，你不该「贴」‘在这里’。

你已经「取」‘在第一’。

特地把我「考」‘在这名次’。(这两例句的动词是「活用法」)

须注意这些句子中的“在”字虽不全是“到着”之意，可也是表那述语动词的作用之终点或效果了；所以对于述语，都只后附，不可移前。若要移前，就得把“在”字改换别的介词，试改一改。

(ㄆ) 动作所到之人　必附在述语之后。

给，(与，于)(专介授与事物的动作所到之人，也算是动作的一种目的。必后附于动词；若前附，则意变。) 例如：

我送一本书“给”张先生。(参照 81 节的〔注 1〕)

张先生送“给”我一本曲谱。

张先生已经把这曲谱教“给”我了。

【注意】这种“给”字，本身原是个外动词，不过句子里已有主要动词，它就退而担任介词的职务。因此，它仍兼含着祈使意味，可带第(一)种的补足语(参照 17 节)；例如：

我送这本书“给”张先生『看』。

他已经把这些话都说“给”我『听』了。

他可以由他所住的市外，指“给”我们『看』那一大堆模模糊糊的建筑。

图解如右：

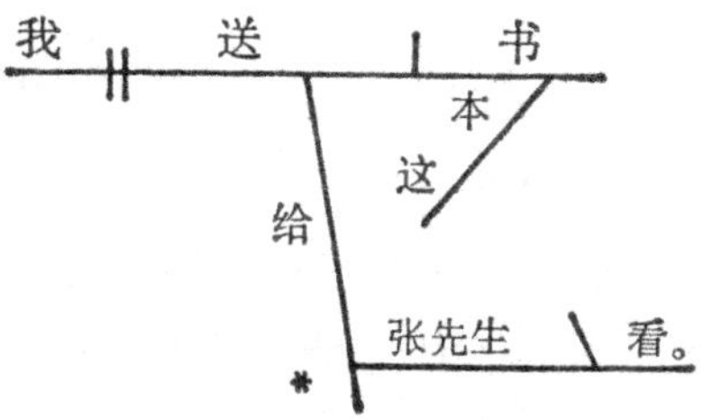

试准此图解上面最后的那一个例句。

* 介词线的下端也可冒出一点儿，如副词语之例(参照页 71)。

106. 时地介词的充实性和连续性

以上五种时地介词，所介的有时连着他词而成一种副词语，可表示三样的关系出来：

（1）表一定范围的充实性 “在”字所介的时地名词与方位词之间，加一“以”字，便使意义充满于范围的全部，而不仅指着一点；例如：

“在”北京城圈“以”‘内’，六百年来没遭过破坏。（或省“在”字）

我动身总“在”两星期“以”‘后’了。

（2）表自“所从”而“所经”的连续性“从”字等所介的时地名词，再用“以”“而”连着‘方位词’（包时间说）等，即可表从起点而经过的连续性；例如：

“自”古“以”‘来’，“从”今“而”‘后’，这宇宙之谜，总难猜得透的。

鸭绿江“以”‘南’便是朝鲜。（省“从”字）

述语若是一个流续性的动词，只须表明起点，便有了连续性了。

（3）表自“所从”至“所到”的起讫关系 “从”等与“到”等联用便是；例如：

“从”今天早晨“到”这黄昏时候，我还没有吃饭哩！

以上三项的图解法，第（1）（2）两项与57节〔注1〕所说同例，但“以内”“而后”等，可连写在副位横线的末端；（3）项却是联合的附加语，可准照后114节的（ㄇ）式。

107. 因缘介词

再分四种：

（1）介所因 表事实的原因。

因为，因，（为，以）；例如：

有信心的人，不“因为”他人的反对随便改变宗旨。

他「“为”甚么」不来？（合所介成副词）

他一定是“因”病不能来。

「“因”此」我也就要走了。（合所介成连词）

（2）介所为　表行为的动机（即目的）。

为了，为，（给，以）

他们“为了”自己和人类的幸福，付出了重大的代价。

科学“为”人民服务。

教师“给”学生备课。

（3）介所代　代‘谁’而动（所介即所代替、所帮助之人。）

替，（代，为），给，（与），帮；例如：

我“替”你去走一趟，“帮”你打听打听。

这一去，我居然“给”你把这件事办妥了。

你“与”我想一个计策。

众幕宾也“替”〔　〕猜疑不定。（这例是把所介的代词「他」字省去了）〔儒〕

【注意】 北京话用这“给”字，常把所介的词省去；例如：

你们的书都乱堆在桌上，我“给”〔　〕清好。

猫的饭，狗“给”吃了。（动后宾语大都提前）

我这几首新诗，请您“给”看一看。

在文言中，“赐”“予”等字，也有这种用法，就是其前的名词“赐与”下来一种动作。本来“给”是与它们同义的，“给”和“与”的介词用法都是由动词引伸而成的；那么“给”字这种“赐予”义的用法，就不必强派作省副的介词，更不宜混淆于被动式（见下项），应仍保留作为“助动”。

（4）介所由　由‘谁’所动（这种句子的述语是外动词的被动式，所介即‘原主语’。）

被，（为，为……‘所’；于，‘见’……于），由，任，（让，给），叫，（教）；例如：

强权“被”公理战胜了。（参照35节的〔注意〕）

那黑猫“让”孩子赶走了。（北方话）

一个不肯劳动的学生“给”先生教训了一顿。（北方话。这“给”字和上两项的区别，只看述语动词是否被动式。究竟这个用法，也从给与的本义引伸而来，就是主语将自身给与原主语而承受其动作。）

他几十岁的一个老太婆，拿了这一笔钱，难保不“给”别人骗去。

明天我掉在池子里，“叫”个癞头鼋吃了去。〔石〕

这一份家私，要不“叫”他搬了娘家去，我也不是人。〔石〕

刚“被”太阳收拾去，却“教”明月送将来。

108. 方法介词

再分五种：

（1）介所用　表动作所需之材料或工具。

把，（拿），将，用，（以）；例如：

共产党“把”马列主义的理论武装自己。

花石巨者高广数丈；“将”巨舰装载，“用”千夫牵挽。〔宣和〕

我们应该“拿”科学的方法整理资料。

他们想“将”本求利，所以“把”这五两银子买了它。（兼表事物交换的关系）

“将”缣‘来’比素。

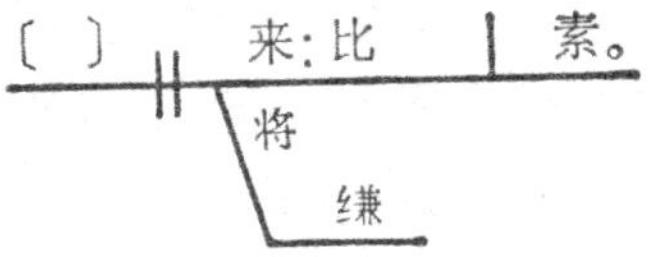

赵高“将”马‘来’叫鹿。

他忽然“把”老哥‘来’称呼我。

（以上三例句，“将”“把”的词意特重些；图解一例如上，须注意‘来’字。后两例的词位，是因介词的作用，从补足语降格而成的；但若要仍认为宾后的补足语，则“将”“把”等既可提宾位于动前，当然也可提补位于动前，便作为“特介”处理好了〔参照页26和页37〕。）

（2）介所依　表动作所依赖的或所准照的。

依，（凭，仗，靠），据，照，（按，准，就）；乘，（趁），例如：

“据”我的意见，就不是这们说。

我想“照”那个人的样子用功。

“按”「共同纲领」第一条，我们中国是人民民主主义的国家。

（3）介所除　就是表所依的反面。

除，（除……外，之外，以外），除非；例如：

“除”张先生之外，谁也不知道这件事。

“除非”这样，此事没有办法。

【注意】 以上（2）（3）两种，都可说是表动作在一定范围内或范围外的制限；可与105节（1）介所在的〔注意3〕参看。

（4）介所共　表动作所共同的或所连带的。

和，（合），同，与，跟，（给），带，领；例如：

他们都“和”我好，你为甚么不“和”我好？

薛姨妈“同着”宝钗进了屋子。

甲派不是也“跟”乙派一样吗？（也可看作介所比）

你要快点儿“带着”你的孩子回去。（也可看作散动）

【注意一】 介所共的介词，一部分可与介所向的介词中表对象的“对”“对于”等用法相通；例如：

你去“给”他「说明」这个原则性的道理；也许他不再“与”人「争论」了。

“给”的这种用法，兼有四种意味：（一）表「说明」的动作所与共之人——『“同”谁说』，即是属于本组；（二）表「说明」的动作所对向之人——『“对”谁说』，即可属于『介所向』（参照105节〔4〕）；（三）表「说明」的动作所到着之人——『说“给”谁』，又可属于『介所到』的（ㄆ）项（参照105节〔5〕之〔ㄆ〕）；（四）也可解为表引起「说明」的动作之人——『“为”谁说』，又可属于『介所为』了（参照107节之〔2〕）。以上四种意味，在“给”字的本义上，原有相通之点，所以用法也就不拘。——北方语的介词中，惟“给”字用法最复杂，若要综观，可参索引。

【注意二】 可是中南方言中有把介所代的“替”字用作介所共（或所对）的，却应改正，因为事实上容易引起误会；例如：

次日，夏总甲果然“替”周先生说了，每年馆金十二两银子。

你不要去，我回来还有话“替”你说。

我“替”他说了，也极欢喜你令郎的。（以上儒）

【今按】 介所到的（ㄆ）项（页153），打算移到这里来，标为介所交，专介双宾语的“次宾位”，即授与事物的动作所“交”到之人。另外介所从（页150）的“距”“离”等词，别标为介所距和106节（页154）联系起来。关于介词，《汉语语法教材》第一编的第十四、第十五两课和第二编的‘介词’一章，对于介词的定义、类别和组别都有所调整。附识于此，请参照。

（5）介所比　表与主语相比的人或事物；但这述语必为形容词，或他词而为形容词性。再分两项：

（ㄅ）平比（类似的关系）

和，（合），同，（如同，犹如，像），与，（跟）；例如：

乙派的主张，“和”甲派一样；丙派又“同”乙派差不多。（参照66，67两节，页75—79）

后起的丁派，就“与”前三派大不相同了。（平比的否定，参照68节，页80）

（ㄆ）差比（程度的优劣）

比，（较，较比）；过，（过于，于）（专后附）；例如：

最后起的戊派，“比”丁派说法更新。（参100节〔2〕〔ㄆ〕〔二〕，页139）

将来的己派，一定又新“过”戊派的。

【注意】 以上三类十四组前置的介词，大多数是由动词引伸而成的。因此，有时亦为副词所副，但很少。

现图解一句作例：

‘再’“过”两年，只怕也要弄到黄老爹的意思哩。

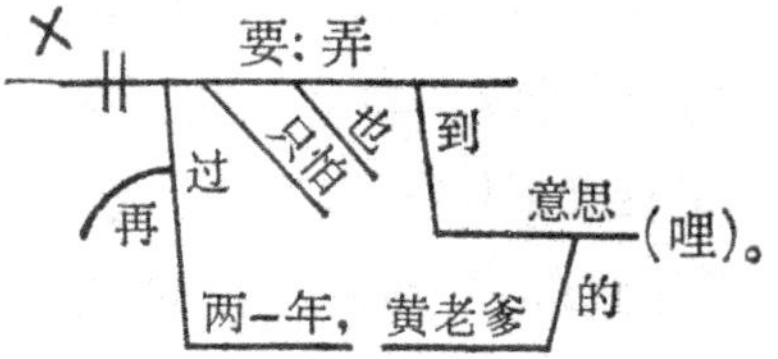

自然，介词有时也可为助动词所助；但如带着后附的助动词的“到了”、“为着”、“除了”等，大抵可看作『带尾介词』，就不必分析了。

109. 领摄介词

只有一个“的”（即“底”）字，其分目和说明，详47节，并可参看61节。它与前三种可说有三个不同之点：

（1）前三种介词位置都在所介的词之前，“的”独在后。

（2）前三种所介的都是实体词的副位，“的”所介的是领位。因此，

（3）前三种都是副词附加语的关系词，“的”独是形容附加语的关系词。

所以国语中介词可以依此分作两大系，特别介词“的”字独为一系。

110. 介词的特别用法

有两种：

（1）用来提前宾语的，如——

把*（将◎拿），对于，连……

例和说明，已详32、33节；

【附言】 北语的“管”，可提带补之宾（页151），而“把”

“将”更可提补（页 156）。

（2）用来引起副词（或副词的语句）的，如——得,（到，的），例和说明，详后 118 节；并可参看本章 105 节〔5〕之（ㄅ）：——所以此处都不复举了。

*【注意 1】 提前宾语的“把”，有时用得很奇怪；例如：

每日骑着这个驴，上县下乡，跑得昏头昏脑，‘打紧’又‘被’这瞎眼的忘八在路上打个前失，“把”我‘跌’了下来，跌的腰胯生疼。〔儒〕

众人同斟一杯送与周先生预贺。“把”周先生‘羞’的脸上红一块，白一块，‘只得’承谢众人，将酒接在手里。

就这两“把”字的词意看来，仿佛是「使」字的意义，但又不可把它们当动词「使」字来图解，并且不可当作连词，还得要这样图解起来：

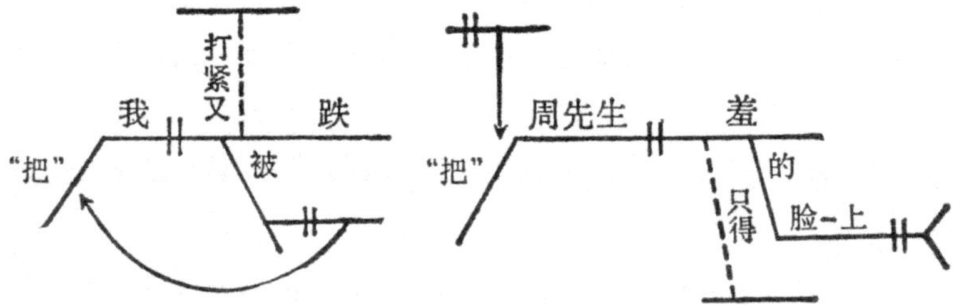

试将这两例的全句图解出来，便知句子的组织有一定的『论理的』关系，而“把”字的来路（如上图解箭线所表）却没有一定。总之，某些介词的特别用法，不仅提宾、引副和“冠”领，且能“衬”主。

◎【注意 2】 较古的语言中，“将”字虽介宾语，而不把宾语提前，其后却必有‘来’‘去’等词相应；例如：

落后请“将”「周先生」‘来’。（宾语不动）〔儒〕

喝声『赶“将”‘出去’！』（犹云『将「他」赶出去』，宾语「他」

省了，而“将”仍不动）〔儒〕

我一人能拿几何？还使个分身法搬“将”‘去’罢。〔西〕

好猴王即拔一把「毫毛」，入口嚼烂，喷“将”‘出去’。（犹云『将「毫毛」喷出去』，宾语「毫毛」承前省了；“将”不动）

胡屠户一个「嘴巴」打“将”‘去’。〔儒〕

翟买办赶“将”‘上去’。（这‘上’字却要属于主语方面的动作了）〔儒〕

他爬“将”‘起来’。（还可说为将「自身」爬起来）

王四吃了一惊，跳“将”起来。〔水〕

胡屠户不觉那只手隐隐的『疼』“将”‘起来’。（这“将”字就简直地无甚意义了，因为『疼』字在这里只算是一个内动词）〔儒〕

王氏的病，渐渐『重』“将”‘起来’。

陈达『叫』“将”‘起来’。〔水〕

就上列的例句，依次看将下来：起初，介宾而不提前；其次，宾去而介不动；最后，无宾而介自在，便也成为“动词尾的虚词”，使硬拙的单音动词得着一个字音上的调节。现代方言中也还存留着这种用法（如杭州）。

但是，以上所说，不过是集合一个相差不远的时代中几种作品的句子分析出来的；其中还有些，如：

周进看着号板，又是一头撞“将”‘去’。（“将”头去撞号板）〔儒〕

王进回身，‘把’棒望空地里劈“将”‘下来’。（“将”棒劈人；先已用了一个‘把’字）〔水〕

王进将棒一掣，却望后生怀里直搠“将”‘来’。（“将”棒来搠后生）

巨灵神道：「……好好的吃我一斧。」劈头就砍“将”‘去’。（“将”斧去砍孙行者）〔西〕

如此等类的“将”字，却要注意，是普通介词「介所用」的用法；它下面省去的是副位名词，不是宾语。在造句的形式上却与前一样，并可一律全认为动词的语尾，不过在论理的文法上严格的分析起来，该有这种区别罢了。至于讲到“将”“把”等的字源，当初却都是「手持而送进」之意的动词，渐渐地把意义变虚了。且略顺时代引几个“将”字的例：

若有“将”食者。（进食也）〔仪礼〕

无“将”大车。百两“将”之。〔诗经〕

郑伯“将”王自圉门‘入’。（后面又来‘动词’了）〔左传〕

即“将”女‘出’帷中，来至前。（汉褚少孙补史记）

“将”是瓜车，‘来’到还家。〔汉乐府〕

愿欲寄尺书，“将”‘与’地下父母。

今令予以女有众“奉将”天罚。（上面和别的动词复合起来了）〔古文尚书〕

“将”心‘来’，与汝安！〔梁达摩语录〕

却教明月‘送’“将”‘来’。〔下面又和动词‘来’字复合起来了〕〔宋诗花影〕

这就是“将”字由实动渐入虚介的历史，再往下就用成普通的介词和特介了。

第十二章　单句的复成分

（连词的用法和图解上的关系）

111. 复主语

一个述语而有两个以上之主语的，叫做复主语。例如：

（ㄅ）“时间”‘和’“劳动”，是万不可卖的。

（ㄆ）“电灯”、“电话”‘以及’唤人的“电铃”，色色齐备。

（ㄇ）“眉毛”、“鼻子”、“眼睛”、“嘴”，都是生在脸上的。

（ㄈ）“张先生”‘或者’“李先生”，总要去一趟才好。

（万）‘或是’“张先生”，‘或是’“李先生”，都可以去一趟。

（ㄉ）‘不论’“你”‘或是’“他”，都应该去一趟。

图解上：

（ㄅ）
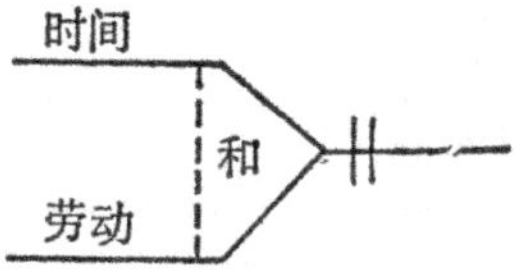

（ㄇ）
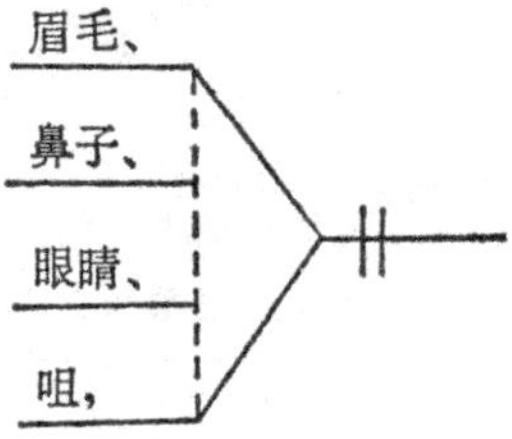

凡‘连词’都写在直的虚线旁边，如（ㄅ）式；不用连词的，也得作一虚线，以表组织上自然的联络，如（ㄇ）式。但如

（万）
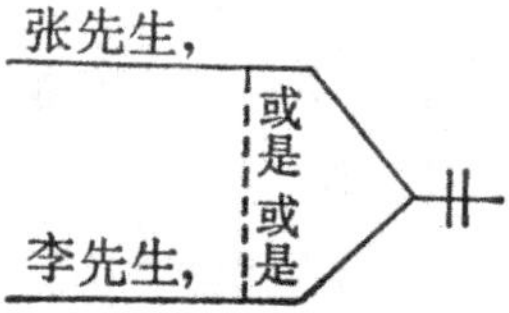

（ㄉ）
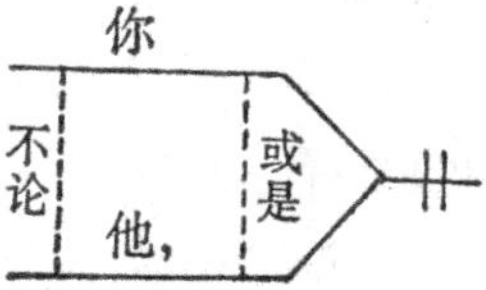

这两句的语意大不相同：（万）的两个主语，只有一个有效；（ㄉ）则两个全有效。所以（ㄉ）式是两重连词，以第一重‘不论’打消第二重‘或是’。

就这六个例句归纳起来，可分复主语的单句为二种：

（1）平列的——（ㄅ）（ㄆ）（ㄇ）用平列连词（参照128节，页199），或竟不用。

（2）选择的——（ㄈ）（万）（ㄉ）必用选择连词（参照129节，页204）——（万）式虽变成概括（即平列）的意思，但也可算是选择的否定。

复主语以这两种为主。这两种就是平列句、选择句两种复句的基本。试将每句的述语，分缀于主语之下，使成复句；再试看组织和用词有些什么不同。

112. 复宾语和复补足语

一个述语带有两个以上之宾语或补足语的，叫做复宾语或复补足语。它们所用的连词，完全和复主语一样，也只限于平列与选择的两种。例如：

（ㄅ）他来拜会“你”‘和’“张先生”。

（ㄆ）中国辛亥革命后到五四运动时，旧学制高等小学校的课目是：修身、读经、国文、算术、本国历史、地理、理科、手工、图画、唱歌、体操、农业‘或’商业、家事‘或’外国语。

（ㄇ）她那有皱纹、白血色、枯干的（这是平列的复形容语，见下114节，页171）脸，好像比方才说话时候“光亮”“红润”了一些。（或径作“述语”看）图解上：（见下页）

（ㄆ）式的两个‘或’字，意义不同：第一个是农业和商业二者之间的选择，所以要写在两个横线之间；第二个是对于全部之自由的选择（所谓随意科），所以要离开横线，写在虚线左边，以示对于全

(ㄅ)

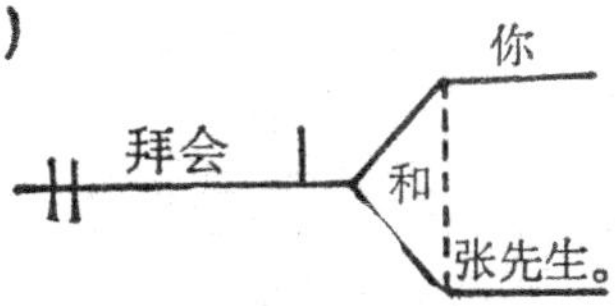

(ㄆ)

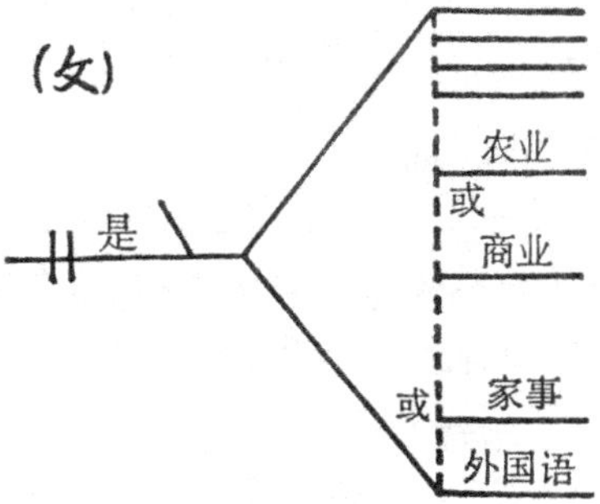

(ㄇ)

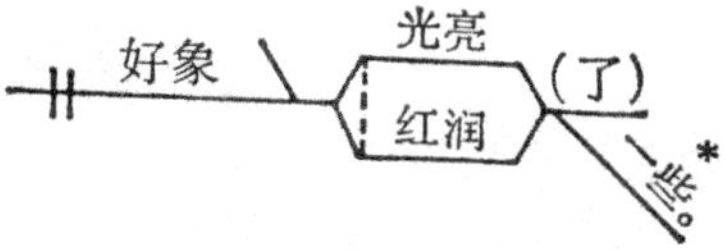

部而非对于“家事”一科的关系。

*【注意】 ㄇ例是复补足语，用一对形容词而附有共同的副词「一些」，(又因可以看作述说词，故后附了一个共同的助动词「了」。) 凡复主、宾、补之上，都可以添附共同的附加语；再举几个共同的「形附」的例：

(ㄅ)「这」最「可宝贵的」“光阴”‘和’“精神”，就这样地消耗下去吗?

(ㄆ)「易卜生」『的』“文学”和“人生观”，只是一个写实主义。

(ㄇ)须记取，八千里「路上」『的』“云”‘和’“月”！

图解上：

(ㄅ)

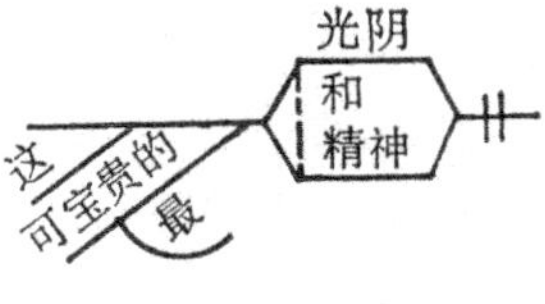

(ㄆ)

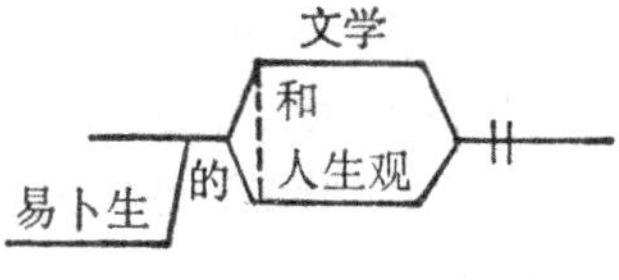

但有时不便在平列的各项目的一端合引一总线，便可把附加

的斜线贯进去；即如许多平列的“复形容附加语”（参照114节，页171），有时要贯以「关于」两字的（参照前领位47节〔注13〕，页54），如：

反动时代，凡「关于」“普及教育”“提倡国民生计”以及“其他应做的”种种事件，都没有进行。

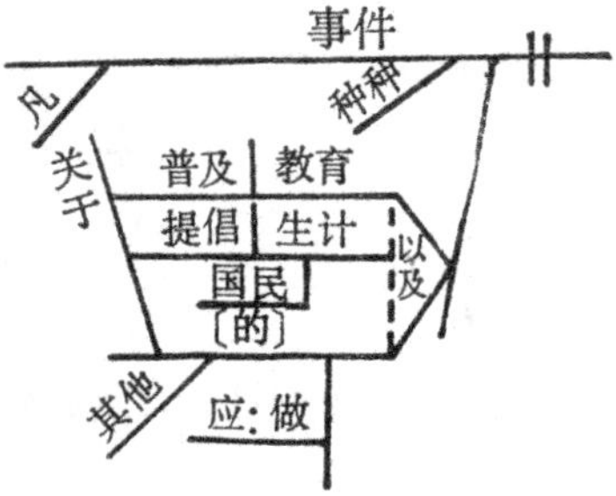

图解上：

（「的」字应作准介词，此为「其他」地耳。）

下节的复述语，大都也可以添附共同的「副词附加语」，图解法依此例推。

113. 复述语

一个主语而有两个以上之述语的，叫做复述语。——宾语和补足语，原是述语连带的成分；述语复了，它们复不复，不用管。

复述语可分为四类，就是四种等立复句的基本。

（1）平列的 用‘平列连词’。若不是共一个主语，便成平列的复句（页198—202）。例如：

（ㄅ）他每天读书半日，‘并且’作工两小时。

（ㄆ）南京地方好，‘又’和我家乡相近。〔儒〕

（ㄇ）我昨天去了一趟，今天‘也’得去一趟。（‘也’亦可作“还”）

（ㄈ）我们‘一面’修理旧房子，‘一面’盖造新房子。

（ㄪ）那一队小学生，‘一路’唱歌‘一路’走。

（ㄉ）他‘不但’是一个思想家，‘而且’是一个实行家。（进层）

（ㄊ）你走还走不动，‘何况’跑呢！（反激的进层）

图解上：

(ㄅ)

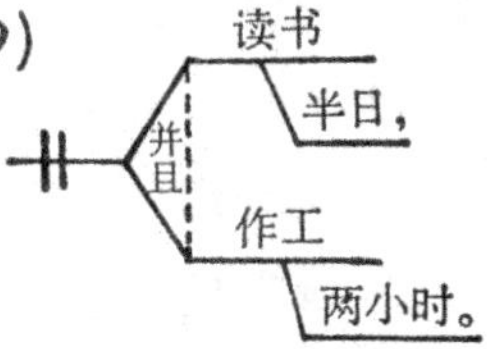

(ㄉ)

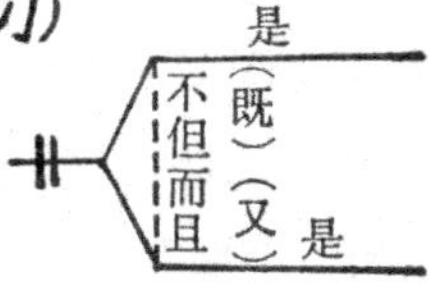

(ㄈ)

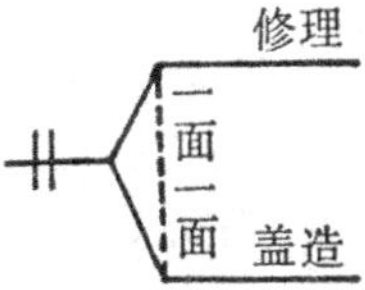

(或作)

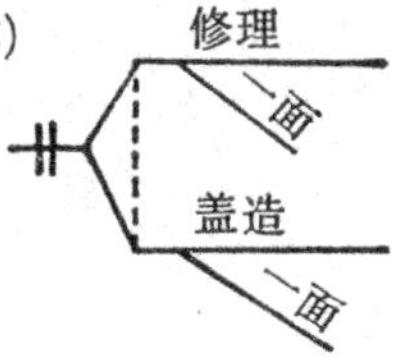

（2）选择的　用‘选择连词’。若不是共一个主语，便成选择的复句（页 203—205）。例如：

（ㄅ）我打算上他那儿去，‘或者’请他到我这儿来。

（ㄆ）我现在‘或者’去，‘或者’不去，还说不定。（这两个连词可全省去）

（ㄇ）你要吃鸡蛋呢，‘还是’要吃鸭蛋？

（ㄈ）他‘还是’等我去呢，‘还是’上这儿来呢？

（万）运重行远的畜类，不是骡、马，‘就’是骆驼。（相消的）

（ㄉ）那些人们，‘不是’没有常识，‘就是’安于习惯。

图解上：

(万)

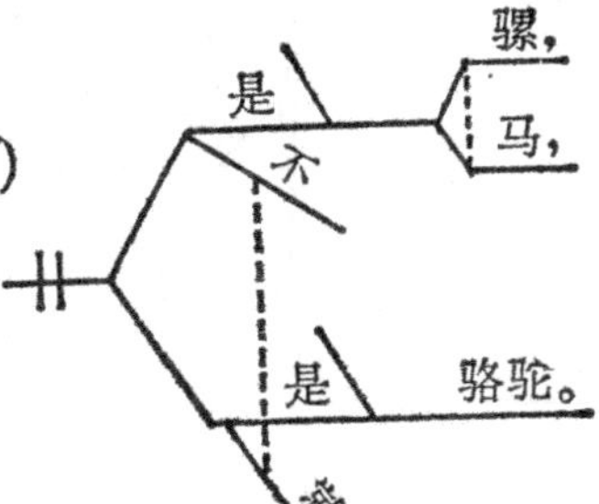

(或作)

这（万）式的『不』『就』，因为“是”字要作述语，所以它们就以副词兼连词之用（或单把‘就’字作连词）。（ㄉ）式另有述语，那『不是……就是』，便成为一种关应的选择连词了。（凡副词兼有连词性的，都照此式将虚线连结于两斜线之间。）

（3）承接的 用‘承接连词’，或竟不用。若不是共一个主语，便成承接的复句（页203—20）。例如：

（ㄅ）他站起来‘就’走。

（ㄆ）今天早晨，我看了一会儿报，写了几封信，‘就’出门去看朋友。

（ㄇ）医生治病，‘先’看病在什么地方，‘再’推断病的原因，‘再’考究病人本来身体的强弱和生活的状况，‘然后’开方下药。

（ㄈ）和尚陪着小心，等他发作过了，拿一把铅壶，撮了一把苦丁茶叶，倒满了水，在火上燎的滚热，斟与众位吃。〔儒〕

图解上：

(ㄅ)

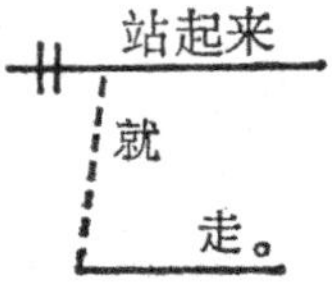

(ㄈ)

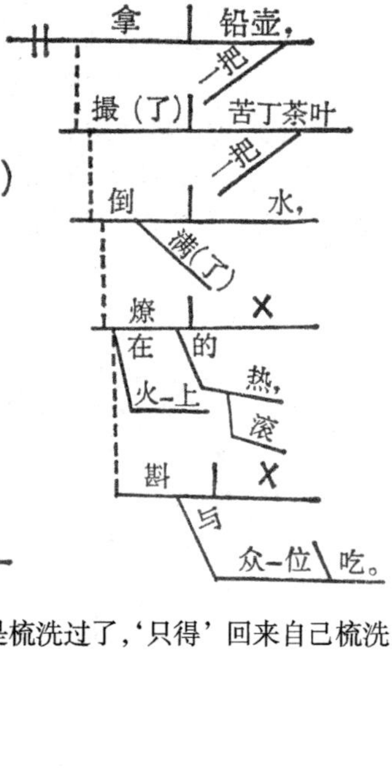

(ㄇ)

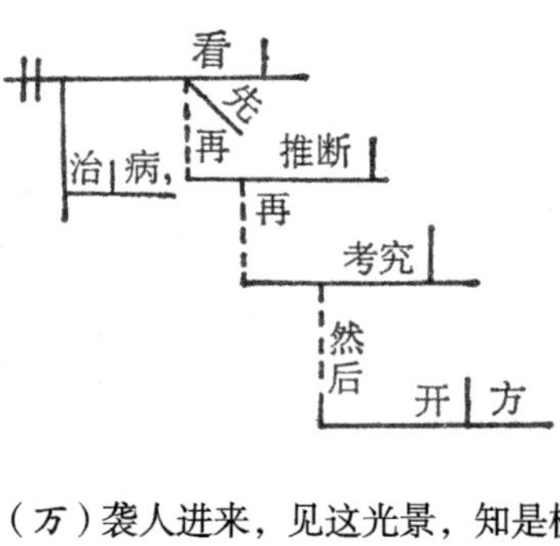

（万）袭人进来，见这光景，知是梳洗过了，‘只得’回来自己梳洗。〔石〕

（ㄉ）宝玉掷笔就寝，‘便’忽然睡去，一夜不知所之，直到天明‘方’醒。

这（ㄈ）式的“拿壶”、“撮茶叶”、“倒水”、“燎”、“斟”五个动作，是蝉联而下的，不是同时并存的，所以虽没有承接连词，也不要用平列的图解式，而要用承接的图解式：只将主语连着第一个述语，以下各个述语间，用虚线相连，递推而下，以表承接的意味。

【注意】 连词“而”字，在文言中用法很多，但多数却是用来承接两个动词的；口语中有时也还留着它的遗迹，例如：

轻气和养气“化合”‘而’“成”水。（使下动词承接上动词；若无‘而’字，便成复合动词，太紧张了；有‘而’字，较弛缓。）

他们「“为着”求学」‘而’“来”。（使述语承接副词附加语）

图解上：

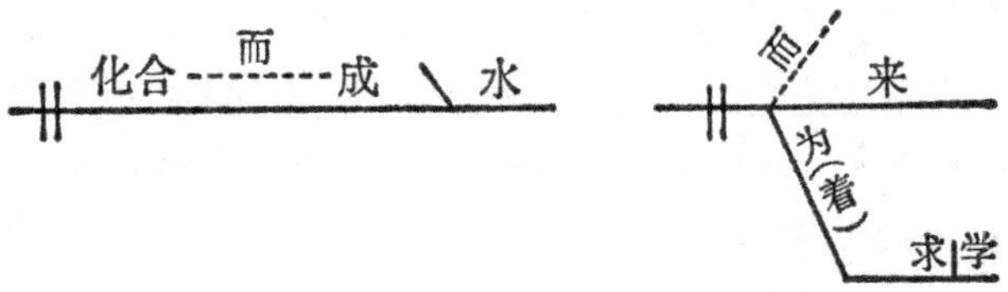

因为“而”字的用法太灵活，故图解时要随宜表出它的关系来。——即不用“而”字的复合动词，有时也可以照这第一个图解式，离开写，而用虚线连着，因为这种虚线，意思就在表示狠紧凑的两个上下“承接的”动词。

（4）转折的　用‘转折连词’。若是不共主语，便成转折的复句（页209—210）。例如：

（ㄅ）他失败了，‘然而’还有希望。

（ㄆ）公干很有逸气，‘可是’还欠遒炼。

（ㄇ）我并没说什么，‘不过’说了几句顽话。〔石〕

（匸）刚‘而’无虐；简‘而’无傲。

（万）他打算赚钱，‘不想’竟赔了本。

图解上：

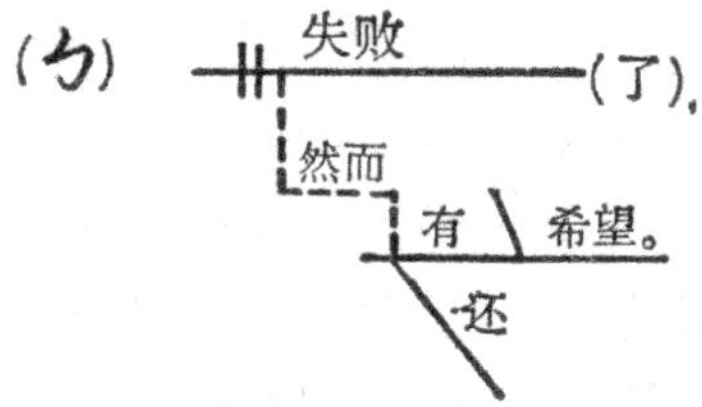

这图解式大体与承接的相同，不过虚线要作一曲，连词横写于曲处，以表转折的意味。

【注意1】 这（3）（4）两类复述语，和复句狠难划清界线；虽然第一个明瞭的界说就在『共一主语，是复成分；不共主语，便成复句』，但有时就是共一个主语，也不能不把来作复句看待。因为一个主语所带的述语太多，而述语方面所连带或附加的成分又太复杂了，就不能够看作单句了。往往一篇很长的叙述文，只有起头一个主语；在论理上，本不妨把全篇认为一个很长的单句，但在文学的文法上，并为图解的方便起见，便须分开作多数承接的或转折的或其他关系的复句；而认每句的主语都是继承起头的一个，图解上留着虚位，就是所谓『承前而省略』的了（参照56、57节，页63—64。例见下第十五章复句）。

【注意2】 在主要成分方面的复成分，还有下之三式，但在旧式的语体文中，和国语的习惯上，用得不多。

（ㄅ）你应该多读、多看「国语文」。（复述语共带一个宾语）

（ㄆ）我和你都应该多读而且多看「国语文」。（又是复主语）

（ㄇ）我和你都应该多读、多看、而且多说那些「国语文」、「国音字母」以及「国语会话」、「国语文法」。（又是「复宾语」）

图解（ㄇ）例作公式：

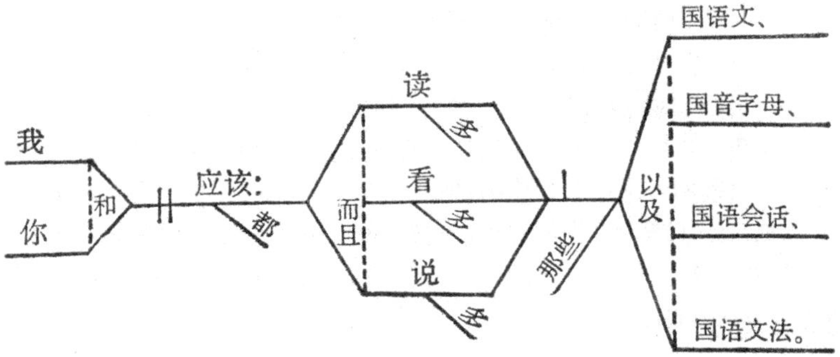

114. 复附加语

无论形容性附加语或副词性附加语，凡是附加的成分，大抵是参差错杂的，不像主要的成分或单或复，有一定的条理。即如第三章从21节到24节所举各例，便可证明。所以复附加语，无论为形容的，为副词的，可大别为两类：

（1）不是表明同类关系的：如一个名词上，同时附加许多形容词：或表性，或表态，或表数，或指示；往往各个单独的直接的附加上去，不必彼此联络。——这一类最普通。

（2）若是表明同类关系的：如两个以上之附加语同属于性状形容词，或同属于性状副词，其间便可加用平列连词‘且’‘而’等；又如两个以上之领位或副位实体词，若要表明等立的关系，也可与复主语、复宾语等一例用平列或选择连词。——本节只就这第（2）类举例：

（ㄅ）“长”‘且’“难的”句子，要“清楚”‘而且’“缓慢地”读下去。

（ㄆ）甜的白面包，就是‘又’“甜”‘又’“白的”面包。

（ㄇ）中国人能“用毛笔”‘并且’“在簿纸上”写大字。

（ㄈ）人家干“喜庆”‘或’“哀吊”的事。酒是一种“普遍”‘而’“无限

量”施与的东西。（图解见后第十九章）

（ㄪ）廊房是在“北京”‘和’“天津”的中间。

（ㄉ）“野蛮、跋扈的”军阀，“贪黩、腐败的”官僚，“阴险、狡诈的”政客，是旧中国的三毒。

（ㄊ）一天早上，阿菊被他的父亲送进一个“光明、空阔、透气的”地方。（也见十九章）

（ㄋ）“种田的、作工的、经商的，他们”的生活情形是不相同的。（总括的同位）

图解上，

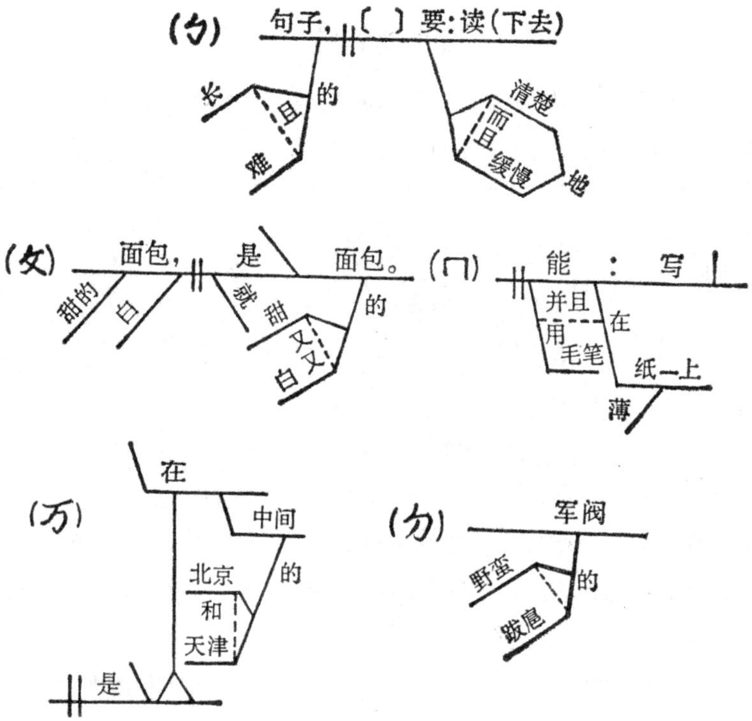

第十三章　附加成分的后附

（“得”字的引副用法；变式句的成因，国语文学上的修辞法，造句的一个重要规则。）

115. 后附的形容附加语

国语中的形容附加语，常是附在实体词的前面；但因修辞上的必要，也可以改附于后面。且分作四种说明：

（1）后附的数量形容词（参照89节）这一路很简单，又很合习惯；例如：

（ㄅ）中国有人口“六万万”。（“六万万”人口）

（ㄆ）他每天要喝酒“三杯”。（“三杯”酒）

（2）后附的性状形容词　常是再带副词附加语的；但前面被形容的实体词，常须顿住了；例如：

（ㄇ）我今天买了一部书，“很好”。（“很好”‘的’书。但可另成句）

（ㄈ）班上有几个同学，“很优秀的”，往工厂实习去了。（“很优秀的”同学；“的”文言须作“者”，则为联代，与‘同学’为同位。）

（3）后附的形容语　形容语越长越要后附，这实在是国语的特别习惯；例如：

（ㄪ）你看那个疯女人，“披‘着’头发”，在大街上狂叫。（“披‘着’头发”‘的’疯女人）

（ㄉ）一个和尚，“叫老丈作干爹的”，送来。（“叫老丈作干爹”‘的’和尚；这“的”也变成联代，与‘和尚’为同位。）

（4）后附的形容句　在国语的习惯上，更以后附为常；例如：

（ㄊ）湖里有十来枝荷花，“苞子上清水滴滴”。（“苞子上清水滴滴”

‘的’荷花）〔儒〕

（ㄋ）我觅了一家客店，“房子也还整洁”。（“房子也还整洁”‘的’客店。但都可另看作注释的分句，即推证句。）

（ㄉ）我有一位朋友，“体格很是强壮的”，每天要游泳一小时。（“体格很是强壮的”‘的’朋友；“的”亦联代，与‘朋友’同位。）

图解上，不要照普通附在前面的形容附加语一样，虽然标点已经可以表示位置的前后，但依形容的语序，也可以准照变式的副位之例，将 ——/ 线改作 ——\ 线（参照 40 节的【注意】）；如：

(ㄉ)

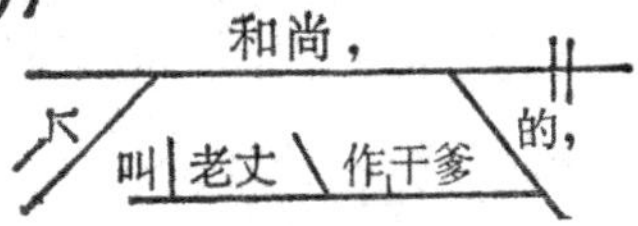

(ㄋ)

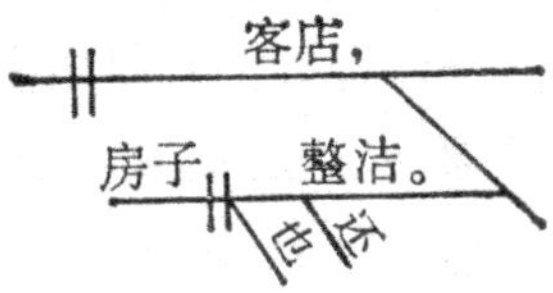

（“的”可照 63 节『联代』例第二式图解。）

虽然一看标点，次序了然，用不着把线改样；但图解要表示语序的变动，并且语意也略有不同。

【注意】 代名词中不定指的「谁」字，其述语像后附的形容语：

（ㄅ）谁“爱读书”，尽管去读。

（ㄆ）谁“杀人”，就‘该’死。（因‘就’字，即可知上句为假设句）

（ㄇ）谁“不来”，谁不是好汉。（下「谁」字像同位）

试图解之。

116. 后附的复形容附加语——「变式的副位」之成因

前 114 节的（ㄅ）（ㄆ）（ㄈ）（ㄪ）诸例，都是同类而等价的复形容附加语；但位置都是附在实体词之前，虽复而究竟简单。现在说到后附的，便复杂了。而且文学上对于一切实体，常用一种静态的描写法，也全在这里表现。由简而繁，试举数例：

（ㄅ）桌上摆了几种面包：“或黄，或白，或黑”。（“或黄、或白、或黑”的面包）

（ㄆ）那个人，“光着头，赤着脚”，在街上行走。（“光着头、赤着脚”的人）

（ㄇ）外边走进一个人来：“两只红眼边，一副铁锅脸，几根黄胡子；歪戴着瓦楞帽；身上青布衣服就如油篓一般；手里拿着一根赶驴的鞭子”。〔儒〕

（ㄈ）门内坐着一个中年妇人：“一头青丝黑发，油擦的雪亮，真可滑倒苍蝇，头上梳一盘龙鬏儿；鬓旁许多珠翠，真是耀花人眼睛；耳坠八宝金环；身穿玫瑰紫的长衫，下穿葱绿裙儿；裙下露着小小金莲，穿一双大红绣鞋，刚刚只得三寸；伸着一双玉手，十指尖尖，在那里绣花；一双盈盈秀目；两道高高蛾眉；面上许多脂粉；再朝嘴上一看，原来一部胡须”——是个络腮胡子！〔镜花缘〕

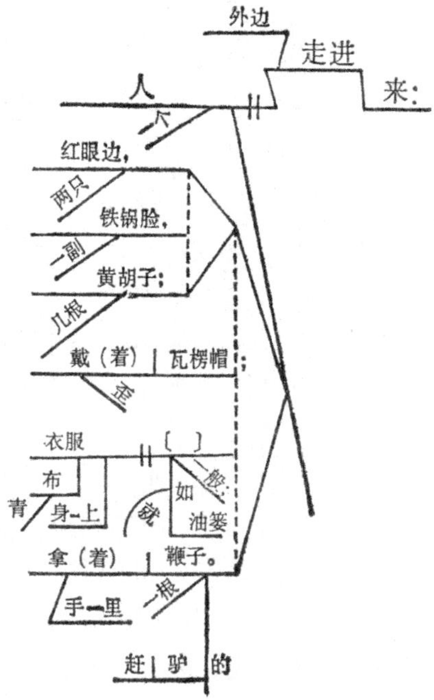

（ㄇ）（ㄈ）两例是旧时国语文学中一种很流行的描写法（在白话小说中，到处有例可找）；但所描写的却非本文应述说的事状，乃是在述说词以外，对于那主语的一种静态的描写；所以在文法上都可看作主语的形容附加语。若在翻译的语体文，这种重重堆叠的复形容附加语，倒可附在实体词之前；而习惯上的国语文，却必后附。虽然后附，可又常要与被形容的主语紧接。因此，这种句子的主语，往往跑到述语之后：本来是说「一个“人”（从）外边走进来」，却要改作「外边走进一个“人”来」;「一个中年“妇人”（在）门内坐着」，却要改作「门内坐着一个中年“妇人”」：这都是因为后附的形容附加语常要紧紧的跟着主语，以免文势松散的缘故——也就是篡夺主位之『变式的副位』的一种成因（参照40节，页45）。

图解上，可将（ㄇ）例作一个公式：（试将（ㄈ）例依式图解出来）。

117. 后附的副词附加语

国语中，用副词性附加语，虽和形容性附加语一样，以在所副的词之前面为常。但有时却也要后附；且分作两种说明：

（1）后附的“副位”实体词　再分二项：

（ㄅ）用“介所到”的介词介绍的　例见105节之（5）。

（ㄆ）副词性的宾语　例见31节及42节。

这副词性的宾语，是内动词*所带的。但由「睡了“八小时”」「走了“十里路”」引申起来，又可成

我今天睡了“一大觉”。

那老人忽然跌了“一交”，就死了。他儿子在旁边哭了“一场”。

咱们同到公园里去走“一走”吧！

两人见是老师的位，恭恭敬敬。同拜了“几拜”。〔儒〕

而外动词于正式宾语外，也可以添附这种形似宾语的副词附加语；例如：

小青豆，小虫儿，吃了“一个饱”。

那「吃长斋，胡须满腮」，竟被他说“一个着”。〔儒〕

依我们的战略，要打他“一个措手不及”。

这些虽大都不是实体词，但因上面加了数词，所以和42节副词性的宾语很是相像。然而在文法上，就只可认为副词性附加语了。

*【注意】　关系内动词原是常带这种副词性的宾语的，但普

通的外动词，也或有表时间的“副位名词”紧跟着；例如：

申祥甫领着众人到齐了；吃了“一日”酒才散。

留邵管家吃了“半夜”。

试图解之。

（2）后附的副词、副词语、副词句　再分二项：

（ㄅ）直接附加的；例如：

你要说“明白”，他们才可以听“清楚”。（由形容词转成的“性状副词”，副动词用；可参照99节之〔1〕）

好“极”了！你现在的心得比从前多“些”，程度也就高“些”了。（表程度的“等量副词”，副形容词用；可参照100节之〔2〕）

张先生与人交接，“和蔼可亲”；（“副词语”，表性态的）办‘事’又“很认真”；研究‘学问’也“十分努力”。（隔‘宾’副动，但都可作述）

* 我要回去了；咱们可以同上我家里去“坐坐”。（“散动词”，表述语之原因或目的的）要不然，明天还得来‘到这儿’“商议商议”。（隔着‘副附’副动词）

* 学生在四川三年，并不见苏轼来“考”。〔儒〕

* 他们要往崇效寺去“看牡丹”，（“散动词带宾语所成的副词语”，表原因或目的的）所以不来“赴席”了。

* 不好了！来“摘印”了！〔儒〕

* 鲍文卿领了班子，到天长杜府去“做戏”。

*【注意】 这几例是把「去」「来」当主要的述说词，所以图解上：

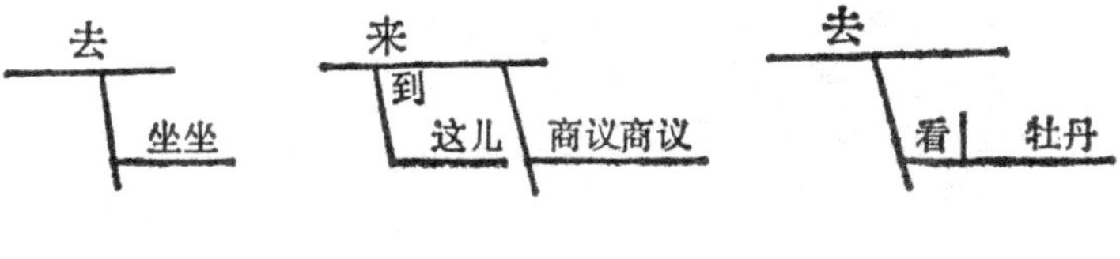

若就上下文意看，「来」「去」并不是主要的述说词，那么，就可以把它们当表趋势的「前附助动词」图解了（须参看84节〔1〕之〔去〕

〔注意〕)。

试分别图解下面的例句(注意有◎号的词):

快来◎倒茶。倒茶来◎。来◎饭!

我借书看◎;他买书看;你却是花钱租书来◎看。

这会子犯不上借着光儿来◎问我。〔石〕

他连船都卖了,来◎赔偿老爷这几十两银子。

大树被斫作◎柴烧◎。

(ㄆ)用特别介词'得'字引起的(详下节)

118. 特别介词'得'字的用法

特别介词'得'字应是介所到的介词「到」字的音转(较轻微而短促,故改作'得';有时写作'的',因为北方话多把'的'音读成'ㄉㄜ',与'得'同音)。专用来引起、领着副词的附加语,以表动词或形容词所到的程度或效果(参照105节之〔5〕,页151)。现将所引起的分词、语、句三项,各从《水浒》《石头记》《儒林外史》中举例:

(一)引起副词化的形容词【今按】本书认为这是形转"副",图解上,'得'下的折线右斜;但若认为"副性形述",就跟"散动三"的性质相同,折线可放平,只是直线下端不冒出,仍使形、动有别。

母亲说'得'"是"。〔水〕娘说'的'"是"。〔儒〕

史进十八般武艺,一一学'得'"精熟"。〔水〕

方才惊唬'得'"苦"。

乡间人见画'得'"好",也有拿钱来买的。〔儒〕

这个法却定'的'"不好"。

林黛玉只当十分荡'得'"利害"。……但问他疼'得'"怎样"。〔石〕

婶娘身上生'得'"单弱",事情又多,亏婶娘好大精神,竟料理'的'"周周全全"。

(二)引起副词语(包括散动三)

要是差一点儿的，早累‘的’“不知怎样”了。〔石〕

* 只见一个十五六岁的丫头，生‘的’“倒也十分精细干净”。

* 极是做‘得’“好细巧玲珑”。〔水〕

舅舅说‘的’“有理”。〔石〕这也说‘得’“有理”。〔儒〕

王冕同秦老吓‘的’“将衣袖蒙了脸”。〔儒〕

尤其绿‘得’“可爱”。

（三）引起副词句

多得王进尽心指教，点拨‘得’“件件都有奥妙”。〔水〕

惊‘得’“下官魂魄都没了”。（又惊‘得’“洪太尉目瞪口呆”——这两句的『下官』『洪太尉』乃使动「惊」的宾语；但‘得’字所引的“魂魄都没了”……仍是副词句。）

说‘的’“林黛玉扑嗤的一声笑了”。〔石〕

* 弄‘得’“你黑眉乌嘴的”。（此句『你』也实是「弄」的宾语，“黑眉乌嘴的”就变为对宾语方面的副词语了。）

树上桃花吹下一大斗来，落‘得’“满身、满地都是花片”。

闹‘的’“王冕不得安稳”。〔儒〕

一阵怪风，刮‘的’“树木都飕飕的响”。

照耀‘得’“满湖通红”。

图解上，每项举一例作公式：

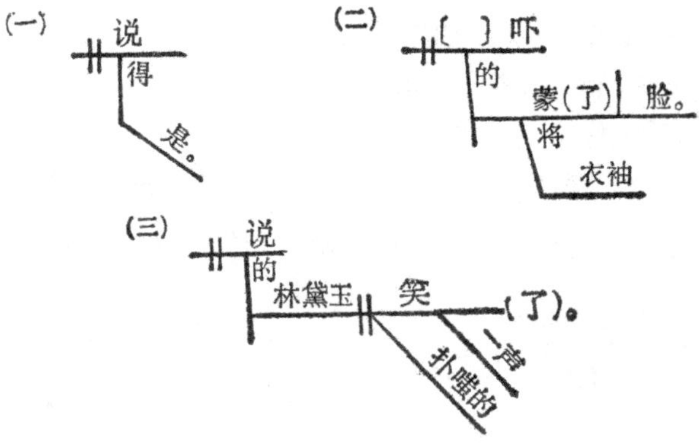

【注意 1】 第（一）项引副词的‘得’字，所引出的副词，也

有不纯是表程度或效果，乃是表『可能』的意义的。最显着的就是副词“了”字，例如：

这件事，你办‘得’“了”，我可办“不了”。

他们都受“不了”这个苦，你受‘得’“了”吗？

在其他副词，也有少数只可表可能的状态；例如：

这高俅，我家如何安‘得’“着”他？〔水〕

你但凡立‘得’“起来”，到你大房里，……也弄个事儿管管。〔石〕

等那件事成了，可也加倍还‘得’“起”他。

自古及今，那一个是看‘得’“破”的？〔儒〕

彼此呼叫，还听‘得’“见”。

在用法的形式上，要区别这特别介词‘得’字，究竟是引出所到的程度等呢，还是引出可能的状态呢？却有一个简易的区别法，就是：

（1）表可能的，否定必须把‘得’改作“不”；

（2）表程度的，否定就要另加“不”于所引的副词之上。

试依此公例考究以上本节的诸例句。

【注意2】 第（三）项中，有＊号的那个例句「弄得你黑眉乌嘴的」，固可单把“你”看作宾语；但如：

众人说他发‘的’“利市好”。〔儒〕

你办‘得’“事情”真好。

我现在吃‘得’“东西多”了。

这些句子，若‘得’写为‘的’，竟可看成‘领摄介词’，把句子完全改组，语意也就不一样了。图解一句作两式，以示例：

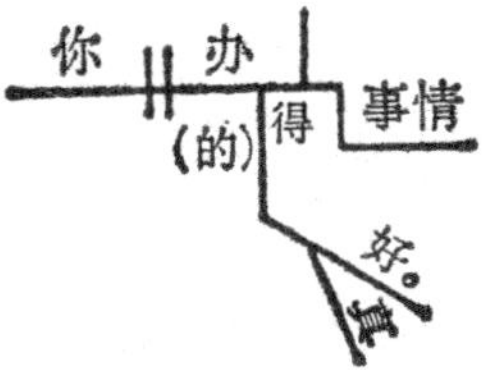

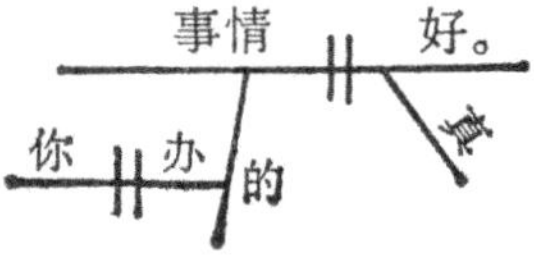

【附言】 以上关于‘得’字的例句，多半是就胡某的一篇《国语文法概论》所排列者而分别归纳的（用作助动词的‘得’字，与此不同，另归纳到动词细目中间去了，见 84 节〔2〕之（ㄅ），页 107）。除《水浒传》一律用‘得’字外，其余两部小说，‘得’字‘的’字，实在是随意使用，并无分别（即如前 84 节中所引《儒林外史》拿不‘得’轻，负不‘的’重，连着两句，各用一字，便可作证）。他有两条新规定：

（1）凡『得』字，用作表示可能的动词时，一律用「得」字。

（2）凡动词或形容词之后的‘得’字，用来引起一种状词（即副词）或状语的，一律用‘的’字。

但第一条规定虽无问题，而第（2）条就发生形式和实质的纠纷。即如上面〔注意一〕项下所列诸例，就形式上看，是合于第（2）条，要用‘的’字的；但就实质上看，又都是表可能的意义，合于第（1）条，要用「得」字的，然而形式上又实在和真正的助动词「得」字不同，因为助动词「得」只是赤条条的一个后附的「能」字（例详 84 节），而这些却都引起一种副词在后面跟着上来了。文法上用词的规定，以形式上简单明瞭，容易区别为主；若偏重实质上的意义，便另是一种分类的标准，而不是文法形式上规定条例的问题了。并且『的』字分属的词类已经过多；再用作特别介词，常易与“联接代名词”相混（如「娘说“的”是」，“的”字可当“代名词”讲，「说的」就是「说的“话”」，「是」字作述语。又如上面〔注意二〕所说，竟可把“的”字看作“介词”，语意便歧了）。所以本书对于这个引起副词的特别介词，依《水浒传》成例，汉字一律用“得”，音字就用ㄉㄜ。

119. 后附的复副词附加语——「变式的宾位」之成因

前 114 节（ㄅ）（ㄇ）（ㄈ）三例中的复副词附加语，位置都是附在述说词或散动词（如（ㄈ）例的「施与」）之前。除开（ㄇ）例是副位实体词，若要后附，另有条例（即117节所述的第〔1〕种）外，凡副词、副词的语句，无论是个别的附加或是联络的附加，在述说词之前的总要简单而齐整，在后的便可以极层累曲折之致，呈风起云涌之观。文学上对于一切事物的动作或形象，常要作深刻而尽量的描写与修饰，也就在这里表现了。例如：

（ㄅ）王小玉便启朱唇，发皓齿，唱了几句书儿，声音初不甚响。觉得耳畔里有说不出来的妙音："五脏六腑像熨斗熨过，无一处不伏贴；三万六千毛孔像吃了人参果，无一孔不畅快"。（老残游记）

（ㄆ）湘云卧于山石僻处一个石凳子上，业经香梦沉酣："四面芍药花飞了一身，满头满脸，衣襟上，皆是红香散乱；手中的扇子掉在地下，也被落花埋了；一群蜜蜂、蝴蝶闹嚷嚷的围着；又用鲛帕包了一包芍药花瓣枕着"。（石头记）

这两例是对于『觉得』和『卧』两个述语动词，作深细一层的情况描写，不同于后附的复形附（如前116节所举两例）是对于名词作丰盛一些的形态描写。（ㄅ）例不是客观地写「音」，是主观地从『觉得』写出「妙」来，写出「说不出来」的妙来；（ㄆ）例也不是一般地写人和写景，是从『卧』出发，把「香梦沉酣」这一句庸泛的抽象的成语，就着当前事物具体化起来，精实地写出这一「卧」是怎样地「沉酣」，而「梦」又是怎样会「香」的。（试各图解之。）

以上两例只说明副附要从描写的实质上，判定文法上的关系。至于用‘得’字引起的复附加语（如上118节各例句中有＊作记的都是），却不能排比这么多的复句；然而它也可以把无论长、短、纯、杂的单句都变成副词性。可是这种副词或副词性的语句虽然后附，也常要与被副的述语紧接。因此，这述语若是外动词，带了宾语，也得把「宾语」提到动词之前，让动词和‘得’字所引的副词附加语密切地连着。即如上节所举的例句『史进「十八般武艺」——

学‘得’“精熟”』,「十八般武艺」本是「学」的宾语，依正式的组织，应该作『史进学十八般武艺——精熟』，但习惯上倒觉得这个句子生硬了。又例如

刘婆『把』他的「女儿」打扮‘得’“如花枝招展一般”。

我要『把』这一班「贪官污吏」杀‘得’“干干净净”。

这两例就是用『把』字提前宾语的。宾语提前，即所以使『动、副相接』，这就是倒装之『变式的宾位』的一种成因（参照32节，页36；又34节，页39）。

有时副词的语句被‘得’字引着；而‘得’字之上，势不能紧接述语，便将作述语的动词复牒一次；例如：

我「跌了」下来,「跌」‘的’“腰胯生疼”。〔儒〕

他们「跑了」三个圈子,「跑」‘得’“大家都喘气不过来”。

图解上：

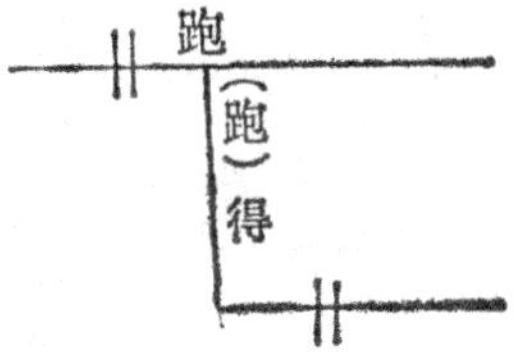

120. 复副词附加语的综合观和分类法

形容附加语只是描写实体的静态，而副词附加语却是修饰并辅助动象的叙述与表明；动象比实体自然要繁复些、微妙些，我们对于动象若真有深刻而充分的述说，在文法上讲来，全赖这种副词附加语能够如实地、尽量地去修饰它、辅助它。所以对于一种文学作品，除主要句和它的主要成分须把捉得确定外，大可以将所有附加的成分和其余的附属句，联络图解，作一个综合观。现且就第二章所设「工人修造铁桥」的例句再扩张起来：

“因为津浦路急急地要通车，炎热的夏天，赤日当空，在淮河的两岸”，有好几百个工人,“跟着几个工程师，运着钢铁，扛着木材，凭着几副大机器”，把那座被水冲坏的大铁桥，“昼夜不息地加工”修造；“不到一个

星期，竟修造得完完全全，往来的列车安然渡过，车中的客商，再也想不起冲断时行旅的困苦了”。

图解之，主要成分还只是「工人修造铁桥」：

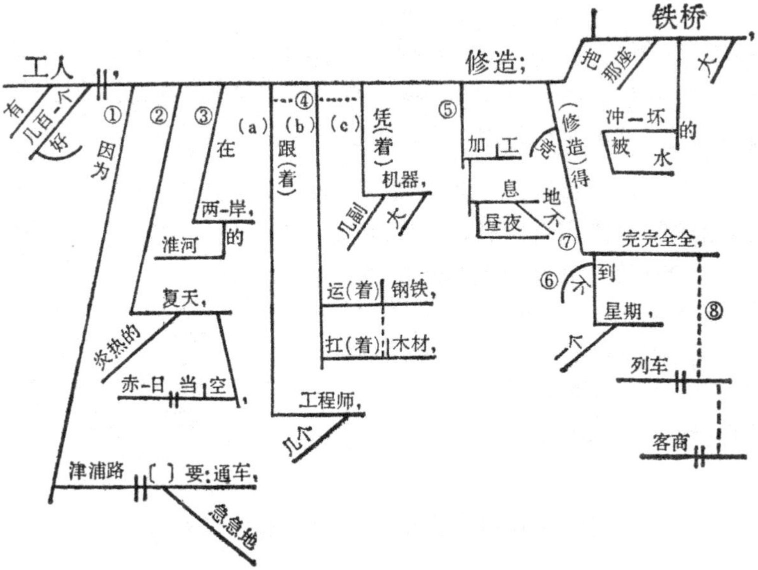

这一段于复成分之外，还有种种复句的组合；但就图解综览起来，大部分是副词附加语，算来一共有十一组。现在把这十一组归纳为八系，再约为两类。

先说八系（按着图解直线旁的数码说明）：

（1）表修造的“原因”；用介所因的介词‘因为’，介出一个副句——所介的既是副句，这介词便要看作‘连词’，改标虚线，下端连着副句的述语。（详后 134 节之〔ㄅ〕）

（2）表修造的“时间”；省略一个介所在的时地介词‘当’字。（「赤日当空」，算是「夏天」的一个后附的形容句，见前页 173—174）

（3）表修造的“地点”；用介所在的时地介词‘在’字。

（4）表修造的“方法”，包三组：（这才提出『主语』。）

（a）所共之“人”，‘跟’字虽是动词，但可活看作介所共的方法介词。

（b）所用之“物”，是平列的一对副词语——关系明白，故不用再加介所用的方法介词了。

（c）所依之“器”，‘凭’字也就可活看作介所依的方法介词。——这三组在图解上要用虚线连起来，因为这些都是对于动作，表明方法上之关系的。

以上四系副词的附加语，不外表明动作的“时”“地”“因”“法”。时、地、因、法，常是实体；实体为“副”，必有‘介者’，所以这四系就是介词分类的出发点（参照104节）。

（5）表修造的“性态”；是副词语，——在副词的分类中，用散动词或成语组成的副词语，常是属于性态副词一类的（参照62节，页70—71）。（然后提出『述语』。）

总之，凡表某种动作之时、地、（除“到着”的时、地关系）因、法与性态等等关系的附加语，无论其为副词或副词的语句，或介词所介的副位实体词，乃至连词所连（或无连词）的复式副句，位置总常在被副的动词之前。——至于第（6）系以下，就是“后附的”了。

*（6）表修造的“终期”；用介所到的时地介词‘到’字，加否定副词。

（7）表修造的“程度”；用特别介词‘得’字引出来。

（8）表修造的“效果”；是两个完全的分句，——分句和主要句的关系，若是没有‘连词’表明，便须把关系之点看明白；用虚线连着。

这三系便与前五系的性质和位置都不同了。因为都是表明某种动作所到着的时、地、程度与动作所产生的效果等等关系的，所以也无论其为‘得’字引起的（或直附的）副词，或‘得’字引起的副词语、副词句，或介词所介的副位实体词，或不用介词的副词性宾语，乃至连词所连（或无连词）的复式副句，位置都要在被副的动词之后。

所以副词附加语，就句法的组织上，可归纳为两类：

（ㄅ）前附的，（1）至（5）所表的关系，即动作的范围（时与地）、原因、方法、性态等。

（ㄆ）后附的，（6）（7）（8）所表的关系，即动作的归著、程度、效果或目的等。

这就是国语的造句上一个重大的规则，也就是各种复成分中间最切于文学上之应用的一个紧要的部分。

*【注意】 在复句的图解法，自这第（6）组以下，本应划开另作一团分句——因为上句已经用了分号——不过这里只是表明副词附加语的分类，以见后附的与前附的，性质、作用，都不相同；至于正式的复句图解法，还得让之后面的各章。

（今按：副附中，‘介词’本是动词，它所介的“副位”就是它所带的宾语；只因它在句中不是主要动词（述语），除一般可认为散动带宾的副词性短语外，这特别灵活的一部分，更由散动而进入虚助系的‘关系词’，就管它叫‘介词’，所带的宾语就成为所介的“副位”。近来有人改称‘介词’为‘副动词’，若看到句法全面，就知是名实未亏的。）

第十四章　包孕复句

（形容句的分类，“所”字用法的三个原则）

121. 包孕复句

两个以上的单句，只是一个‘母句’包孕着其余的“子句”，这种复句，叫包孕句，又名子母句。被包孕的“子句”，只当母句里边的一个词看待。单就子句方面的性质和职能可分三类：——可以说，就是三种短语（见第五章）的扩张。

（1）用作名词的子句（省称名词句）

（2）用作形容词的子句（省称形容句）

（3）用作副词的子句（省称副词句）

122. 名词句

将一个完全的句当一个名词用；这就可说是“名词语”（参照60节）的扩张，不过名词语无主语，名词句有主语罢了。用法完全和实体词一样：

（ㄅ）作主语

例　“他不来”是一件怪事。

（ㄆ）作宾语

例　我不知道“他往那里去了”。

（ㄇ）作补足语

例　易卜生的长处，就是“他肯说老实话”。

图解上的关系，和“名词语”一样；只须将表短语的线改成表句的形式。现在列一个总公式如下：

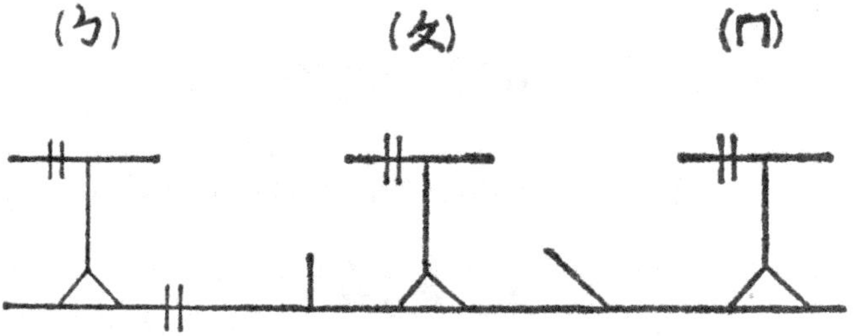

123. 形容句

将完全的句当形容词用；也就可说是“形容语”（参照 61 节）的扩张，不过形容语多以被形容的实体词为主语，形容句另有主语的形式罢了。因附加于实体词的前后不同，约为三式：

（ㄅ）附在名词前

例　“品质优良”‘的’学生很不少。

（ㄆ）插在句中

例　有一个学生，“品质很优良”，下厂学习去了。

（ㄇ）添在句后（或作为解释的分句，即推证句。）

例　他觅了一家客店，“房子也还整洁”。

图解的公式：

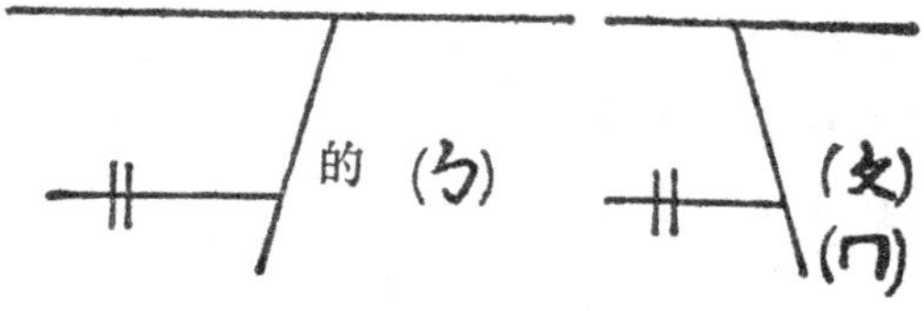

124. 省略本名的形容句

上节的（ㄅ）式有时将被形容的实体词省略去了，‘的’字便成为联接代名词（参照第63节），这叫做省略本名的形容句。就这形容的子句中述语用词的不同，分为三项：

（ㄅ）子句中的述语，是『形容词』；

例一　“胆『大』”‘的’（兼代‘人’）不怕死。

例二　西湖在中国可算是“风景最『优美』”‘的’（兼代‘地方’）了。

（ㄆ）是『内动词』；

例一　“大豆『产』得最多”‘的’（兼代‘地方’），就是东北。

例二　这所湖心亭，是“我前年『来』过一次”的（兼代‘地方’）。

（ㄇ）是『外动词』。

例一　“现在一般人最『敬仰』”‘的’（兼代‘人’）是谁？

例二　这些事故，都是“潘仁美那厮『搬弄』出来”‘的’（兼代‘事’）。

图解的公式：

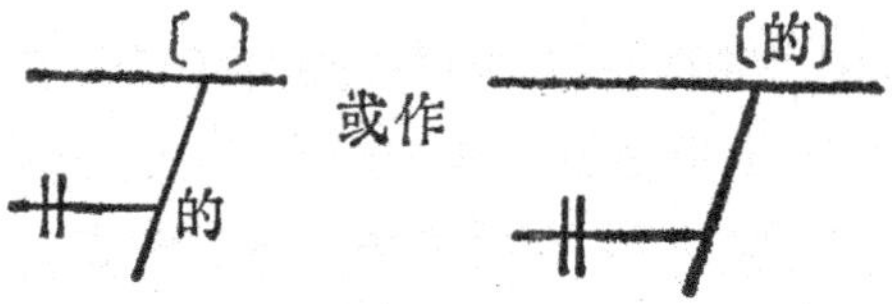

125. “所”字的用法——三个原则

国语中联接代名词有两个：一个是“的”，已详上节和63节；一个是“所”，它常与“的”字用在一处，互相应和，却是可有可无，没有“的”字那么重要。例如：

（ㄅ）『我现在“所”住』的‘房子’还不坏。

（ㄆ）『刚才我“所”买』‘的’是月季花。

句中“所”字，都可删除；因为它实在是古语的遗迹，现代口语中已经用得很少了，可是习惯上常常脱口而出，并且有时非他不行；例如：

（ㄇ）据『我“所”知』，这事情恐怕解决不了。

（ㄈ）难道他们对于世界的大势就『一无“所”知』吗？

这两句若把“所”字删除，便不成话了。

归纳起来，可得两个原则：

（1）“所”字常用在『子句』（形容句；或形容的短语）里边；——“所”字的句式，（ㄅ）（ㄆ）两例最多。这两例在『　』中的部分都是形容句，* 自不消说。（ㄇ）例的『我所知』，实在是『「我所知道」的‘情形’』的省文，和（ㄅ）式一律。惟（ㄈ）例的『一无所知』是熟语，当别论。——因此，句中一有“所”字，便可断定他所关连的那一部分必是一个形容性的『子句』（或『短语』）；故“所”字的最大作用，就在表示子句（或短语）的存在。（注1）

*【附言1】 读者请注意上节「省略本名的形容句」。因为一切用了代名词“的”字的子句，我都认为在“的”字下面省略了本名，于是“的”字以“介词”而兼摄代名词职务，所以这种子句仍旧叫作形容句。若用西文法比较，「胆大的」「杀人的」「我所买」「我所知」都可以干脆地叫作名词句（Noun Clauses）。这是因为他们的“联接代名词”是固有的，而我们的联接代名词“的”字是兼摄的，所以不能不假定他下面有省略的‘本名’，而说他所联接的那一部分，是形容这被省略的本名之形容句了。——只要明白了这层曲折，就知道凡用了“的”“所”两词的子句，不是名词句，和西文不同。

（2）“所”字也有兼代母句中实体词的作用。——（ㄅ）例的‘房子’是形容句所形容的本名，本名既没有省略，自用不着代理者。（ㄆ）例的‘的’字已经行使了他那「兼代本名」的职权，也用不着“所”字来越俎。因此，在这两例句内，自看不出“所”字是母句中的代名词（注2）。

可是（ㄇ）例的『我所知』原是『我所知的情形』之省文，本名‘情形’既省去了，上面‘的’字原可兼代，而‘的’字又省去了，这个代理实体词的责任自然轮到“所”字身上来了。说到此，“所”字的代名词性已可明瞭，他仿佛是作“的”字的后备的。只因他是古语的遗迹，所代的本来就是子句中动词所射及或所关系的宾语或副位，照例要位于动词之前；至今还是如此；这就是一种历史的用法（注3）。

准这两个原则，“所”字也就可列为联接代名词——表示子句故曰联接；可代实体，故曰代名词。

以上归纳的两个原则，只从现代国语的句法组织上着眼；还有一个紧要的研究，就是：把前124节（页189）（ㄅ）（ㄆ）（ㄇ）三项共六个例句，各在那“形容句”中间添一个“所”字。结果：只有（ㄇ）项两例能够添入；（ㄆ）项的例二，改成文言也可添入：

（ㄇ）之例一「现在一般人“所”最『敬仰』」‘的’是谁？

（ㄇ）之例二　这些事故，都是「潘仁美那厮“所”『搬弄』出来」‘的’。

（ㄆ）之例二　此湖心亭乃「我前年“所”曾一『至』」‘者’。

其他各句都不行。这是甚么缘故？由此，更可归纳一个第三原则：

（3）“所”字只可以用在外动词或关系内动词（参照42节，页47）之上。由这原则，更可推证两件事：

（a）外动词必带“宾语”，关系内动词常带“副词性的宾语”（即副位）；“所”字用作代名词时，只限于作它们的“倒装的宾语”（倒装即历史的用法）。——因此，“所”字在形容的子句（或短语）中，并不能代实体词的一切位。（但既可用在关内所带无介的副位，当然也可用在一般有介的副位，那就是所谓『介词』之“倒装的宾语”了。但白话中很少其例，只一「“所”『以』」，已成连词，别论。)

（b）可是形容句中的外动词或关系内动词为什么还要带这“所”字作倒装的宾语呢？须知这种形容的子句实在是不完全的，实在还缺少一个“宾语”的成分；试看这里所引的（ㄇ）项两例，『敬仰』个什么？『搬弄』个什么？在子句中都付阙如。因为它们的宾语“人”、“事故”，就是被这形容句所形容的实体词，就是母句中的主要成分；“所”字在子句中，可以说，就是母句派来的“代表”，因此，他在子句里面，便要作动词的“来宾”。——而这形容句应有的成分便从此完全了。

于是“所”字在图解上的位置就可以确定了，——它终于要站在实体词的位置，终于是一个代名词：

(ㄅ)

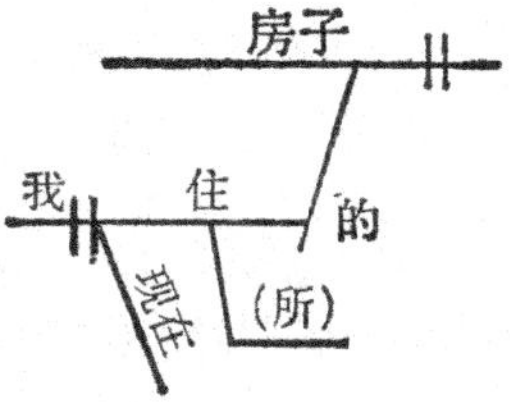

(ㄆ)

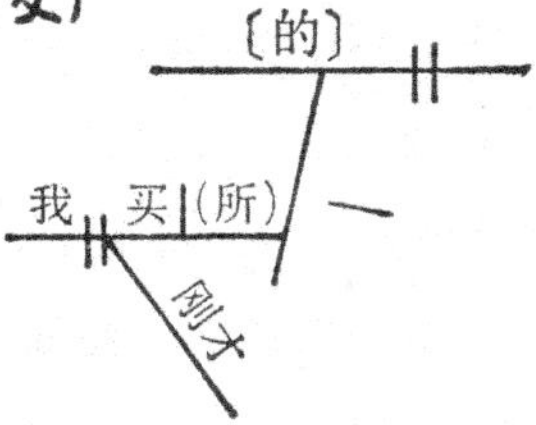

(ㄇ)

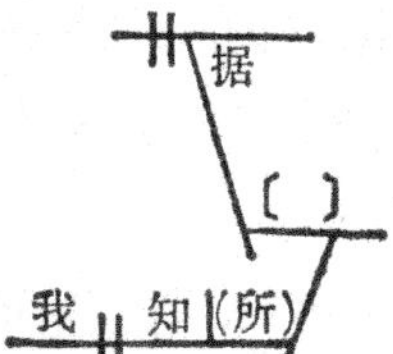

或作

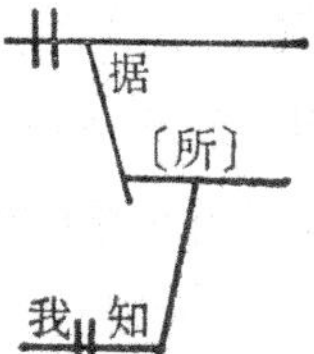

不过它们既是主句中派来的代表，所以都可说为在“同位”——同位的第三种（参照 51 节，页 59），图解上就依例要添个括号。到了（ㄇ）的或式，它才和联接代名词“的”字呈同一之效用；因

为它又进一级兼代了被这子句所形容的实体词（如第二原则所说），所以它也就可以跑到横线上边去。

【附言 2】 若将联接代名词“的”字所关联的部分，和“所”字的一样，完全认作子句，而“的”原有的介词资格便完全取消，那么，也可照这上面的图解式图解起来，将“的”字都找出相当的“同位”。并且“的”字既没有只做宾语的限制，它在子句中就常可以站在主语的位置——却又是倒装的主位（参照 63 节〔注 11〕）；这个倒装，却不是历史的用法，乃是欧化的文法。

试依此，将上面所添改的 124 节中的三个例句图解出来。

至于本节的（ㄈ）例，『一无所知』本可依（ㄇ）例将「所知」作形容语；但若不把「无」字当述语，而认述语就是「知」，那么，这“所”字更显然是代名词——承前称的指示代名词，与‘大势’为同位；试图解之。（参照页 272—275）

再试图解「先生有所不知」「彼等穷无所归」这两句。

再试把《马氏文通》卷二的四十二页至四十九页所有例句完全图解出来。——须注意：古体文句多省略的成分，要看明白是省略了什么，在图解上留着虚位。

【注意】 从这第三原则，还可推证一件事：动词中，惟外动词和关系内动词有被动式。读者想能记忆 35 节的〔注 6〕所说：「被动式的动词上，在文言常加一“所”字，文法界有人说是表动词的被动性，可以与介出原主语的介词“为”字相应的」；现再举一例：

我不欺人，也不‘为’人“所”欺。

图解起来：

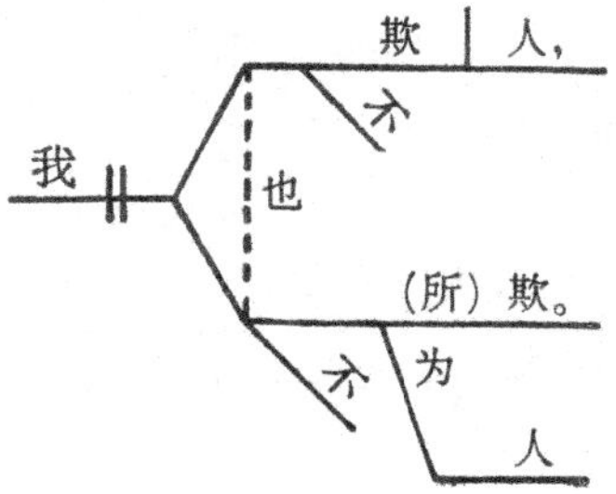

“所”字这种用法，很像是一个表示被动性的“助动词”（但这

图解上是定为表被动的“动前助词”，因为它和别的助动词性质太不一样），在口语中已经用得很少（「为人所欺」，口语已删“所”字，作「被人家欺负」）；依此说法，则与“所”字的第一原则「表示子句」可谓毫无关系。若专就这种说法推勘，上面许多可加“所”字的形容句，却又都可看作「形容语」；这形容语中的散动词就是被动式；“所”字不示联接，不任代表，只表被性。用图解表明在下面：

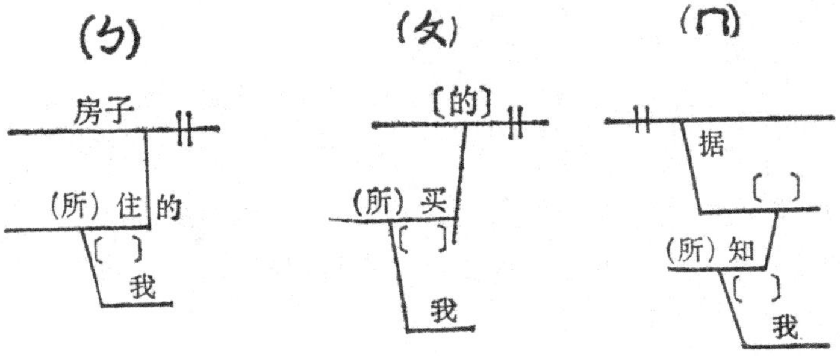

「我所住的房子」就是说「〔为〕我所住的房子」，……‘我’字对于这三个被动式的散动词，乃是‘原主语’，上面都省略了一个介词：在文即“为”，在语为“被”。——若是有不带‘原主语’的句例，这些形容语的散动词，更容易看出是被动式；而“所”字简直可说是专表被性的助动词，如‘能’“所”对待之“所”：‘能’是主动，“所”是被动。

不过这种解释，虽也合理，却嫌曲折（以解（ㄈ）例，更觉艰晦）。所以本书对于“所”字的用法，以正文所说的三个原则为主。从第三原则引出来的这个“被性助动词”（或表被动的“动前助词”）用法，只在非子句的「为……所……」句式的范围内姑且与以承认（注4）。严格说来，这种“所”字，仍是代词，但更偏于历史的；本书只干脆地从现代语句构造中寻条理，立规则。

【注1】“所”字以用在形容句中为第一原则，但「形容语」里边也有用“所”字的。例如：

美术家第一要对于「“所”观察」的对象有十二分的兴味。

旧诗人总竭力避开「“所”不能理会」「“所”不能解释」的实际生活。

然而这都不算是例外，他实在还算是「形容句」；因为两“所”字的上面，是把承前的主语‘他’或‘他们’省略了。试将旁的形容语比较，自可看出异点来。若必认为形容语，散动带“所”为宾，也可行。

【注 2】《马氏文通》说“者”“所”为“接读代字”。“者”字自无问题。有人疑惑：“所”字往往和所代的本名相连，又何必多此一代呢？即如（ㄅ）（ㄆ）两例，（ㄅ）例的“所”，是连着所代的本名词“房子”；（ㄆ）例的“所”，也是连着所代的代名词‘的’字（「所买的」即文言「所买者」）：故“所”字在此等例中，不妨只认他『接读』，『读』即子句，接读即是联接子句之意，不必强说他是代名词。可是论到句法，“所”字的第一原则，既是常用在形容的子句里边，形容句纵令极其简短，对于被形容的本名，究竟是另成一部，有时确有用“所”为代的需要，看第三原则所推证的（b）项便知。

【注 3】 历史上，代名词用作“宾语”的，有三种必倒装于‘动词’之前：

（1）否定句中的一切代名词；例如：

莫“我”‘知’也夫！（论）

不“吾”‘知’也。（又）

先君之不“尔”‘逐’可知矣。（左）

我未“之”‘见’也。（论）

（2）疑问代名词；例如：

吾“谁”‘欺’？（论）

客“何”‘好’？（国策）

问臧“奚”‘事’？（庄）

（3）“所”字。例如：

己“所”不‘欲’，勿施于人。（论）

举汝“所”‘知’；汝“所”不‘知’，人其舍诸？（又）

在现代的国语，除“所”字外，都不倒装了。——试将这第（3）项两个例句译成口语，那「子句」之尾，必要来一个“的”字，以介词资格而兼摄母句中被这子句所形容的实体词，于是这“所”字就在可有可无之列了；因为子句中‘欲’与‘知’的宾语“所”，就是母句中被「施」「举」「舍」的实体词“的”，本来就是一件东西。

【注 4】 在这场合，承认“所”字可说为被性助动词，或表被动的助词，也不过是就句起例，其实，这“所”字总是含着代名词性的。假如「为……所……」的句式，变成「……为所……」，例如：

狡黠之「徒」，汝当不‘为’“所”欺。

「丁香」盛开，此园‘为’“所”点缀，甚有佳致。

介词‘为’字所介的「副位」提前了（如「徒」），或本属前文中之一部（如「丁香」），‘为’字下自可加承前指代的「他」（文言作「彼」）字，来填充这两个副位；那么，这两“所”字，岂不可说就是填充副位的承前指代，和「他」（或「彼」）正相当吗？（参照 77 节之〔注意〕，页 90）那么，即「为……所」之式，岂不也可说“所”字就是介词‘为’字后之副位名代的同位吗？——但这个究竟不是“所”字为代词的正解：因为这两“所”字，上句仍是代“汝”，下句仍是代“此园”，古语的素质如此，遗留在今文中，却不可拿今语来强译。本书重在今语，此点恕不繁说。总之，“所”只是方所，古语用以泛指一切。(《说文》:『所，伐木声也。诗曰：伐木所所。』这是就字形说为摹拟物音之词，和通常用法不相干。）古声审纽读入透，则“所”当读如ㄊㄨㄚ，与元曲中这搭、那搭的「搭」声韵皆近,「搭」即「处」字，古声舌上入舌头，则音亦相同。故「处所」之所，是最早之假借义，它本是一个实体词;「处所」之义，又广而有容：故就文法上用词的发展程序而言，“所”为有体而泛在的代名词，当是它发展的初步。

126. 副词句

将完全的句当副词用，亦即可说是“副词语”（参照62节，页70）的扩张。不过副词语是散动词，与述语常共个主语；副词句是另用完全的句来表述语的性态、程度或功效等等关系。也因附加于述语的前后不同，约为两式：

（ㄅ）附在述语前（以表性态为主）

例一　三个人，“你一句，我一句”，说个不了。

例二　一辆汽车“风驰电掣”的过去了。

例三　叫一声请，一齐举箸，却如“风卷残云”一般，早去了一半。（此句图解法，可参照100节〔2〕之（ㄆ）的〔注意〕。）

（ㄆ）附在述语后（以表程度或功效为主）

例一　很明亮的电灯，照‘得’“黑夜和白昼一样”。

例二　这个赛跑的人快‘得’“谁都赶他不上”。

图解的公式：

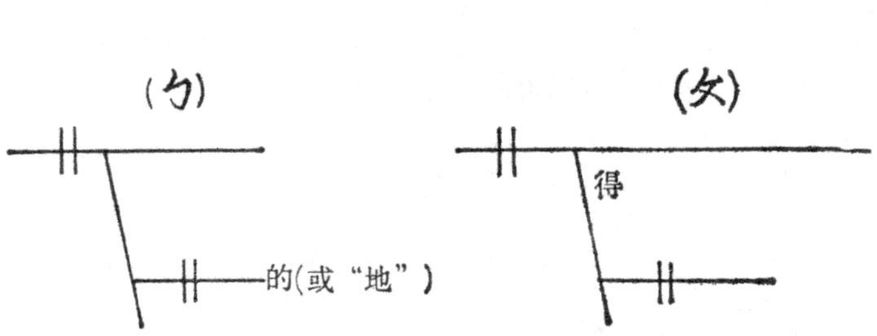

【注意】 附在述语前的副词句，大抵以表「性态」的为限；因为性态副词乃是副词的中坚，副词句就是直接从副词放大的。至于表「时间」「原因」等等关系的子句，却另列入主从复句一类中；他们对于全体的关系虽与副词句完全相同，但不是直接脱胎于副词，多半是从「介词与所介的副位」放大的，所以叫从句（对正句言，亦可叫副句），可不属于这种副词句了。详第十六章。

第十五章　等立复句——连词细目（上）

127. 等立复句

两个以上的单句，彼此接近，或互相联络，却都是平等而并立的，这种复句，叫等立句。等立句可不分主从、正副，彼此都叫分句。从它们的关系上，可分等立句为四类：——就是四种复述语的扩张（参照 113 节）。

（1）平列句

（2）选择句

（3）承接句

（4）转折句

128. 平列句

又可分三种：

（ㄅ）等价的

例一　风息了，雨“也”住了。

例二　他“也”有错，我“也”有错。

例三　他的儿子在中学毕业了，“并且”女儿‘也’长大了。

例四　‘有时’他出门旅行，‘有时’他在家读书。

（以‘副’为“连”）

例五　哥哥在那儿唱歌，弟弟在那儿拍球。（不用连词）

图解的公式：

（例二）　　（例四类推）（例三）　　（例五）

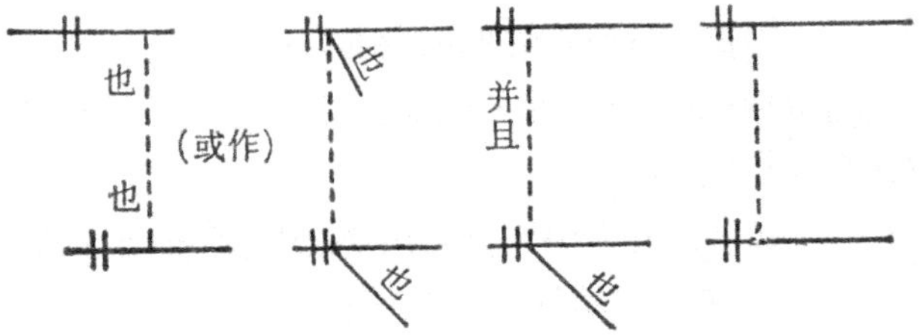

平列连词 1　平列连词的第一种，就叫等价的连词；常单用在后一句（或词或语）的起首。应分两组：

和,（合，同，与，并），以及,（及，暨）；跟，搭（两字皆方言）

——（这一组，只连实体词。）*

并且,（且，而且），也,（亦），又，再说（北语）

——（这一组，连实体词外之一切词和语句。）（今按：本组还有“和”、“同时”，是新兴的用法。）

*【注意】 专连实体词的平列连词，有两件事要注意：

（1）与『介所共的方法介词』用法上大有区别。连词的两端，在句法上是同一位置的「复成分」（例见 111，112 两节，页 163—166），故可以任意对调；介词所介的，在句法上是「副位」（例见 108 节之〔4〕，页 156，须参照），万不可和主位对调，对调就变换了全句意思了。试将这两种字同而用法不同的各例句比较比较，并且造句练习。

（2）因此字体上就生出问题来了。例如：

甲“和”乙说明日游香山去。

究竟是甲对乙说的呢，还是甲乙两人说的？这“和”字就暧昧不明了，依报纸所载的《用字新例》（1921 年的）：

“同”——介词，介绍名词代词于动词等；例如：

这句话，是我“同”他说的。(意思是:「这句话，我不是同别人说的，是同他说的」。)

“和”——连词，连结对等的词；例如：

这句话，是我“和”他说的。(意思是:「这句话，不是别人说的，是我和他两个人说的」。)

“合”——连词，连结两串已经用“和”连着的对等词；例如：

领导和干部“合”干部和群众的关系。

若照这样，在文字上就有了区别了。故附录以供参考。

(ㄆ)分割的

例一　儿童所有生活上的常识，少半是从教室里得来的，多半是从社会或家庭方面得来的。

例二　黄梅时节，几天阴；几天晴；几天雨；又有几天半阴半晴，时晴时雨。

例三　过去新文化运动中，有两种不祥的声音：一是科学无用了，我们应该注意哲学；一是西洋人现在也倾向东方文化了。(此例再加扩张，即为说明文分段的基础。)

例四　这人姓王，名冕，在浙江诸暨乡村里住。(参照50节同位第二种之〔注意〕)

图解的公式：

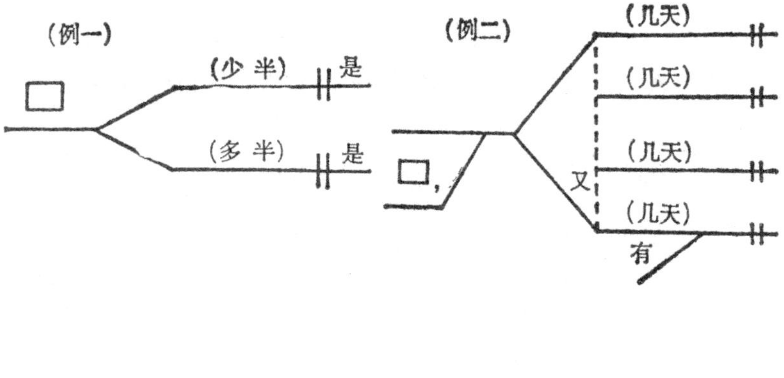

（例三）

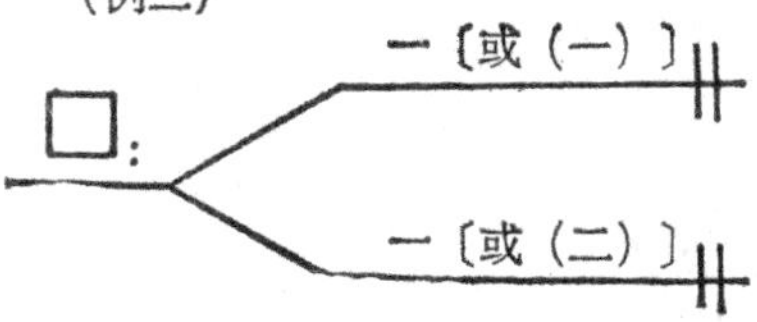

（例四）

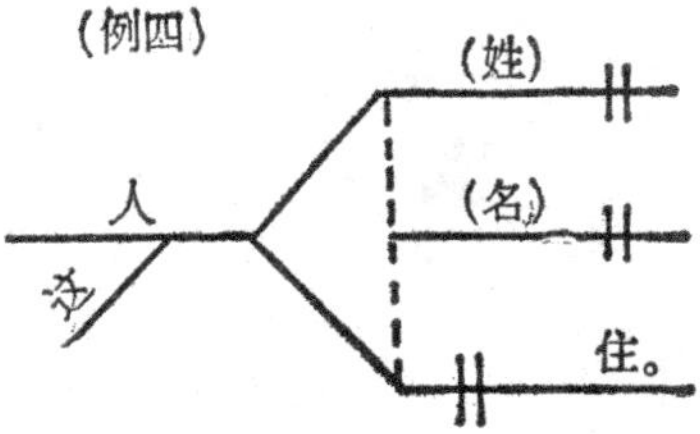

复句中分割的平列句式，就是单句中总提分承的『同位』句式之扩张。（不过那有同位的单句，还是共一述语；这分割的复句，则述语各别：此点不同。又这种复句，与单句的复述语也不同：复述语共有一单纯的主语；分割句各有从总主语分割出来的部分主语，有时且没有总主语，如例二。）

（ㄇ）进层的

例一　他“固然”有错，你“更”有错。

例二　他“既”不是一个歹人，你“又”不是一个傻子，为甚么把事情弄到这般田地？

例三　太古的世界，“不但”洪水泛滥，“而且”猛兽横行。

例四　“不但”我一个人，〔……〕『就是』别的人，“也”承认这是公道话。（省略首句的述语「承认这是公道话」）

例五　他还走不动，“何况”你〔……〕呢！（省略次句的述语「怎么走得动」）

例六　说话句句留心，“尚且”不免有错，“何况”信口开河〔……〕呢！（省略次句的述语「那里能够不错」）

例七　老太太也不生气了，他‘已经’答应不敢了，“况且”回来又没事；大家该放心乐一下子了。〔石〕

图解的公式：

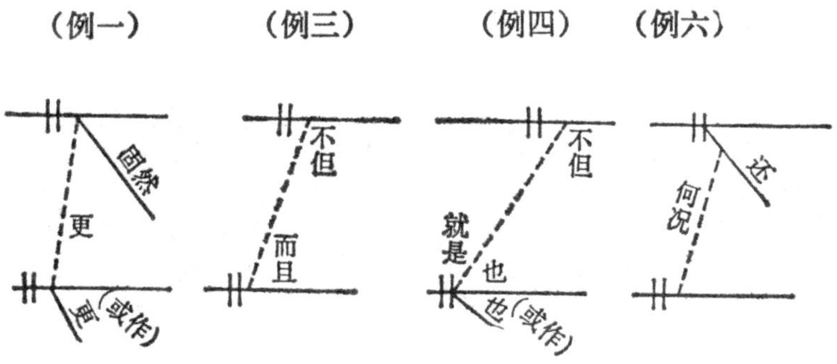

连结的虚线要往左边斜，因为要表示后句是推进一层的意思。又『就是』“何况”（或“况且”）都要写在虚线的左边（『就是』乃活用让步连词，还须竖写在双直线上），因为它们所连的重点偏在主语方面；述语还是靠着“也”“更”等副词来连着的。

平列连词 2　平列连词第二种，就叫进层的连词；常用一对，或在句中用一个‘副词’和它互相关应。也可分作两组：

‘固然’（尚且）……更……；既然（既）……又（并且，也）……；不但……而且（也，『就是』*……也）……；

——（由对比正推而进，有「自无可逃」之意。）

尚且（犹且，‘还’，‘已经’）……何况◎（况且，况且……更）……；

——（由较量反激而进，有「更不消说」之意。）

还有一组，却只用在进层的下句，多连实体词：

甚至，（甚至于，甚者，甚而），乃至

*【注意 1】“就是”这种用法，在文言可作“即”，和让步连词的第二组相通（见后页 223）。又前 33 节所举“连”字的用法，有时也不定是提前宾位，乃是一个进层的连词，试将这例四、例五的“就是”改为“连”字，都可通。再举两例：

"连"一根针掉在地下'都'听见的。〔老〕

我有一首诗，天下人不知；有人来问我，"连"我'也'不知。

这种"连"字，文言为"并"字，亦得为"即"字，自可附在此类连词里。但在图解上，若不是复句，便可依下式：

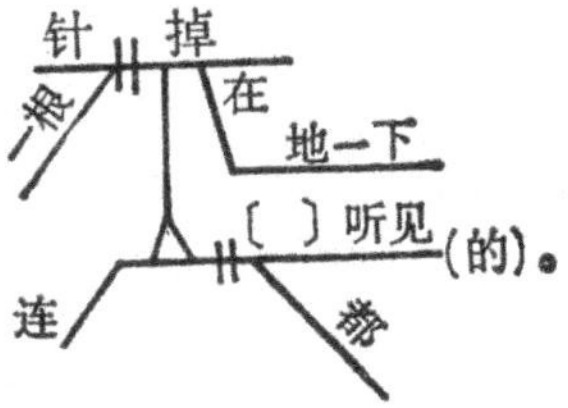

因为这"连"字在语意上可以增加主语的重量，所以和特别介词"把"字一样地可以站在一个很特别的位置（参照110节〔注意1〕，页160）。

再试图解下两句：

我们"连"山前山后'都'走了一回。

"连"我们两个所知所能的，你'还'不知不能呢。〔石〕

◎【注意2】"何况"常用于疑叹的语气，"况且"只用于直述的语气；"何况"常省略述语，"况且"常把述语一块儿说出来：试再找例句证明。

129. 选择句

可分二种：

（ㄉ）两商的　二者任选其一，所以并举待商。

例一　"或者"我上他那儿去，"或者"他到我这儿来。

例二　这件事情，"或者"他一时不留心，就把它办错了；"或者"我太糊涂，把它弄糟了。

例三　到了现在，"还是"他出来认错呢，"还是"让我一个人负完全责任呢？

例四　我去呢，“还是”他来？

图解的公式：

（例一）

（例三）

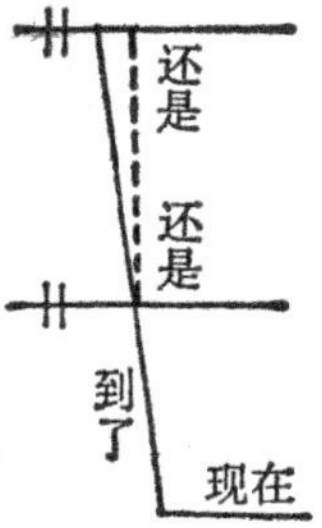

◎图解时，这‘让’字可援特别介词“把”（页160）“连”（页202）加重主语之例，给它一个特别的位置。

选择连词1　选择连词的第一种，就叫做“两商的连词”；以用一对为常，有时也单用一个在次句。还可分为两组：

或者……或者（或是，或）——（用在直述的语气）

还是……还是……？到底……还是……？

——（用在疑问的语气）

（ㄆ）相消的　二者必居其一，因为两不相容。

例一　“不是”他错了，“就是”我错了。

例二　他“不”认错，我“就”认错。

例三　离开这里罢！“不然”，你“就”要被砸了。

例四　这个人想是又生了病，“不然”，他为什么不来？

例五　我看书要戴眼镜，“否则”简直看不清楚。

图解的公式：

（例一）　　（例三）

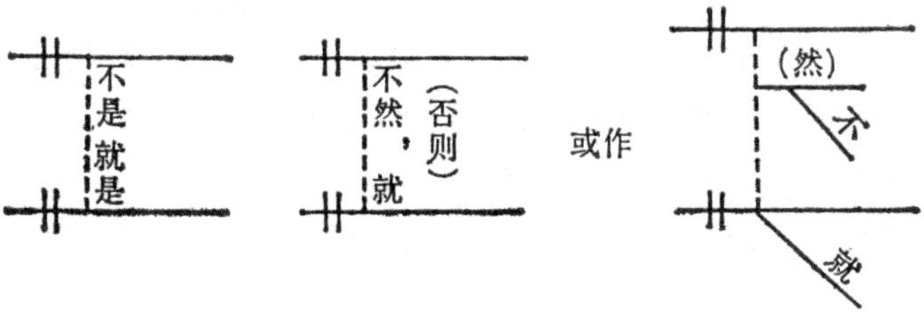

选择连词 2　选择连词的第二种，就叫做“相消的连词”，也还要分为两组：

不是……就是……；不……就……；（非……即……）

——（并举事实，必用一对。）

不然；（不然……就）；否则；

——（反推因果，常用一个。）

【注意】 相消的复句，若在上句加一假设连词，即可变为假设的复句；但就实质比较，这种语势实在比假设句急促些，在国语的习惯上应自列为一种。又例三以下各句不像选择句，可是就图解和连词上细看，实在和选择句是一类的性质，不过下句要涉及因果关系罢了。

130. 承接句

可分三种：

（ㄅ）顺序的　依时间或事势之顺序，蝉联而下。

例一　法院宣告他无罪，他“就”出了监狱。

例二　到了出席发言的时候，材料也枯窘了，思想也滞塞了，言词也不圆熟了，“这才”（或“然后”）懊悔从前预备得不充足。

例三　第一个走下水边，被水冲去了，“于是”第二个又来，“于是”第三个，“于是”第四个，‘到后来’他们的死骸堆积起来成了一座桥，其余的“便”过去了。

例四 这里有无量的工人，为我们或削，或挽，或纺，或绩，或破坏，或改造，用许多原料，“才”能产出现代这样灿烂的文明，“那么”，什么人能独占得去，当作个人专有的东西？

图解的公式：

（例一） （例三）

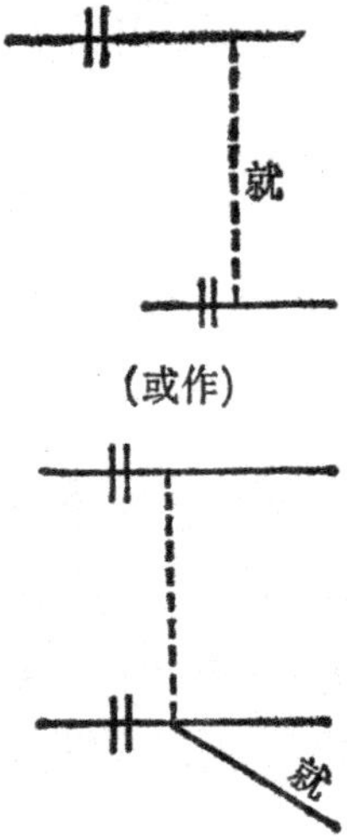

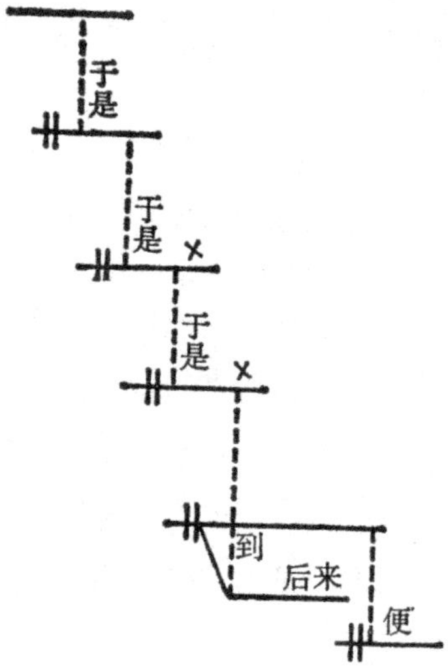

承接连词 1 承接连词第一种，叫顺序的连词，也略得分为两组：

就（便，即，则），乃，从此（就此，从而），于是（于是乎，已而，既而）

——（重在表事势之相接）

才（纔，方），这才，然后（而后），只得（只好），那么（然则）

——（重在表事效之相因）

（ㄆ）类及的　依思想之接近或反对，旁及其他。

例一　人和别的动物不同之点，只在能利用工具劳动；“至于”饥餐渴饮，是和别的动物一样的。

例二　古文在中国文学史上，何尝不占了重要的位置，“说到”现代的应用，就大不如语体文了。

例三　他的诗做得很不错，绘画也很有工夫，“此外”如音乐中的钢琴、提琴，件件都会。

图解的公式：

类及句相连的重点，在次句的主语方面，故虚线要连在次句的句首。

承接连词 2　承接连词的第二种，就叫类及的连词：

至于，（至如），说到，此外，（此外如）

【注意】 文言文里边的“至若”、“乃若”、“若夫”，“及夫”、“洎乎”，“以言”、“以云”，“今夫”、“且夫”、“夫”等，从前叫作顶接虚字，就是这种。叫作顶接者，就因为这类连词，都有更端续起的意味。

（ㄇ）推证的　或析言，或换言，或简言，或举例，都是承上句而加以解释或证明。有时或就上句的事实，而作理论上之推论或判断。

例一　水是一种化合物；‘仔细讲起来’，它就是两种元素氧和氢的化合物。

例二　从前人讨论一个问题，往往都在枝节上相辩驳，在言语上争胜利；‘简单一句话’，大家都免不了虚荣心。

例三　他的性情不同：既然不求官爵，又不结纳朋友，终日闭户读书。〔儒〕

例四　世界上一定有善恶可说；‘例如’拚了自己的命，去救一个堕下水的人，或是因为他人偷了自己的表，就把那人浸死：这两件事的价值，岂是一样的？

例五　『满街都是圣人』；‘怎么讲呢’？他们看事，眼睛雪亮。

例六　难道和他同榜不成！“可见”梦作不得准。〔儒〕

例七　方才范学台批我的卷子上‘也’是这话，“可见”会看文章的都是这个讲究，一丝也不得差。

图解的公式：

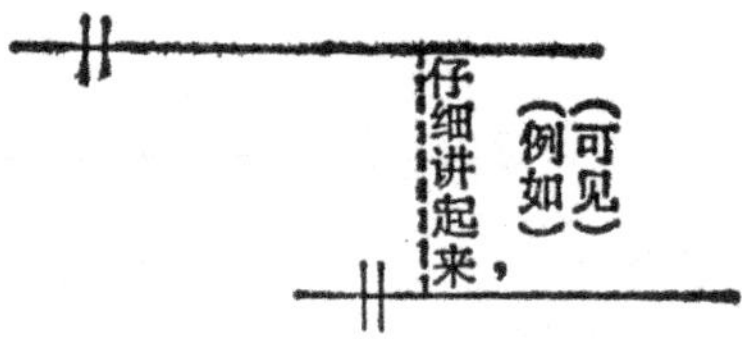

承接连词 3　承接连词的第三种，就叫推证的连词，多半是用一个‘连词语’作过脉；也得别为两组：

仔细讲起来，（析言之），换一句话说，（换言之），

简单一句话，总而言之，（总之），

例如，（如，像，比方，比如，譬如），

怎么讲呢？（何也？何者？何则？）

——（以上重在解释或证明）

可见，（可知，乃知）

——（以上重在推论或判断）

推证句也有全不要连词的，如例三——这种好像和「分割的平列句」相同，但其实不同，试比较比较。

【注意】 用推证的连词，有时只归到所说的事实，粗略地当个解证，不必有合于论理的承接关系；例如：

梅玖念道：『呆，秀才，吃长斋。……』念罢，说道：“像”我这周长兄如此大才，呆是不呆的了。〔儒〕

你既出周老师门下，更该用心读书，“像”你做出这样文章，岂不有玷门墙桃李？“似”这少年才俊，不枉了老师一番栽培。

131. 转折句

可分三种：

（ㄅ）重转的　反对前句，表示全部相反的观念与事效。

例一　许多人反对他的主张，“然而”他的主张总不变。

例二　牙齿时常咬痛舌头，“但是”他们终究是好朋友。

例三　在过去社会里，一般人只希望升官发财，他“却是”专心研究学问。

例四　铁本来不是贵金属，“可是”他的「用途」，比金银还广些。

例五　《水浒》《红楼梦》我们都看过了好几遍，“惟独”「《儒林外史》」一遍也没看。

例六　你们都说错了，“倒是”他说得很对。

图解的公式（下面的（ㄆ）（ㄇ）两种同）：

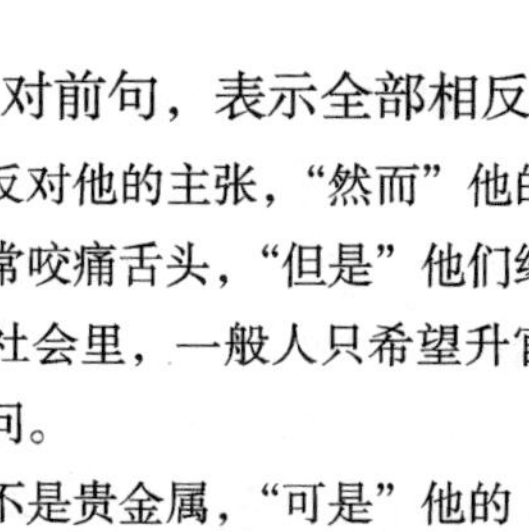

转折连词 1　转折连词第一种，就叫重转的连词：

然而，但是 *，（但），可是 *，（却是；却◎）；惟独 *，（惟有，独是，独◎）；倒是 *，倒◎，偏偏，偏◎

* “但是”、“可是”、“惟独”兼用作“轻折的连词”。“倒是”兼用作“意外的连词”。“惟独”所连，多侧重主语。

◎ “却”、“独”、“倒”、“偏”单用，必在句中，因为它们本是『表相反的性态副词』（参照 99 节之〔ㄉ〕，页 135）。

（ㄆ）轻折的　制限前句，表示一部分的相反。

例一　随你到什么地方去住，“只是”不能够住在这里。

例二　什么地方都可以住，“惟有”这里不能够住。（语意若很严重，则“惟有”仍属重转。）

例三　兄弟并没有什么过人之处，“不过”为人率真罢了。

转折连词 2　转折连词第二种，就叫轻折的连词：

只是，不过，（今按：如“其实、事实上”等连词语，都属轻折。）

（ㄇ）意外的　打消前句，表示出乎意料之外与无可奈何的心理。

例一　农夫辛辛苦苦的忙了一春，“不料”一场大水，将他田里的禾苗，都漂得干干净净。

例二　德国和塞尔维亚开战的时候，以为从此可望独霸全球，“那晓得”协约国群起而攻，竟至于一败涂地。

例三　我今天休息了一天，“反而”觉得疲倦起来了。

例四　他们正打算收兵，“偏巧”敌军内讧起来，就一鼓而大获胜利。（失望的反面）

例五　一连下了几剂温补的药，“争奈”他越吃而病越重。

转折连词 3　转折连词第三种，就叫意外的连词：

不料，不想，（想不到），那晓得，（岂知，谁知，那料，那想，岂料），反而，（倒反，反），偏巧，（偏生），争奈，（奈）……

第十六章　主从复句——连词细目（下）

132. 主从复句

两个以上的单句，不能平等而并立，要把一句为主，其余为从这种复句，叫『主从句』。主句就相当于母句，从句就相当于子句。但何以不照包孕句一样定名为母句、子句呢？须知主从句的关系，是主句统率从句，从句跟随主句，两者还是异体的；不像包孕句，母句包孕子句，是合体的；——只看双方的图解，自然明白它们的不同之点——所以统率的叫‘主句’，也叫‘正句’；跟随的叫“从句”，也叫“副句”。一切副句，实在就是单句的副词附加语的扩张。——但既如此，又何以不径直消纳于包孕句中的副词句呢？这个理由，已在 126 节的注意项下（页 197）说明了。现在再列一个简单、概括的表解，以便比较区别：

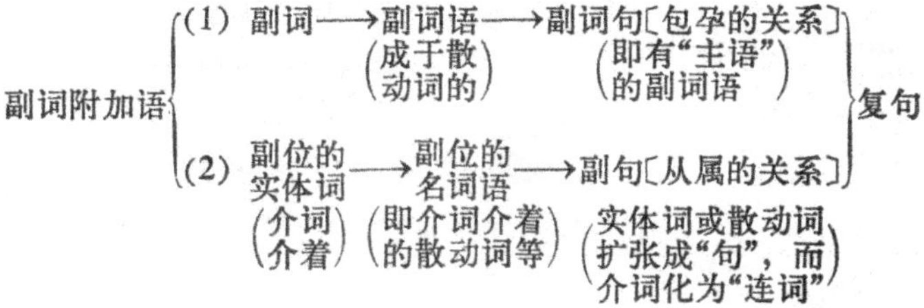

依此看来，副词句是副词的扩张，而副句（即从句）乃是介词和所介副位实体词的扩张。

主从复句，单就从句方面的职能分类，有六类：

(1)　时间句	(4)　范围句
(2)　原因句	(5)　让步句
(3)　假设句	(6)　比较句

【注意】图解时，无论何种，主句在上，从句在下而偏右；表连词的虚线，也要略微向右斜，和介词线一样：这是和等立复句区别的要点。——在国语习惯上的顺序，主句常在后，从句却常在前。但新的译著，渐有欧化的趋势，从句就多有调到后面去的了。

〔附言〕在英文法的 Complex Sentences 中，副词句和副句只是一种，可称为 Sub-Clauses，但究竟也可分成两种性质：一种是副词的（Adverbial）；一种是从属的（Dependent or Subordinate）。

133. 时间句

从句虽是述说一宗事实，但其作用，不过点明或衬出主句的「时间」。就时的先后，可分这类从句为四种：

（ㄉ）同时

例一　恰好「壁上的时钟哨哨的响了四下」，他就到我家里来了。

例二　等到「平等的原理实现」，这种假面具自然消灭了。

例三　直到「酱园收夜市，店门快关了」，他才无可奈何地喝干了酒，（图解见十九章）

例四　「他什么时候回家」，我就什么时候来拜会他。

图解的公式：

（例一、二）

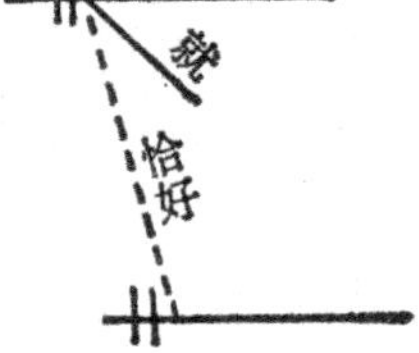

（例四）

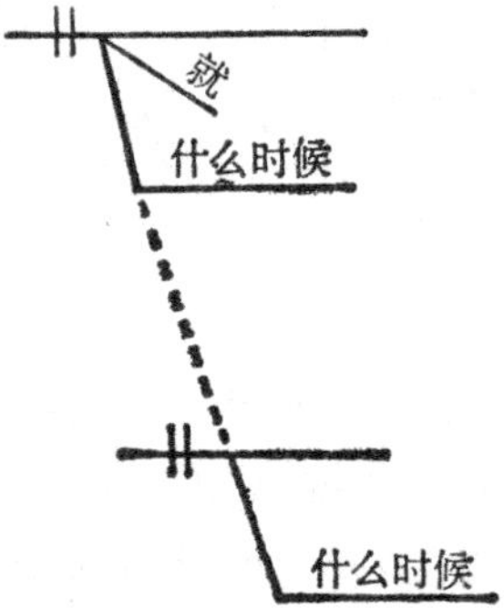

时间连词1　表同时的连词，是“介所在的介词”的引申用法，但亦不以彼等为限；附列于下：

当，（正当，值）；恰好，等到，（只等，一到；直到；及，及乎，洎夫，逮至）；趁，赶（有意的）

主句里常带一种副词或连词，和从句里这些连词相应，如

就，便，自然，（表趋势的副词，用为承接连词）‘才’……（承接连词）

还有径直利用‘表时的副词’作连词，或利用‘副词语’作连词语的（如例四）：

什么时候……什么时候；多咯……

也还有不用连词的同时从句，古文中为多（参看《比较文法》页144）。

（ㄆ）前时　主句所表，发现在前。（请注意：“前时”和“后时”都是专就主句说的。）

例一「革命成功」“以前”，他‘已经’勤劳到十分了。

例二「火车还没有到车站」，那些欢迎的‘早已’把月台挤满了。（不用连词）

例三「匈奴未灭」，他‘还是’一个单身汉子。（前时的持续性）

图解的公式：

（例一）　（例二）

（例一的“以前”是用的简式。）

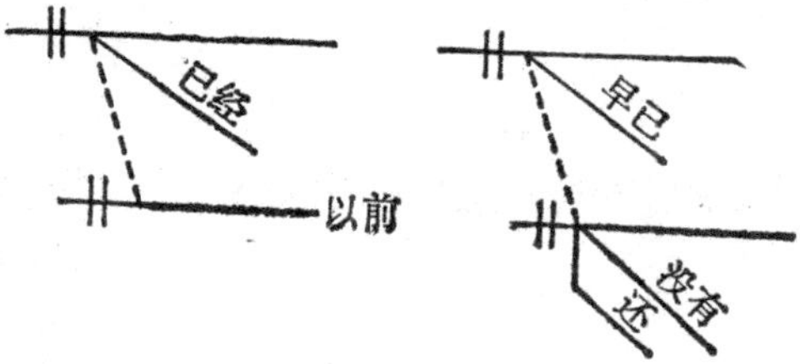

时间连词2　表前时的连词：

以前，之前（用在从句后）；当……以前

主句里所带相应的‘副词’：

已经，早已（表过去的）；还是（表不变的）

（ㄇ）后时　主句所表，发现在后。

例一 「苏伊士河开通了」“以后”，好望角的航路‘就’慢慢的废止了。

例二 “自从”「他得了这个病」，身体‘就’渐渐衰弱起来。

图解的公式：例一准照『前时』的例一，例二准照『同时』的例一，二。

时间连词 3 表后时的连词（一部分是“介所从的介词”引伸的）：以后，之后（用在从句后）；不多几时（连词语）；自从，(自；溯自)

主句里所带相应的连词或副词，如“同时”例。

（ㄈ）永久时　就是『同时』或『后时』的持续和反复。

例一 「做‘一日’和尚」，撞‘一日’钟。「太阳‘一天’不灭」，行星的转动‘一天’不歇。（持续的）

例二 「他‘无论何时’，‘一’想起他死去的朋友」，心里‘就’觉得难过。（反复的）

例三 那商人‘每’“逢”「黄河开了冻」，‘就’动身往天津去做买卖。（“逢”等于“当”，是表同时的连词；附加一个“每”字，就成反复的永久时：其他例推。）

图解的公式：　　（例二）　　（例三）

（例一准照『同时』的例四）

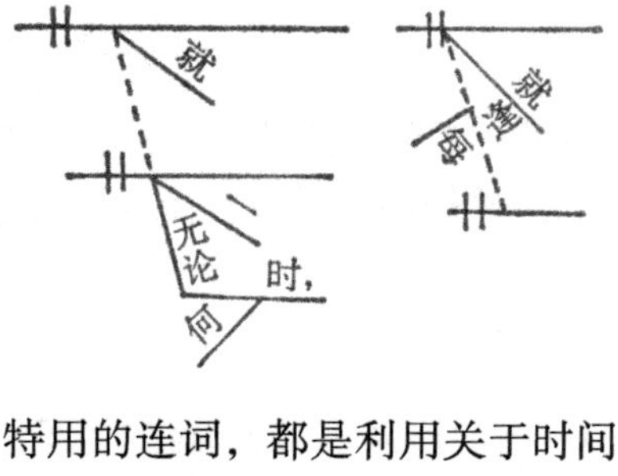

【注意】 表永久时的，没有特用的连词，都是利用关于时间的副词、副位名词（相应的一对）或副词语。

134. 原因句

凡表因果关系的复句，无论语气重在因或重在果，一律认表果的为主句，表因的为从句；也不论语气重在行为或重在目的，一律认表行为的为主句，表目的的为从句：这从句统叫原因句，——因为行为的目的就是动机，就是动的原因。依所用连词的形式，可分为五种：

（ㄅ）连词用在从句的：

例一　“因”「他庙里做的馒头好」，‘就’起了这个浑名。〔石〕

例二　我今天“因为”「天气不好」，没有出门。

例三　他差不多要成一个大专家了，“因为”「他是肯钻研的」。

例四　看天色渐渐昏黑了，打算回店；再看那堤上柳树影子，都已照在地下，“原来”「月光已经放了」。（带察觉意）〔老〕

例五　范学台特此把我考在这名次，“以便”「当堂发落」。（专表行为的目的）〔儒〕

因果连词 1　表因的连词，多半就是“介所因的介词”，可别为两组：

因为，（因，为）；由于；原来

——（以上重在表理由——即原因）

为……起见，（为着，为了，为……之故），为的是；以便

——（以上重在表动机——即目的）

主句若在从句后（如例一、二），常可用‘就’……等与之相应。

（ㄆ）连词用在主句的：

例一　「山上的雨水都冲下来了」，“所以”河水涨高了许多。

例二　他「这几年来用工太过」，“因此”得了脑病。

例三　梅相公接口道：『做梦倒也有些准哩』。“因”向周进道：『长兄这些年考校，可曾得个什么梦兆』（所连甚广，可以不分主从了。）〔儒〕

例四 「生员那日有病」，“故此”文字糊涂。〔儒〕

因果连词 2 表果的连词：

所以，因此，(因，因而，为此)；故，(故此，以故，是以，因以)

此外“顺序的承接连词”(参照 130 节之〔ㄅ〕)，多半也可以用来表功效与结果，那么，也就可以依着原句的次序图解，不必分别主从了。

【注意】 外动词的“使”字，也可以引申作连词用；就把它所带的宾语和补足连起来，变为一个「表效果的分句」；例如：

洗澡的益处，在于除去皮肤上的污浊，“使”「筋骨内的血液容易流通」，“使”「毛孔内的汗液容易排泄」。

还有致使，以致，(致，致令)，……都可属于这种表果的连词。但这种「表功效与结果」的分句，和上面(ㄅ)项例五用“以便”(或“为的是”)连着的「表目的与动机」的分句，图解时，都可认作「顺序的——事效相因的——承接句」，都不必别主从，分上下，以免麻烦。

(ㄇ)主从各有连词相应的：

例一 只“因”「月在云上，云在月下」，“所以”云的亮光从背后透过来。〔老〕

例二 “所以”把你进个案首，「也是“为”此」。(此种句法，意思重在解释理由，故主句定须在前；“所以”用在起下，不在承上。)〔儒〕

例三 “因”「多嘴」，“故”惹祸；“因”「嘴馋」，“故”得病。

图解的公式：

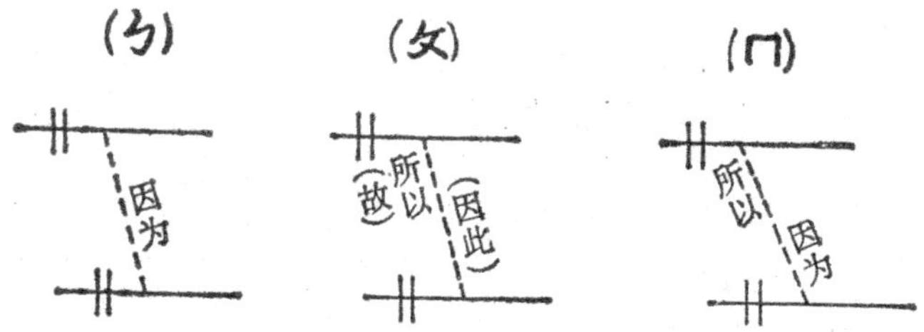

"因此"和"所以"，可以再加分析：

"所"字是倒装在介词"以"字前的副位代名词。（参125节之〔a〕，页191）

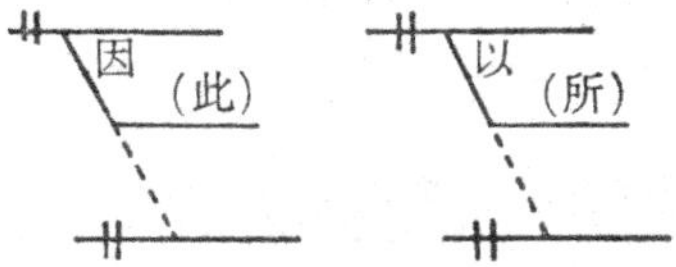

"此""所"两个代名词，就是代表从句的，和从句是『同位』，所以加（　）为记。

（匚）不用连词的：

例一　我们睡吧，「时候不早了」。

例二　「世间没有不死的人」，我总有死的那一天。

（万）插一个'连词语'的：

例一　做事总不要浪费时间；'为什么呢'？「时间乃是一去不再来的」。（从句也可以再用表因连词"因为"）

例二　你听我的话简直没有明白，'何以见得呢'？"因为"「你答我的话没有一句对题」。

这种询问式的表因'连词语'，大都要包含一个疑问代名词或疑问副词：

为什么呢？为何呢？何以呢？（多用来追溯理由）

何以见得呢？怎么讲呢？怎见得？（多用来考究语意，故可通用作『推证的承接连词』一参照130节之〔ㄇ〕，页207—208）

何以故？何则？何者？何也？……（以上文言用，溯理由与究语意二者皆通。）

图解的公式：

（例一）

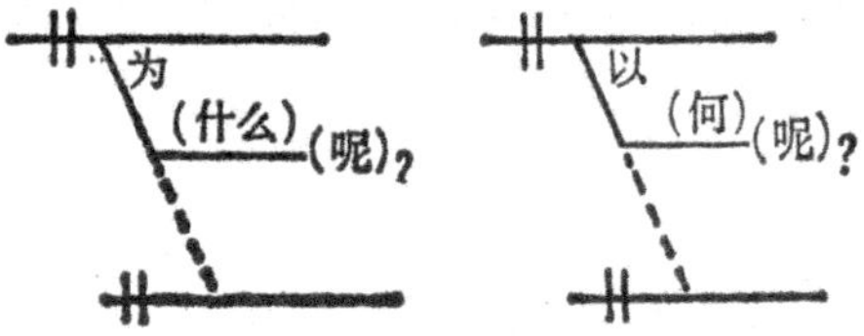

（例二）

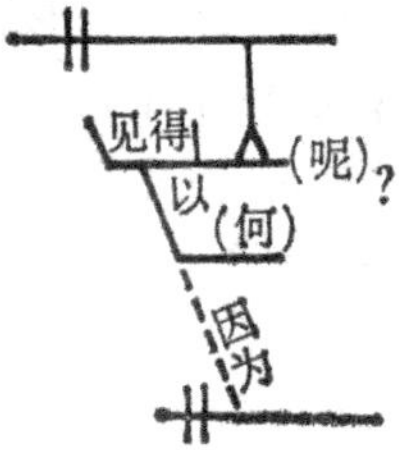

连词语中的疑问代名词，也和从句是『同位』，所以要加（　）为记。

135. 假设句

即假定的原因句：或是本来确定的因果律，或是虚拟的条件，或是推想的预言，乃至浪漫的假想，都可用假设的语气表出来，成一个从句。——国语中，有两个排列法：习惯的，在主句前；欧化的，在主句后。（下例全属习惯的；欧化的试自举例）

例一　“若是”「他不接受群众的意见」，大家‘就’要批评他。

例二　丁祭肉“若是”不吃，圣人‘就’要计较了。〔儒〕

例三　三角形的两角“若”相等，‘那么’他的对边也相等。

例四　「他“若”不睬我时」*，此事‘便’休了。〔水〕

例五　“如果”「我能够办」，我‘一定’办。

例六　“假如”「人类能够生出翅膀来」，‘那么’也就可以在空中高飞了。

例七　“比如”童生进了学，不怕十几岁，也称为老友；“若是”不进学，就到八十岁，也还称小友。（混合的复句，参照137节，页223）〔儒〕

图解的公式：

（例一）

（例五）

假设连词

若是,(若，若使)，假如,(假若，假使，比如,‘向’使)，倘若，(倘)，设或,(设，设使)；要是,(要)；如果,(果，果使，苟，诚)

主句中可用表趋势的‘副词’(或即‘承接连词’)或表必然的‘助动词’与之相应。(下面范围句同)

* 假设句有时用‘时’字(文言中)或‘的时候’(口语中)煞尾；有时就把“时”字当假设的表示，或条件的制限(见下节)。例如：

「三角形的三角相等」“时”，他的三边也相等。

136. 范围句

从句对于主句加上一个范围，就是制限主句的一种条件和方法。前列、后列，随语势之便。又可分为三种：

(ㄅ)条件在范围内的(积极的条件)：

例一　“只要”「天气好」，他‘一定’来。

例二　“以「我的力量能够办得到」为限”，我没有不承认的。

例三　「我们用科学的眼光观察起来」，世间事觉得都有一定的规律。

例四　“一经”「播下了种子」，‘自然’要发芽、开花、结果的。

例五　「大家“一”说明白」，‘就’可以团结了。

图解的公式：

(例二)

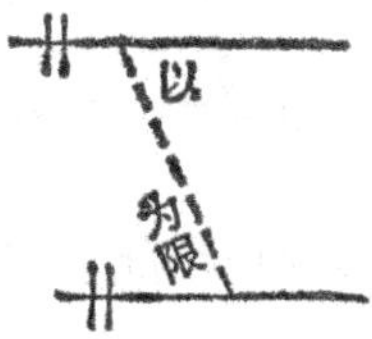

(例四)

范围连词 1　积极条件的连词，略分为二组：

只要，但须，（只消，只索），以……为限，

——（重在提条件）

一经，（经），…… ——（重在表方法）

（ㄆ）条件在范围外的（消极的条件）：

例一 “除开”「自己不做」这等事，没有法子可以叫人家不知道。

例二 “除「每年开一次常年大会」外”，会长得依会员十人以上之提议，召集临时大会。（虽不算是条件；但「除外的事实」，也可附在这种条件句里。）

例三 ‘非’「有过半数会员出席」，不得开会。——（1）

例四 “除非”「病到起不来」，我总是要习体操的。

例五 大会是开不成的，“除非”「有过半数会员出席」。——（2）

例六 大会是开得成的，“除非”「不足法定人数」，（或作「出席会员不到过半数」）。——（3）

例七 他明日是一定来的，“除非”「天气不好」。

例八 分别去；“除”「非梦里重相会」。〔千金记〕

例九 要相逢，不能够，“除非是”「梦里暂时略聚首」。〔琵琶记〕

例十 我有百日血光之灾，“只除非”「出去东南一千里之外躲避」。〔水〕

图解的公式：

（例二）

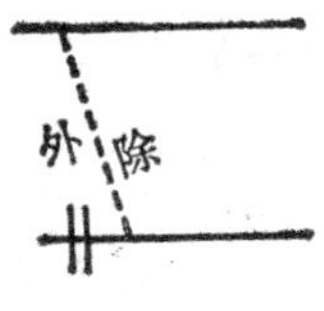

（例十）

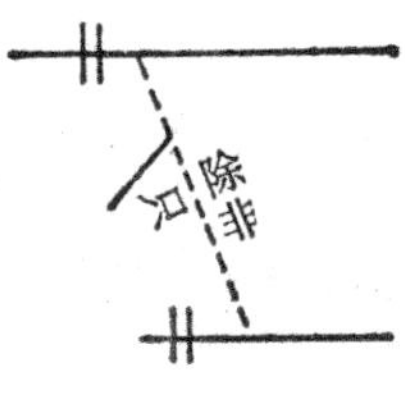

范围连词2 消极条件的连词，就是介所除的介词之引伸用法：

除开，除非，（‘非’，除是，除非是），除……外

【注意】消极条件的范围句，常省去主句，而将主句反面的意思作成一个‘假设句’；例如：

‘若要人不知’，“除非”「己莫为」。(例一之省变)

‘若要大会开得成’，“除非”「有过半数会员出席」。(例五之省变)——(4)

‘要相逢，“除非是”「梦里团圆」。(例九之省变)

图解上：

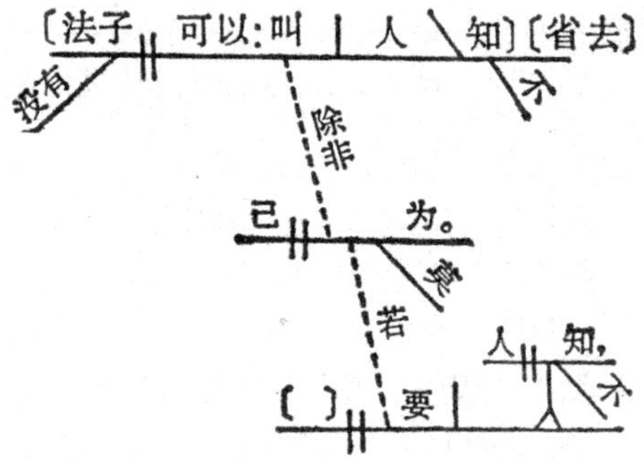

依理，主句既省去，“除非”也应删；而不删，所以对于假设句，这“除非”几乎可体会为『就该』的意义。

这是省去主句的条件句，而另有‘假设句’附着它；有时更可来一个『顺序的承接句』(参照130节之〔ㄅ〕，页205—206)和它联合，例如：

‘若要人不知’，“除非”「己莫为」，『人才可以不知』。(或作『才可以叫人不知』)

‘你想怎么样’，“除非”「等我出了这牢坑，离了这些人」，『才依你』。〔石〕。

‘要破此法’，“只除非”「快教人去蓟州寻取公孙胜来」，『便可破得高廉』。〔水〕

‘若要攻打青州’，“只除非”「依我一言」，『指日可得』。〔水〕

‘若要开大会’,“除非”「有过半数会员出席」,『方可开会』。——(5)

这些本来都有主句，是表当时事实的，可是都省略了。试完全图解之，并将主句的意思补出来。

也有留着主句，没有‘假设句’，只来一个『承接句』的，例如：

大会是开不成的了;“除非”「过半数会员出席」,『大会才开得成』。——(6)

凭他嫁到了谁家(这是一个让步句，说见下节)，他难出我手心，“除非”「他死了，或是终身不嫁男人」,『我就服他了』。〔石〕

也有把表事实的主句和表期望(反事实的)的‘假设句’全都省去，而用“除非”直起，对话的人也自然彼此相喻的，例如：

“除非”「过半数会员出席」,『大会才开得成』。——(7)

“只除非”「得这三个人」,『方才完得这件事』。〔水〕

“只除非”「教呼延将军赚开城门」,『唾手可得』。

“只除非”「去东南方巽地上一千里之外」,『可以免此大难』。

这些都是对话时口语上的复句变省法，试一一地图解出来。其他复句的省变法，都可准此类推。——对话时，习惯上多无意的省变；古体文中，为求简故，多有意的省变。

(ㄇ)无条件的——从句常是「选择的复述语」，或附有表不定的疑问代、形、副词：

例一 “无论”「你愿意不愿意」，你‘总要’离开这里。

例二 「一个老祖宗给孩子们做生日，“不拘”怎样」，谁还敢争?〔石〕

范围连词3 无条件的连词，就是无条件的副词(或形容词)的引伸：

无论,(不论),不拘,不问,不管,任凭*(凭)*

* 通用于下面的让步句，因为说话上的让步，就是表示条件无效。

137. 让步句

从句和主句立于反对的地位；但说者也承认容许从句事实或

理由的存在，像是表示说话时的让步，所以这种从句叫做让步句，也称「认容句」。国语常把让步句排列在前，因为下面的主句常是转折句；新式的却常列在主句后。

例一　“虽然”「这事不容易」，我们‘还’得做去。

例二　「我们“虽”承认国家须继续下去」，“然而”我想：我们‘也当’承认国家的权力是镇压反动阶级的，以绝对的必要为准。（部分的相反）

例三　「他“固然”没有特长」，“可是”人很诚实。

例四　“就令”「不能够免去战争」，‘也’该知道做了战争的牺牲是应当有代价的。

例五　“尽管”「他不来」，你‘也’是要去的。

例六　“就是”「西天出了太阳」，我‘也’不改变宗旨。

例七　比如童生进了学，“不怕”十几岁，‘也’称为老友；若是不进学，“就”到八十岁，也‘还’称小友。

图解的公式：

（例一）

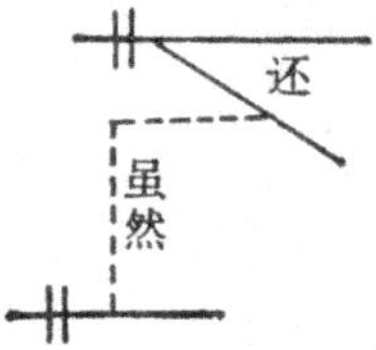

（例二）

（例三）

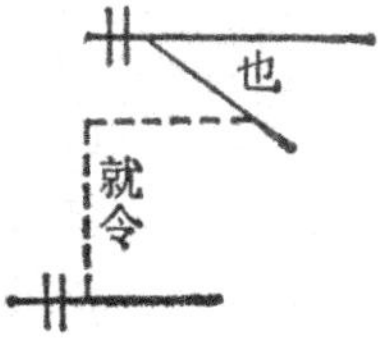

让步连词　一名认容连词，一名推宕连词，应分两组：

虽然,*（虽，虽则）；固然，（固是）；尽管，凭，（任凭），饶，（饶是

——（重在表事实上之认容）

纵令，（纵然，纵），就使，（就，就是，便，便是；就令，即令，藉使脱令），那怕，（不怕），

——（重在表心理上之推宕）

主句中，常用“转折连词”或‘表不变的副词’与之相应。

*【注意】 口语中之“虽然”，是复合词，只当文言中一个“虽”字的意义。文言中的“虽然”，不用在从句里，乃是用在从句和主句的中间，作一种转接的“连词语”，相当于口语的「虽是如此，但……」、「尽管这样，可是……」，必须加点号（白话则万不可加点号）。

138. 比较句

这种从句，或以深刻的比喻，衬出主句意义的真切；或以程度之相差，发挥主句关系的重要。再分三种：

（ㄅ）平比　从句常在后，——但在修辞法上，主从的前后，连词的有无，都不一定。（可参看唐钺《修辞格》页四至十四）

例一　那一丛芦苇，映着斜阳，把堤岸密密遮住，‘很’“像”「粉红绒毯做成了偌大垫子」：实在奇绝！（以下是情形的类似）〔老〕

例二　从前县官的职务是肮脏事业中之一种，‘恰’“如”「工程队清暗沟」‘一样’。（把‘一样’看作主句中述语『是』的副词，这从句便也可看作「包孕的副词句」—参照126节）

例三　初十日那一晚，还没有天黑，一群一群的人都从他们的家里滚出来，像受了什么催眠术似的，‘又’“像”「一个螳螂死在地上，惹出成千成万的蚂蚁从洞中爬出来搬运」。（这是一组混合的复句，注意图解。）

例四　人有聚，就有散；聚时欢喜，到散时岂不冷清？既冷清则生感伤，所以倒是不聚的好：“比如”「那花开时令人爱慕，谢时则增惆怅，所以倒是不开的好」。（也是混合复句）〔石〕

例五　这个女教师爱护伊的学生，“无异于”「做母亲的爱护自己的儿子」。（以下程度的相等）

例六　问君还有几多愁，‘恰’“似”「一江春水向东流」。〔李词〕

图解如右：

（例二）

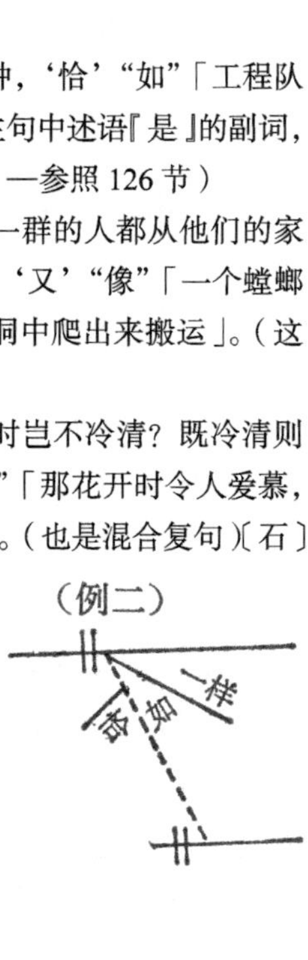

比较连词 1　平比的连词，大部分就是介所比的介词或同动谓的引伸用法（参照 67 节的注意 2）：

像，（好像，像……似的），似，（似乎，好似），好比，（比如，譬如），犹如，（如同，如……样），和……一般；

无异于，不下于，（不减于，不让于），等于，相当于

（ㄆ）差比　比较优胜的一面，常是主句，因为它是语意所注重的——若是语意轻重相等，便作为等立句看也行。——但从句或列在前，或列在后，要看所用的连词如何：

（a）用“过于”的连词，从句常在后。

例　我和你谈话一夜，“赛过”「我自己读书十年」。

（b）用“不及”的连词，从句要在前，而连词就属于主句了（和原因句的“所以”位置一样）。

例　「我在学堂坐着，心里也闷」；“不如”往他家放牛，倒快活些。〔儒〕

图解的公式：

(a)

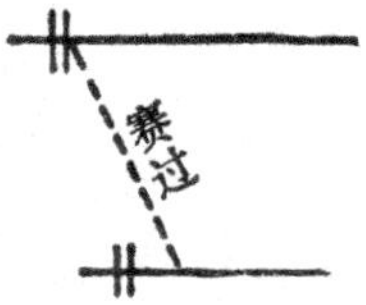

(b)*

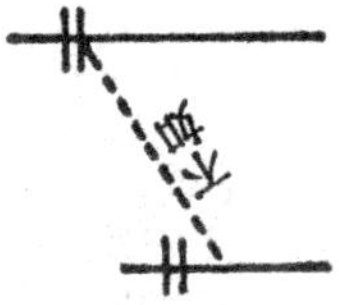

*【注意 1】（b）式的连词“不如”，或仿“所以”例，写在虚线左边的上方，也行。但这主句在上，从句在下的规定，原也不必拘定，大图解时，尽可依着句子的顺序；本章这个分别上下的规定，不过是谋一时整理思想上主从观念的便利罢了。

比较连词 2　差比的连词，可分为二组：

赛过，（赛似，胜*过，过于），强*于，（强如），

——（表过于所比的）

不如，不及，没有，（参照 68 节，页 80）差*似，（次于）

——（表不及所比的）

*【注意 2】 胜、强、差……等字本是‘形容词’，有时它们要和所带的“过”、“于”、“似”……等连词分析；例如：

我从二十岁上进学，到而今做了三十七年的秀才。一日‘穷’“似”一日。〔儒〕

这繁华的都市，在没入于一个梦境，一天‘深’“似”一天的；那梦境的气氛，一天‘浓’“似”一天的。

图解起来，可作：

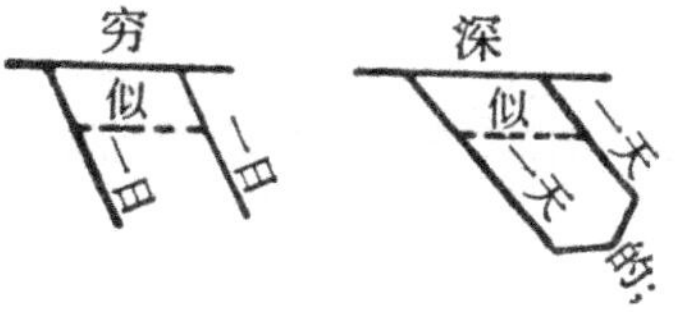

【注意 3】 这（ㄅ）（ㄆ）两种比较句，有时『省略的成分』很多很多。68 节（页 80）中已经说过；现再举一例：

外面底月亮，虽然还“像”去年那么圆满，那么光明，可是他对于月亮底情绪，就大“不如”去年了。

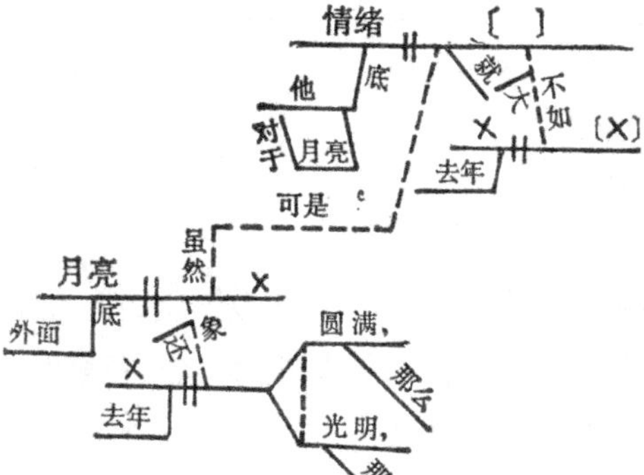

可从左边的图解看出它省略的成分来（注意省略的符号）：

不过为省事起见，“像”和“不如”两词，也可认作「同动词」，使比较复句缩合成单句。试图解出来。

（ㄇ）审决　就差比的两端，再从主观的意见上加一番审察、

决断。

例一　“与其”「太奢侈了」，“宁可”过于俭朴。

例二　“与其”「写死文」，“不如”说活话。

图解的公式：

比较连词 3　审决的连词，主从各一，互相呼应：

与其……宁可，（还是）；与其……不如，（何如）

【注意】审决很少是一对复句，常是共一主语的「复述语」，可不分主从，属于选择句（页 167），上两例句就是（省了主语）。有时前端不用“与其”，就可把“不如”作单一的述语（如上例二，若不用“与其”就可把「写死文」和「说活话」都看作「名词语」，一主一宾，中间述语“不如”就算“同外动”）。总之，图解法讲到这里，一切分析的公式，算完结了；便须知道随宜活用，不拘一格。

这十五、十六两章「等立」和「主从」两大系复式句（十四章的「包孕句」，因分母子，也叫复句，但若专就‘母句’说，仍是单句，不算复句），只是配合着“连词”，系统地列出一些基本的公式。进一步就要看它们的“混合组织”，图解全段文章，把各复句间的关系形态，全面地、细致地表示出来，自能彻底了解这些复句公式的「活用」法。详后十九章。【今按】这些复句公式和图解线，后来也有所调整如主从句，请参照“句法图解总公式”的附则三 3 之（3）:「以上下别主从；以左右顺语序。」本书除转折句外，从句的虚线都向下右斜，今改分为左、右、中三式。（等立句概不斜，页 199 以左斜表进层应取消。）统详《汉语语法教材》第二、三编。

第十七章　语气——助词细目

（话剧、歌剧上的实例）

139. 助词的分类

助词是国语所特有的（参看12节的定义，页21）；它的作用，只用在词句的末尾，表示全句的“语气”。因为中国文字，向来只有简单的句读标点，没有表疑、叹……等等语气的符号，只得假借（或制造）几个字来表示这些语气；但因古今语和方言表语气的声势各有不同，依音借字，故助词也就很复杂。现只就思想表达方面归纳一切句子的语气为五类：

（1）决定句 ⟩——（5）祈使句
（2）商榷句 ⟩
（3）疑问句
（4）惊叹句

这些语气，各用相当的助词来帮助，或竟由助词表示出来。

【注意】 助词在文句之论理的结构上虽无重大的关系，但口语中的表情、示态，全靠把助词运用得合式，才可使所表示的情态贴切、丰美、而细腻。不过方言不齐，这点很难规定；惟有用一种方言（北京语）为标准，如实地举例说明，使这一个地方社会的语言中，可以完全抒情愫、推襟抱的声音、词气，如实地成就一个系统的叙述，以供研究者的考证，而练习者也能有所凭借：这才是文法中助词的职务。——也就是助词的研究和各种词类不同之点，因为它与国语的内容和构造都不相干，却牵涉到口语的声调问题了（参照第 1 节的注 1）。

决定句（附祈使句）

140. 表语气的完结

可不问句子里所述说的事情完结了没有，乃至实现了没有。如：

了(ㄌㄧㄠ)——普通语体文都写此字（相当于文言之“矣”“已”）；但除西南官话的一部分（如湘西的几县）外，大都不读ㄌㄧㄠ音,（助动词的“了”字也如此，参照 84 节〔2〕之〔ㄆ〕)。所以或写为

嘞(ㄌㄜ),（勒），或作

啦(ㄌㄚ)——略带感叹的口气；或作

咯(ㄌㄛ),（罗），喽(ㄌㄡ)——感叹的口气更强了。例如：

现代科学上的发明、发现，没有比这个再‘重要’的“了”。

* 你这本领也不‘算’小“了(ㄌㄚ)”（或“咯(ㄌㄛ)”）。

* 说得是啊，原来就‘是’这句话“咯(ㄌㄛ)”！

你这‘是’难题目“了(ㄌㄜ)”（或写“勒(ㄌㄜ)”），叫我怎么去回复他？

要这些芹菜做什么？买一把也‘足够’“了(ㄌㄜ)”（或“咯(ㄌㄛ)”）。钱多！

* 这桩事，我又‘不能不’怪你“了(ㄌㄚ)”。

令亲那笔款子，本来早就‘该’还“了(ㄌㄜ)”。

* 这更好“了(ㄌㄜ)”（或“咯(ㄌㄛ)”），就是怕你不来。当面谈，再好不过“了(ㄌㄚ)”。

* 你‘真是’太不中用“了(ㄌㄚ)”（或“咯(ㄌㄛ)”）！

* 你单靠向人家借债度日，那‘自然’难过日子“咯(ㄌㄛ)”。

* 什么？不去！你又拿我们开心“了(ㄌㄚ)”！

一个人谁愿意犯法？都是被现在的环境逼来逼去，就逼出许多犯法的人来“了(ㄌㄜ)”。

* 一个七尺昂藏的男子，伸出自己的手来把自己杀死，‘未免’太对不起自己“了(ㄌㄚ)”（或“咯(ㄌㄛ)”）！

现在蒙你这样地开导我，实在觉得同志们对我太‘热情’“了(ㄌㄜ)”。

* 母亲，你杀了(ㄌㄜ)儿子“啦(ㄌㄚ)”（或“喽(ㄌㄡ)”）！〔以上《好儿子》〕

——以上各例，是助‘判定事理’的完结语气。

*【注意】 凡有这 * 号的句子，都是兼带感叹的语气的。

又这一类例句，都是判定的语气，与下面各例句是叙述的语气、有时间的关系的不同：这要看句中所用的‘述说词’而定，须注意。

他做了(ㄌㄧㄠ)‘了(ㄌㄜ)’去“了(ㄌㄚ)”。

我‘已经’恕‘过’你的罪“了”。

我‘昨天’‘已经’告‘了’一天假“了”。

‘刚才’我去泡水的时候，我湾到对门去看‘过’“了(ㄌㄜ)”。

阿妈买菜去“了(ㄌㄜ)”。

* 怪不得！都是你在里面作怪，把钱藏起来“了(ㄌㄚ)”（或“咯(ㄌㄛ)”）。

我‘昨天’就来找‘过’你一躺“了(ㄌㄜ)”。

‘昨天’来恭候‘了’一躺，你又公出“了(ㄌㄜ)”。

谁知善门一开，那些半生不熟的、似朋友非朋友的穷人都来“了(ㄌㄜ)”，竟把我当作小孟尝看待“了(ㄌㄚ)”。

‘从前’做布匹生意的，因为受了外货倾销的影响，弄得庄家也倒“啦(ㄌㄚ)”，店主也吃了官司“啦(ㄌㄚ)”，你也就搁浅起来“了(ㄌㄚ)”。

* 你们也不知道害了多少人“了(ㄌㄚ)”（或“咯(ㄌㄛ)”）！（以上《好儿子》）

——以上各例，是助‘过去完成时’的完结语气。

这件事我可了(ㄌㄧㄠ)不了(ㄌㄧㄠ)“了(ㄌㄚ)”。

你看如今的我，竟成了一个翻了船、抓住一块破船板的人“了(ㄌㄚ)”！

老太太，你白疼了我“了(ㄌㄚ)”（“咯(ㄌㄛ)”）！〔石〕

听说‘这几天’青辣椒、毛豆上市“了(ㄌㄜ)”，可以买些算时鲜菜。

我真变了乡下人“了(ㄌㄚ)”！

买了菜，只剩了两个铜子“了(ㄌㄜ)”。

这点儿钱，买了菜就没有甚么多的“了(ㄌㄜ)”。

老太婆！给你一打岔，我算错“了(ㄌㄚ)”（或“咯(ㄌㄛ)”）！

儿子大“了(ㄌㄜ)”，做母亲的怎么管得了(ㄌㄧㄠ)许多?

回来“了(ㄌㄚ)”！总是这样！吃了没有?

‘现在’更不对“啦(ㄌㄚ)”！

‘今天’可给我候着“了(ㄌㄜ)”！

你有了嫂子就不疼我“了(ㄌㄚ)”！你偏护她。

* 冤枉！受小孩子的气“咯(ㄌㄛ)”！

姓甚么，他对我说过，忘“啦(ㄌㄚ)”。

十二块洋钱一股，‘现在’‘已经’长到四十块“了(ㄌㄜ)”。

好，你‘今天’在家“了(ㄌㄜ)”。

阿哥，阿哥！给我一角钱，门口卖鱿鱼的来“了(ㄌㄜ)”。

‘现在’守法的人都是苦百姓、穷小子，犯法的个个做了大财主、阔老官“了(ㄌㄚ)”。

‘现在’你提起赡养，真把我的心勾起来“了(ㄌㄚ)”(或“咯(ㄌㄛ)”)。

好“啦(ㄌㄚ)”！少爷回来“了(ㄌㄚ)”。

他回来“了(ㄌㄜ)”，你问：刚才给我多少?

好“啦(ㄌㄚ)”！你们为来为去为几个钱，我‘现在’发了财“啦(ㄌㄚ)”，你们都有钱“啦(ㄌㄚ)”，快来分吧！

妈妈，你忘“啦(ㄌㄚ)”，这是他陆续带回来的。〔以上《好儿子》〕

——以上各例，是助“现在完成时”的完结语气。

‘明儿’你来时，我一定做完“了(ㄌㄜ)”。

这还吃粥！‘马上’走，『已经』赶不上第一堂“了(ㄌㄜ)”。

‘到这个月底’就三个月“了(ㄌㄚ)”，‘等到节上’，『早已』钉了门“了(ㄌㄚ)”。

* 你现在还是妈妈长、妈妈短的，‘将来’娶了媳妇，就没有你妈“啦(ㄌㄚ)”(或“咯(ㄌㄛ)”)！〔以上《好儿子》〕

——以上各例，是助“未来完成时”的完结语气。

【注意】 以上三种‘时制’，都是由句中所用‘时间副词’或‘性态副词’或‘助动词’表示出来；句尾的助词“了”，乃是帮助全句语气的完结，与动词的时制无关。

大哥多喝两杯，小弟‘要’走“了(ㄌㄜ)”。

他这中书，‘早晚’是‘要’革的“了(ㄌㄜ)”。

‘难道’你‘要’动手打我“了(ㄌㄜ)”！

可怜我那里赶得上！‘只怕’不能够“了(ㄌㄚ)”！

这孩子急什么?‘想必’催着姑娘出了阁，你也‘要’早些寻一个小婿子去“了”。〔石〕

我‘要’去睡“了(ㄌㄜ)”。

节下‘快’到“啦（ㄌㄚ）”。

后天‘就要’交“了（ㄌㄜ）”，你给我吧！

‘要’钉门“了（ㄌㄚ）”，我是没有脸去见姊妹。

太太起来只怕还有一回儿呢，小少爷可‘就要’嚷饿“了（ㄌㄚ）”。

我们都‘要’饿死“了（ㄌㄚ）”，你还快活得出！〔以上《好儿子》〕

——以上各例，是助‘预期’或‘不定’的完结语气。

【注意】 这一项本也可附属于上项‘未来完成时’，不过句中没有确定的未来时间，和上项略有不同。

‘若’过了三天，你还没有做完，你不用来见我“了（ㄌㄜ）”。

‘再’歇了中觉，‘越发’没了时候“了（ㄌㄜ）”。

我们‘若’去求他，这‘就’不是品行“了”。〔儒〕

‘如’断然不能，我‘也就’没法“了”。

‘若是’我两人先参差着，‘就’不是共事的道理“了”。

他‘若’说「我替你做」，这‘便’有一分光“了”。〔水〕

他‘若’欢天喜地说「我来做」，这光‘便’有二分“了”。

‘若’还是这么傻，‘便’不给你娶“了”。〔石〕

‘若是’过了期，‘就’无效“了（ㄌㄜ）”。

你留下这七千二百块钱，‘如果’不做买卖，绝对的不应酬，并且还不准有疾病生死的大变故发生，你‘也’止能坐吃两年就完“了（ㄌㄜ）”。〔以上《好儿子》〕

——以上各例，是用在假设复句的「主句」中，即是助『虚拟结果』的完结语气。

再‘真’把宝玉死“了”，‘那’可怎么样呢？〔石〕

‘若’迟一步，回事的人多“了”，‘就’难说话了。

你不高兴再做妻子“了”，你‘就’丢了你丈夫；做母亲做得讨厌“了”，你‘就’把孩子送到外面去。(〔群鬼〕)

——以上各例，是用在假设复句的「从句」中，即是助『虚拟原因』的完结语气。

【注意】 以上两项，本也可附属于未来完成时；但虚拟也或是现在的空想，假设更或是过去的翻案，并且都限于复句，故另列为一组。

你‘可以’饶了我“了”！

‘不要’只管讲话“了”。

大哥，我的言语，‘休要’忘“了”。

你‘休要’说「儿子是父亲的玩意儿，妻子是丈夫的玩意儿」“了”。

得(ㄉㄜˊ)“了(ㄌㄜ)”！

‘别’多说“啦(ㄌㄚ)”！

‘别’多问“了(ㄌㄜ)”。

‘别’生气“了(ㄌㄜ)”。

费话也‘不用’再多提“啦”。

‘别’取笑“了(ㄌㄜ)”。

好“啦(ㄌㄚ)”！你也不用赌什么气。

小孩子‘别’搬是非“啦(ㄌㄚ)”！

‘别’做梦“啦(ㄌㄚ)”！快分吧，你们一人一半，藏起来。这可‘别’闹“啦(ㄌㄚ)”！〔以上《好儿子》〕

——以上各例，是助‘请求’或‘劝阻’的完结语气。

【注意】 这路句子，若不用这完结助词，语气便强硬些：请求变成命令；劝阻好似禁止。

但是表动作完成的助动词‘了’，有时和这助全句语气的助词“了”，不能分别，就是：助动词‘了’恰巧用在句尾的时候，这‘了’便兼摄助词“了”的职务，也就带有表示全句的完结语气之作用——气完故“音延”；语结故“句住”。

141. 表语意的制限

也属决定的语气，但对于全句的意义，兼表一种制限或让步的口吻。如：

ㄅㄚˋㄌㄜ˙
罢了——相当于文言的“而已”（急言之曰“耳”）；例如：

所以这种实验，‘只好’委诸梦想“罢了”。

‘只要’事事可行，宜千古而不戾于今“罢了”。〔儒〕

有老太太一日，还好一日；若没了老太太，也‘只是’凭人去欺负“罢了”。〔石〕

*我们丫头，眼里没娘“罢了”，连姑娘也没了不成？〔石〕

哪里真的？‘就’这句话“罢了”。

我‘不过’预先通知你“罢了”。

谁教你要饭去！我‘不过’说上海是一个最容易求生活的地方“罢了”。

这个买卖，并非我自己有权柄可以教你发财，我也‘不过是’从中替你做一个介绍人“罢了”。

一个人活在世上，‘无非是’想求安逸快乐“罢了”。〔以上《好儿子》〕

ㄐㄧㄡˋㄕˋㄌㄜ˙
就是了，（就是）——和“罢了”用法相同，但本来是表事效的副词（参照99节之〔ㄈ〕）。例如：

*那么，你去“就是了”。

他父亲年轻的时候也是这样的，‘不过’不像他这样荒唐“就是了”。

管他身分不身分！‘只要’不偷人家、抢人家的“就是”。

*下午我亲自去见令亲“就是”。

*到节上一块儿给你们“就是”，闹什么？

*现在，你拿去“就是”。

*下节起，你来当家，归我多少钱月规“就是了”。〔以上《好儿子》〕

*【注意】 本节中，凡有这*号的句子，句中没有含‘不足’或‘仅可’意的副词，这助词就是偏于表示“决定”“承允”的语

气，相当于文言的“可也”“可已”。

又表决定的性态副词，如“也罢”、“得了（ㄌㄜ）”，都和这种助词的语意相同；因为它们常是独立地用在句首，所以要另列于副词（参照 99 节之〔ㄉ〕）；但“得了”也常用于句尾。

142. 表语态的警确

于语意无所增益，于语气也无所帮助，不过使说者的态度，对于所指示所决断的话，确定而不游移，精警而不含混。如：

的（ㄉ丨（ㄉㄜ））——增加确定的语态。有时似用为指示代名词，如文言的‘之’；有时似用为联接代名词，如文言的‘者’；有时又可译为文言之‘焉’、‘也’、‘矣’、‘耳’或‘云’。例如：

*满园子里便鸦雀无声，连一根针掉在地下都（　）听见“的”。〔老〕
行事、言谈、吃喝，原（　）有些女儿气“的”。〔石〕
这荀玫是老师要提拔的人，查不着，（　）不好意思“的”。〔儒〕
先生（　）最喜欢我“的”。
*这（　）可以使得“的”么？
你（　）几时过江来“的”？
只因（　）当年先母病中在观音菩萨位下许“的”。
*你可以去吗？（　）可以去“的”。
*那天听的很多，我也（　）去听“的”。
*谁（　）教你们开口骂人“的”？
肉丝和蛋，（　）只够两位少爷吃“的”。
无论如何，生意买卖总（　）要顾到“的”。
我不管，插带的东西，你（　）要给我“的”。
胡说！她（　）不会打你“的”。
我已经报了名了，不去，先生（　）要骂“的”。
*昨天有一个朋友（　）来找你“的”。
*（　）一星期内就要交股“的”。

他因为等着要交股，才来同你商量；那怕过了一星期，再归还你，倒（　）不要紧“的”。

两年之后；你（　）仍旧要发生经济恐慌“的”。

可是制造得非常精巧，（　）决看不出半点破绽出来“的”。

* 谁教你一辈子做这种生意？只要借此过一个渡，你自己手里有了几万现货，就（　）能够活动，做别的事业“的”。

* 将来你只消四面活动了，慢慢地就（　）可以脱离关系“的”。

*（　）妈妈叫我不要去“的”。

* 进去说话去了，（　）就要出来“的”。

你的钞票（　）那里来“的”？

不要紧！拿到行里去看一看，都（　）要还你“的”。〔以上《好儿子》〕

*【注意】 若是把“的”字都看作「联接代名词」，那每句的（　）中都可以添加一个「同动词」‘是’字；不过有 * 作记号的句子，添加起来，很觉勉强。所以，这一路本无‘是’字的句子，句尾之“的”就只看作确定语态的助词；图解上，和其他助词一律如下例之（ㄅ）式，而不必如（ㄆ）式：

(ㄅ)

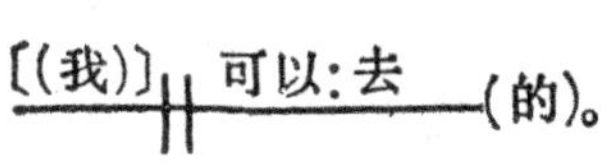

(ㄆ)

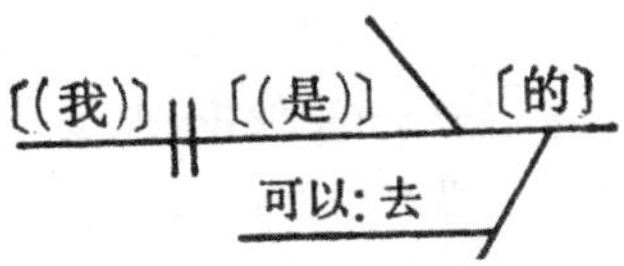

ㄌㄧ　ㄋㄧ(ㄋㄜ)　ㄌㄝ　ㄌㄜ
哩，呢，（咧，嘞）——增加精警的语态。语细则收ㄧ韵，声洪则收ㄝ（或ㄜ。“呢”有时更可收ㄚ成“哪(ㄋㄚ)”）韵；调必下降（似北京的去声），其实是四声不明的轻声。例如

就这一眼，满园子里便鸦雀无声，比皇帝出来，还要静悄得多“呢(ㄋㄧ)”。〔老〕

ㄌㄧ
将来说话的日子长“哩”。

* 只到今年秋祭，少不得有胙肉送来，不怕你不开（斋）“哩”。〔儒〕

再过两年，只怕也要弄到黄老爹的意思“哩”。

做梦到也有些准“哩”。

* 他的中书，还在判官那里造册“哩”。

我是方六老爷家来的，请老爷就过去；候着“哩”。

你且不必往我们家里去；二爷病了在家里“呢”。〔石〕

* 连我们所知所能的，你还不知不能“呢”；还去参禅呢？

你只管说去；倘或闹起来，还有我们帮着你“呢”。

怪道丫头们说「不知在那里」；原来在这里生气“呢”。

ㄋㄜ
小少爷还没有起身“呢”，我去买菜吧！

ㄌㄜ
他打牌还来不及“咧”，给了我钱，叫我「快滚！」

* 我骂你！「长嫂如母」，我还能够打你“呢”！

芹菜买了两把，我看还不到两斤“呢”。

* 只怕又要闹第二场“呢”。

回头三点钟，他们还约我有事“呢”。

她说替我拉亏空；只怕我在外面的亏空比她还大些“呢”，教我对谁去说？

我这样死了，人家还要疑我干了什么不端的事“呢”。

那般白天睡觉，晚上敲过十二点后，在马路上伸手要钱的乞丐，每晚至少还能够挣一块多钱“咧”。

我在你的年纪，还没有你现在的手面“呢”。

信用、朋友，都是没用处的东西；我先要有了钱，大家才肯信用我“呢”；朋友都是「世态炎凉的」，有了钱，才有朋友“呢”。

那时你再拿出千万分之一的小钱出来，在社会上做几桩好事，那就人人都恭敬你是大慈善家“咧”。

只要你诚心替他代销，你能先取货后交银子，销不掉还能还他“呢”。

他们还要你赔偿他们国体名誉的损失“呢”。

太太起来，只怕还有一回儿“呢”。〔以上《好儿子》〕

*【注意】 有这 * 的，是带有感叹语气的句子。

若要全句中一部分的词或语句特别表现得精警，这路的助词也可用在句首的一顿之下，这叫做“提顿”的用法——专为提起语势，故比上面用在句尾的，声调高平些（－），而不那么下坠；可也不一定带有疑叹的意味。例如：

喜欢“呢(ㄋㄧ)”，和他说说笑笑；不喜欢“呢(ㄋㄧ)”，可以不理他就是了。〔石〕

什么学生“勒(ㄌㄜ)”，做工的“勒”，商人“勒”，个个都晓得热心爱国。〔赵编《国语留声片》〕

年轻“呢(ㄋㄝ)”，这种事总是难免的。

衣服“呢(ㄋㄝ)”，我将就做了一件新的，花边可替你省下来了。

现在“呢(ㄋㄝ)”，你就可以大大地发展一番了。〔以上《好儿子》〕

【附说】 这种表警脆的决定助词，各地方言尚多有之。如北京语中之“都”（ㄉㄨ），语气也似“哩”，例如：

今年你有四十岁了“都”，我们有的要叫你老前辈了“都”。（赵元任贺友人寿诗；但常与「了」连用，因「了」既为ㄉ声，故不复承以“哩”等，而改用ㄉ声之“都”以免拗口。）

商榷句（附祈使句）

143. 表语气的商度

或就事理推置，或由自心拟定，或对人有所希望命令，都靠此表出商量揣度的语气。如：

罢(ㄅㄚ)，（吧）或作

啵(ㄅㄛ)，（波）——相当于文言之“夫”（或“也夫”“也乎”“也与”）。

发声为ㄅ，是由否定副词的“不(ㄅㄨ)”而来，所以是起于猜疑的意味（文言“夫(ㄈㄨ)”之发音亦是由“弗”“无”等而来；古无轻唇音，故今用ㄈㄪ声母之字，本亦读为ㄅㄆ或ㄇ）。又因疑猜不定而延长其音，故收音于ㄚ或ㄛ，所以又兼带感叹助词的声气（参照146节，页247）。例如：

今天‘大约’不会下雨“吧(ㄅㄚ)”。

今年雨水太少，收成‘恐怕’不会好“吧”。

这似乎有点说不过去“罢”！

‘恐怕’是法律上绝对不能容许的“吧”！

我们三个人要去杀他，‘恐怕’……不会成事“罢”。〔老〕

‘大约’四千多钱不到一点“吧”。

* 唉！做儿子的担负太大了些“吧(ㄅㄚ)”！〔以上《好儿子》〕

——以上是助揣度事理的语气。（句中常用表估量的‘副词’）

这项助揣度语气的“罢”字，也有一种“提读”的用法，但以配成一对为常；例如：

唉！天天为了这两顿吃，就得把人磨死！老的爱吃了(ㄌㄜ)“吧”，小的不适口；配了小的底胃口“吧”，老的又不乐意。

说懂“罢”，甚么事都懂一些皮毛；要靠它求生活“罢”，甚么都不够用。〔以上《好儿子》〕

只得告辞一声，看他怎说；因起身道：「我别过六老爷“罢”。」〔儒〕

不如等到冰结实了，从冰上走“罢”。〔老〕

咱们走“罢”。〔石〕

我去看“吧”。

脸水我去打“吧”。〔以上《好儿子》〕

——以上助自己裁量的语气。

王相公！也罢！老爷拿帖子请你，自然是好意，去走一回“罢”。〔儒〕

这里有风，石头又冷，坐坐去“罢”。〔石〕

我看见你文具里头有两三面镜子；你把那两面小菱花的给我留下“罢”。

随你去买“罢”。

多打些酱油、菜油回来“吧”。

你起来“吧”。

你洗了脸就走“吧”。

ㄌㄜ
拿两个铜子去买些吃了“罢”。

快走“吧”！

我看就分些芹菜出来把肉丝炒一炒“吧”。

哥哥！你别骗我小孩子；明天给我“吧”。

好啦，老太太也少说几句“罢”！

他这笔款子，‘请’你最好给我带了去“吧”；字据我也带来了，就‘请’勾了“吧”。

你把这个留在家里，我与你同去见一见活财神“吧”。

你们诸位‘请’便“吧”。〔以上《好儿子》〕

——以上助向人商请的语气。

疑 问 句

144. 表然否的疑问

只要求答者对于所问的话决定是非然否（或自问而不决定），有时然否已决，故作反诘。如：

ㄇㄛ ㄇㄚ
么 吗——大体相当于文言的“乎”、“欤”、“耶”或“哉”，但略微实在一点儿。例如：

这王相公，可就‘是’会画那没骨花的“么”？〔儒〕

二爷‘在’这里“么”？〔石〕

* 老太太没有同你‘说’“吗”？

又‘是’闹了一个全夜“吗”？

少爷‘在’家“吗”？

* 奶奶也不‘知道’“吗”？

* 他们不‘怕’破案后咬他们出来“吗”？

* 你们的房钱不是‘加’了两块了“吗”？

这‘是’做梦“吗”？〔以上《好儿子》〕

——以上是表有疑而询问的语气。

*【注意】 句中有否定副词「没有」或「不」字，就可以改作「无疑而反问」的语气，须看上下语意而定。又各例句中在‘　’内的词，就是要决定然否的述语。

“么”“吗”本是和“无”（古音ㄇㄨ，但远古即读ㄇㄚ或ㄇㄛ，说详下章）、“不”、“否”、“非”（古音ㄆㄧ）、“未”（古音ㄇㄧ）、“没”、末、莫等否定词同是双唇阻的发声，不过收韵有平唇圆唇种种不同罢了。所以，下面各例句，是和用这种助词的同一语气：

装罢低声问夫壻：画眉深浅‘入时’“无”？

他昨天‘去了’“没有”？现在‘来了’“没有”？（“没有”限于用在过去或现在的‘完成时’）

你‘看了’这本书“没有”？

你看这本书“不”‘看’？（辞气再缓，可作「你看这本书“不”看这本书？」加急，则作「你看这本书“不”？」）

你‘看“不”看’这本书？（以下各例，否定词都是紧接句中的述语。）

你‘要“不”要’看这本书？

你“是不是”‘要看’这本书？（或作「你“是否”要看这本书？」）

“是不是”为了那笔款子的事情？

多买些素菜，“好不好”？（以下两例，疑问词独立为短语。）

我是活该饿着肚子去念书的，“是不是”？〔以上《好儿子》〕

因为用否定词表示疑难，可以如此紧连着述语，位于句首或句中；于是有一类表然否疑问的助词也是如此用法。如：

可，（却），可曾（完成时），阿（ㄚ）（东南方言）——这些词的疑问的用法，是古语的遗迹，在国语中用得很少；和文言的“抑”字，实在都是一音之转。例如：

你“可”知道？

不知◎“可”读得成书？

老太太“可”是齐眉？

鲍师父！你家“可”有班子？

太老爷问◎你“可”是鲍师父“么”？（并用助词“么”字）

这个你“可”肯“么”？

*“却”不是上门怪人？

你“可曾”知道？

“可曾”得个甚么梦兆？（这「甚么」不是疑问词）

太爷问◎有个鲍文卿“可曾”来？

你令郎“可曾”做过亲事么？〔以上儒〕

近日风闻他有苛敛的声名，这话“可”是真的？

“阿”是真ㄍㄜ？（吴语。常熟“阿”同文言读“抑”。）

*“可”不！（北方语）

*“可”不是！

*“可”不是吗！（这三语都用成对话时表肯定的然否副词，犹言「对呀！」参照102节之〔1〕。）

◎【注意】 句中既有「不知」或「问」等词，尽管后面有疑问词，也应是叙述语气；但这里却还是疑问语气，所以句末仍用问号——国语中这种疑问句法却不少，当从上下文活看，以定语气。若要标点明白，不妨在「不知」或「问」等词之下，加一冒号“：”，以表明后面的话转了语气。

* 有这记号的，可当无疑而反诘的语气看。

*‘难道’你也知道“么”？（一定不知道）

*‘难道’你‘不’知道“么”？（一定知道）

旅行‘不’是一件可乐的事“吗”？（定是）

这也‘算’是一桩坏事“吗”？（定不算）

* 他的长处‘就’这么一点儿吗?（定不止。以下类推）

*【注意】 有这记号的，也可当有疑而询问的语气看，由上下文意而定。（下同）

* 你们‘不’知道昨天晚上我同妈妈去逛新世界回得迟“吗”?

妈妈不回来，你们‘不会’早些唤我的“么”?

还要明天！这‘不’就是明天了“吗”?

我们这些人吃饭，两把芹菜都‘不’要“吗”?

那位小宝贝，你‘不’听见说他不吃芹菜“吗”?

买卖‘会’天上掉下来“吗”?

「谁」‘还’愿意出去嫖赌“吗”?（此等「谁」字是「不定的」指代，非疑问的指代；疑问指代就不能用“吗”而要用『呢』作助词。）

只在十张里和上一两张，就是人家看了出来，「谁」‘还’疑心是我拿出来的“吗”?

你‘配’给我两个铜元，叫我上学“吗”?

若是没有我，你瞧：这里‘还’成个家“吗”?

你受不了，‘难道’我就受得了“吗”?

你‘难道’找一个二三十块钱的生意都不能“吗”?

你看，她前天在这门口走过，坐在汽车里头，手上的两个钻石戒指多么大！这‘不’也是一个女人“吗”?

这‘不’是交阔朋友的好处“吗”?

我没有生意，你‘不’知道“吗”?

你说的‘不’是私铸“吗”? 这是犯法的事情啊!

以前政府里‘不是’也设着什么管理商务的农商部“吗”?

刚才若没有我来得快，现在你‘怕不’做了屈死的鬼“吗”?

这‘不是’一样“吗”?

你会哭，我‘不’会“吗”?

对于社会，我就算是一个罪恶滔天的坏人，但是对于母亲，我“可”‘能’算一个孝子“吗”?（意本曰‘能’，反诘当用‘不能’，但棱角似太露；今用‘可能’，——“可”即可当述语前的疑问助词看——便觉得辞婉而意更深重了。）〔以上《好儿子》〕

——以上是表无疑而反诘的语气。

【注意】“吗”字有时却是表警脆的语态，旧歌剧（昆曲）或写作“嚜”。例如：

我是烂熟的了“嚜”。〔《闹学》〕

好“吗”！（北京语，喝采用。“吗”声急降，如去声；若平而扬，便成疑问。）

碧碧大马金刀儿的答应说：「呦！我就是宓家碧碧，嫁与后山方家大郎的方少奶奶“吗”。」〔《群强报碧碧》〕

145. 助决择或寻求的疑问

不但决定然否，还须要求答者选择其一（这是问所“不定”），或寻出答案（这是问所“不知”），有时也不求答复，但故为反诘。如：

呢——亦如 142 节（页 237）之例，可收丨、ㄝ（或ㄜ）两韵，但调多上扬（ˊ）；若高平，则成咏叹；下降，便似告语。例如：

他是北京人“呢(ㄋㄜ)”，‘还是’天津人“呢(ㄋㄜ)”？

你说这个好“呢”，‘还是’那个好？

你要这个，‘还是’要那个“呢”？

我也不知道：究竟社会扰乱了我“呢”，‘还是’我扰乱了社会？〔《好儿子》〕

——以上助选择的疑问语气。（常用选择连词‘还是’）

【注意】上节中间所举用否定词“无”“没有”“不”……等作疑问助词的各例句，实在都是这种选择疑问句的『缩约』，都可以伸展起来，改成这路句子的样式。又这路句子的标点法须注意。

从来此地没有这样热闹；这是‘什么’缘故“呢”？〔老〕

余音‘怎’能绕梁“呢”？又‘怎’能三日不去“呢”？

我两只脚稀软稀软，立不起来了；‘怎样’好“呢”？

这件事，你该‘怎样’谢我“呢”？〔石〕

你叫‘甚么’名字“呢”？‘那里’人“呢”？作‘甚么’的“呢”？

已经放工了，你‘怎么’还不回去“呢”？

妈〔 〕“呢”？（询问的述语「在那里」省略了）

我哥哥〔 〕“呢”？

她是‘什么’人“呢”？这小孩子〔 〕“呢”？（下句承前省略「是什么人」）

你既然劝我不要死，那末，叫我去做‘什么’买卖好“呢”？〔以上《好儿子》〕

——以上助寻求的疑问语气。

（必用疑问形、代词‘什么’……，或疑问副词‘怎么’……，或省略述语）

那边的水很深，你‘怎么’这样的冒险“呢”？（例无答复。）

‘谁’说作工便不能够读书“呢”？（没有谁说；能读书。）

我‘哪里’知道“呢”？（确不曾知道）

你说得那样有情有理，‘如何’是顽话“呢”？〔石〕（定非顽话。此‘如何’也可作‘岂’。）

‘岂’有这样的道理“呢”？（决无此理。用反诘副词“岂”字，句末多助以“呢”，少用“吗”。——凡用‘反诘副词’之句，助“呢”助“吗”，各有习惯；可将103节之〔5〕和上节与本节参看。）

你们不唤我，倒说我不早些起来，要你们在家里‘做什么“呢(ㄋㄜ)”？

我回来得迟了一步，家里就闹翻了；我若是死了〔 〕“呢”？

你既然没有买卖，该在家里安分些，‘何必’常在外面胡闹“呢”？

有东西戴也是你，没有东西戴也还是你，这有‘什么’两样“呢”？

‘何不’早同我们商量“呢”？

你们赚钱既然这样容易，‘为什么’还要来逼我这区区几百块钱的债“呢”？

‘谁’说教你讨饭去“呢”？

‘何必’这样讽言讽语地来打鸡骂狗“呢”？〔以上《好儿子》〕

——以上助无疑（不用寻求）而反诘的语气。

【注意】 本节和上节，凡属无疑而反诘的句子，都不妨把疑问号“？”改作感叹号“！”。

本节和上节所述疑问语气，在口语，本来不一定全靠助词来表示；在文言，近来有了符号，也常把助词省去（寻求的疑问，句中常有疑形疑副等，语气更显白）。不过有些疑问句因句末用了他种助词，而把疑问助词省去了，声调却也要上扬，以表疑问的语气（但语气虽是疑问，那助词却仍旧没有疑问的意味）。现举两例，其他类推：

> 好儿子，你打着了发财票“啦（ㄌㄚˊ）”？（“啦”可短读作ㄌㄜ，再加“吗”。）
>
> 你丈夫这个买卖做了‘几’年“啦（ㄌㄚˊ）”？（“啦”可改“了”，再加“呢”。）〔以上《好儿子》〕

惊　叹　句

146. 助惊叹的情态

或惊讶，或咏叹，或表其他种种心情，都可自如。就是：

啊！（阿！呵！）——语气舒张则读ㄚ，稍稍敛抑则读ㄛ。——文言文和旧语体文中“也”、“耶”、“欤”等（古读开口韵，说详后叹词），都是如此读法，都可与“啊”同一用法（参照100节〔1〕之〔攵〕的〔注意〕，页136）。——它是纯粹的元音（韵母），但因紧连上面的词，往往上面的词“收”什么音，它就跟着“发”什么音，因此它添上了许多的声母，假借了许多的字样？如：

（1）上词收音于“ㄧ”（或“ㄩ”“ㄞ”“ㄟ”）◎韵，它的音就变成

呀（ㄧㄚ）！（吓！哪！嗄！）哟（ㄧㄛ）！；例如：

> 你（ㄋㄧ）“呀（ㄧㄚ）”！我可不相信。

你们快些来“哟”！

* 怎么现在还没有去“呀”？

况且人家的衣服、首饰比你阔得多；就是把所有的家当一齐穿带起来，你也比不上人家的“啊”（呀）！

教我做了你“啊”（呀），早已买一块老豆腐碰死了！

季仁先生，难得你光降的“啊”（哟）！

唉！惭愧“啊”（呀），惭愧！

你可无论如何不能泄漏出来，说是我救你的“啊”（呀）！

对“啊”（呀）！他们只在钱孔里望人，只见你的钱，不见你的人！

阿姨“啊”（呀）！……

奶奶“啊”（呀）！……

* 什么买卖“吓”？〔以上《好儿子》〕

◎【注意】 ㄞ、ㄟ两个复韵母，都是收音于“ㄧ”的。ㄩ母就是“ㄧ”的圆唇，故下加ㄚ、ㄛ两助词时，唇虽已开而舌未遽降，所以变成ㄧㄚ、ㄧㄛ。

* 是疑问而兼感叹的句子。（下同）

（2）上词收音于“ㄨ”（或“ㄠ”“ㄡ”）◎韵，它的音就变成哇！喔！（北语小说中偶用此字，或作喽！）例如：

伊在那儿哭“哇”！伊说伊的父“哇”，夫“哇”，儿子啊，都是死于虎“哇”！可是伊还舍不得这个地方，因为这个地方还受不到苛政的苦“哇”！

* 青辣椒一个铜子只买一个，一毛钱买十几个，炒一炒不到一酒杯；这给谁吃了好“啊”（哇）？

照“啊”（哇）！你这才懂得做人的诀窍！

好"啊"（哇）！你们夫妻俩作弄我。

阿姨"啊"（呀）！我是天天黄连拌饭，吃不尽的苦"吓"（哇）！

天啊（哪）！这种日子，我简直受不了"啊"（哇）！

你们身上还有"啊"（哇）！〔以上《好儿子》〕

◎【注意】 ㄠ、ㄡ两个复韵母，都是收音于"ㄨ"的。

（3）上词收音于"ㄢ"◎"ㄣ"◎两韵，它的音就变成哪！喏！；例如：

谢谢"您"哪！

你们快些来看"喏"！

我也是一个人；一个人睡在家里，你们都不知道。你们都是死人"啊"（哪）！天"哪"！……

奶奶啊（呀）！我想起我那苦老太婆孤苦伶仃的可怜"吓"（哪）！

大家哭得声音高些，好让你们来劝"啊"（哪）！

母亲"啊"（哪）！你杀了儿子啦！〔以上《好儿子》〕

◎【注意】 ㄢ、ㄣ两个附声韵母，所附的声母就是"ㄋ"（即罗马字母的n），所以助词ㄚ、ㄛ就跟着声母"ㄋ"发音。

（4）上词收音于"ㄤ"◎"ㄥ"◎两韵，它的音就变成ㄫㄚ！哦（呕！嚄！）；例如：

你听"ㄫㄚ"！他在那儿唱"ㄫㄚ"！唱的是「内侍臣摆驾——上九重——哦——」。

小东西！你要疯"啊"（ㄫㄚ）！

这是犯法的事情"啊"（ㄫㄚ）！〔以上《好儿子》〕

◎【注意】 ㄤ、ㄥ两个附声韵母，所附的就是"ㄫ"（即罗马字母的ng），所以助词ㄚ、ㄛ就跟着声母"ㄫ"发音。

*【附言】 ㄥ韵的开口（ㄥ）、齐齿（ㄧㄥ）、两呼，除北方语系外，多与ㄣ韵不分。即如旧歌剧之「京曲」，原出于汉调，其庚、青等韵应收音于ㄥ韵之字，却常收ㄣ韵，而用舌尖抵腭之ㄋ母转出延长之音ㄋㄚ（哪）或ㄋㄛ（喏），而不作ㄫㄚ或ㄫㄛ；如……月光明ㄋㄚ——，……放在地平ㄋㄛ——川；……万古留名ㄋㄛ——，都可证明。所以，本项公例，ㄥ韵的开齐两呼，不免有多少例外——即是本项与上第3项常多相混之处。

（5）上词收音于ㄚ◎、ㄛ◎、ㄜ、ㄝ，或ㄓ、ㄗ等七母之韵，它的音就不变，仍旧是纯粹的元音（但ㄓ、ㄔ、ㄕ、ㄖ、ㄦ后的助词有时略带ㄖ的声母；ㄗ、ㄘ、ㄙ后略带ㄙ’的声母）。例如：

ㄕ　ㄚ　ㄫㄛ　ㄚ　ㄘㄨㄛ　ㄚ
是“啊”（或“ㄖㄚ”）！是我“啊”！不错“啊”！

ㄔ　ㄛ
你们快些来吃“啊”（或“ㄖㄛ”）！

ㄙ　ㄚ
你盼我死“啊”（或“ㄙ’ㄚ”）！

ㄨㄛ　ㄚ
他打我“啊”！（「我」下亦多用“ㄧㄚ”。）

ㄨㄛ　ㄚ
* 现在更好啦，一副镯子也被你骗了去，究竟你几时兑还我“啊”？
ㄕㄨㄛ　ㄚ
说“啊”！有话好商量！

ㄗ　ㄚ
我只想逼着你多赚些钱回来，没教你去犯法，好儿子“啊”！〔以上《好儿子》〕

◎【注意】 收ㄚ的词，下面助词只可用ㄛ；收ㄛ的，只可用ㄚ。否则即把本词的音延长或拔高以助惊叹，不再添附助词了（参照140节〔页229〕兼表感叹各例句）。

ㄧㄚ　ㄧㄛ
（6）又上词收音于ㄚ、ㄦ韵时，它的音也可变成“呀”、“哟”如第（1）项之例。例如

ㄊㄚ　ㄧㄚ
他“呀”我更不相信了。

ㄗㄨㄚ ㄧㄛ
你们快些来玩耍“哟”！

ㄇㄚ ㄧㄚ
你问你的妈“呀”，她在李家还没有回来咧！

ㄈㄚ ㄚ ㄧㄚ
*先生，谢谢你告诉我，他犯了什么法“啊”（呀）？〔以上《好儿子》〕

总之，助惊叹语气的助词，只有一个“啊！”；其余各字，都是随上词而转声的。

【附言】　在语体文用字的习惯上，诸助词往往任意写用，并不能合于本节所举的六个条例；可是说起话来，只就语音去辨别，就全合于这六个条例了。——本节从《好儿子》（汪仲贤作，见《戏剧》第一卷第六期）话剧中所引各例句，凡助词转声之处，都是依着北方演员的“口”实验出来的。还有北方的儿歌，都合此例，现举一个《张果老》证明：

拍！拍！

ㄕㄟ ㄧㄚ
谁“呀”？

ㄌㄠ ㄨㄚ
——张果老“哇”。

——你怎么不进来？

ㄧㄠ ㄨㄚ
——怕狗咬“哇”。

——你胳肢窝里夹着什么？

ㄠ ㄨㄚ
——破皮袄“哇”。

——你怎么不穿上？

ㄧㄠ ㄨㄚ
——怕虱子咬“哇”。

——你怎么不让你老伴儿拿拿？

ㄌㄚ
——我老伴儿死啦。

——你怎么不哭她？

ㄦ ㄧㄚ ㄦ ㄧㄚ ㄦ ㄧㄚ
——盆儿“呀”！罐儿“呀”！我的老蒜瓣儿“呀”！

再：旧歌剧如京曲等歌唱或道白时，每遇要延音之字，无论是煞句，是过渡，常转声而入ㄚ、ㄛ、ㄜ（稍弇为ㄝ）三韵；因其舌降、唇放，音势开张，不但能使听者觉得浏亮而爽快，并且容易显出所表的情态，和这种助词有同样的性质和效用。可是所转之“声”（声母声纽之声），也完全合于这六个条例。现举《武家坡》（据陈彦衡《说谭》本）中各转声字为例：（有未列的「ㄥ」韵，参看146节〔4〕的〔附言〕，页250。）

一路离了（ㄌㄧㄠ）“哇”（ㄨㄚ）……。……泪（ㄌㄨㄟ）“哪”（ㄧㄝ）洒胸怀。柳林（ㄌㄧㄣ）“哪”（ㄋㄛ）下。……太（ㄊㄞ）“也”（ㄧㄝ）迟慢。有理（ㄌㄧ）“呀”（ㄧㄚ）有理！打雁充饥（ㄐㄧ）“呀”（ㄧㄚ）。怎么开口便伤人（ㄖㄣ）“哪”（ㄋㄚ）？失落你的书信（ㄙㄧㄣ）“哪”（ㄋㄛ）！八月十五（ㄨ）“哇”（ㄨㄚ）……。那里来得灯亮（ㄌㄧㄤ）“啊”（ㄚ＝ㄫㄚ）？……修书文（ㄨㄣ）“哪”（ㄋㄚ）。到（ㄉㄠ）“喽”（ㄨㄛ）也安宁。……受（ㄕㄡ）“喽”（ㄨㄛ）尽了苦刑。自然有（ㄧㄡ）“哇”（ㄨㄚ）！……贫寒出身（ㄕㄣ）“哪”（ㄋㄚ）！善财难舍（ㄕㄛ）“吓”（ㄚ）。这汗（ㄏㄢ）“哪”（ㄋㄚ），少不得要出在病人的身上（ㄕㄤ）“啊”（ㄚ＝ㄫㄚ）！当真（ㄓㄣ）“哪”（ㄋㄚ）！……也枉（ㄨㄤ）“噘”（ㄫㄜ）然。……少年的夫（ㄈㄨ）“喽”（ㄨㄜ）妻……。……来在大道（ㄉㄠ）“喽”（ㄨㄚ）旁。……奔西凉（ㄌㄧㄤ）“啊”（ㄚ＝ㄫㄚ）。上马（ㄇㄚ）“呀”（ㄧㄚ）！妻（ㄘㄧ）“呀”（ㄧㄚ）！提起了当年（ㄋㄧㄢ）“哪”（ㄋㄛ）……。……都督府（ㄈㄨ）“喽”（ㄨㄛ）。打下了半（ㄅㄢ）“哪”（ㄋㄜ）幅（ㄈㄨ）“喽”（ㄨㄛ）血罗衫。嫌他老（ㄌㄠ）“哇”（ㄨㄚ）。不曾作梦（ㄇㄥ）“啊”（ㄚ＝ㄫㄚ）！……抖抖锦战（ㄓㄢ）“哪”（ㄋㄚ）袍。……要子细瞧（ㄘㄧㄠ）“喽”（ㄨㄛ）。骂得我好（ㄏㄠ）“哇”（ㄨㄚ）！……重（ㄔㄨㄥ）“噘”（ㄫㄛ）相见。

第十八章　叹词

（古叹词的读法，言语学上的原则）

147. 叹词

叹词只是一种“独立的”表情的声音（参照12节的定义，页21）。既独立于句外，便和助词——还要直接帮助词句的语气的——不同，于句法的组织上当然更没有关系；又只是表泄情感的一种声音，词的本身上毫无意义可说，那么，更不须写那些杂乱无章的假借字，只须把字母标示实际的声音出来。且略归纳为五种：

(1) 表惊讶或赞叹
(2) 表伤感或痛惜
(3) 表欢笑或讥嘲
(4) 表愤怒或鄙斥
(5) 表呼问或应答

【注意】叹词的研究和练习的方法，也和助词差不多：虽然主观的「不平之鸣」发乎人心所同然，其声气常侈张，古今中外大体一致（大都起于ㄚ、ㄛ两元音），原不随时代而生变迁（例证详后），更不因地域而有差异，可是「字同悲变」，则调必有低昂；随事见情，则音亦当分化：只因未经文学的约定，故难有通国的俗成，所以也须把一个语调全同的地方社会（北京）作研究的标准，从日常语言中，随时搜集，分别归类，然后叹词分化之“音”和同音而更有低昂之“调”，才可以成立一个贴切的系统，而得领略其细腻的情致，而得运用其丰富的词头。

148. 表惊讶或赞叹

起于ㄚ、ㄛ，或复叠以延宕其音；或加舌根阻之摩擦声音“ㄏ”以紧迫其气；或升起舌前部使成“ㄧ”“ㄝ”等以敛抑其情。

ㄚˊ！（啊！阿！吓！嗄！哑！呀！）ㄚㄧㄚ！（啊呀！）例如：

老残慌忙除开眼睛，楞了一楞道：“呀”！原来是一梦。（读北调阳平声；疑讶意重，则可读上。）〔老〕

“吓呀”！八点半了！（猝惊读阳平，叹讶则读去。）

“啊呀”！把我的药瓶的封口都弄坏了。〔以上《好》〕

“啊呀”！那坏了！〔赵片〕

绝命书！“呀”！（用在句后的）〔《好》〕

ㄛ̄！（啊！呵！喔！哦！嚄！）ㄛˊㄧㄚ！（哦呀！喔呀！）ㄛㄧㄛˋ！（哦哟！喔唷！阿侑！）例如：

“哦”！原来是你啊！（ㄛ单用，拉长；读阴平则专表“觉悟”，故亦可兼用作应答声。）〔赵片〕

“哦”！我有这样赎不了的大错。〔《海》〕

“哦”！你就是来霞士。〔儒〕

“哦呀”！又抓了一大把出去！（重在ㄛ，声扬；兼赞叹意。）

“喔唷”！这是老虎肉，那里动得起！（重在ㄧㄛ，读去。）〔以上《好》〕

“哦哟”！这么些！〔赵片〕

ㄏㄜ（喝！〔嘿〕！〔吓〕！）——北语用此最多，他处唇或稍圆作ㄏㄛ！（呵！嚄！）；ㄏㄚˇ！（哈！嗐！）

“喝(ㄏㄜ)”！您来了。（急讶读阳平，意级则读去。）

“吓(ㄏㄜ)”！这真可以！〔赵片〕

ㄚㄏㄚ！（啊哈！）ㄛㄏㄛ！（哦呵！喔嚄！）

“啊(ㄚ)哈”！你躲在我的身后干什么？（用得很少）

“哦(ㄛˊ)呵”！来了这么多的人！（重在ㄛ，声扬；兼赞叹意。）

“喔(ㄛ)嚄(ㄏㄜ)”！糟了！（重在ㄏㄛ，读上；兼赞叹之反面意。）

ㄧˇ！（咦！噫）ㄝˇ！（或作ㄧㄝˇ！）

“咦(ㄧ)”！好了！我中了！（读上，音起，非伤叹。）〔儒〕

“ㄝˇ”！这怎么会呢？〔赵片〕

ㄧㄡˋ！或ㄧㄛˋ！（呦！哟！唷！）——北京话女子常用。

侍女一笑儿，说「“呦(ㄧㄡ)”！娘子有所不知。」（柔婉的惊叹，“女性的”，男子不用。）〔《群强》〕

他姐姐正在屋子里做活呢，由玻璃往外一瞧，说:「“哟”！二舅，你起那块儿来呀？」〔《京话》〕

“哟”！早又不好，迟又不好，这倒难了。〔《闹》〕

【注】古语中，叹词之发音，和现在完全相同，不过当时是藉汉字标示出来；汉字的音，流转、迁变，今人只依今读以揣拟古叹词，或考得近古的读音以揣拟远古的叹词，都与事实不合。现在根据「古歌、戈、鱼、虞、模诸韵中的汉字都读ㄚ（或ㄛ）韵」的一条公例（这公例的证明，可参看汪荣宝《歌戈鱼虞模古读考》和钱玄同的附记，见北大《国学季刊》一卷二号），将文言文中所有属于本节的古叹词，列举对照，全可依照今词读音：

ㄚ！（啊）或ㄛ！（哦）——於！乌！恶！俞！（或读ㄧㄚ！ㄧㄛ！）猗！抑！（并见ㄞ！）于于！（叠用）

ㄚㄧㄚ！（啊呀）或ㄛㄧㄛ！（哦哟）——猗与！……

ㄏㄚ！（哈）或ㄏㄜ！（喝）——吁！呼！吓*！（见《庄子》）嚄*！（见《史记》）夥颐！（添“ㄧ”〔颐〕作尾音，可与“嘻”通用。）……嘘！嚱！

ㄚㄏㄚ！（啊哈）或ㄛㄏㄛ！（哦呵）——於乎！（於戏，乌乎，呜呼，乌呼，乌虖，呜嘑，欤歔）

ㄧ！（咦），ㄝ！——（通用下节“噫”……等字，或加摩擦声通用“嘻”……等字。）

*【注意】以后凡有这记号的，就是现在白话文中还可用来表这叹词的汉字；所以特

注明其出处。

149. 表伤感或痛惜

就ㄚ音而延宕，舌前起而调渐降，遂转凄清。亦或复叠，或加摩擦，与上节同。

　　　ㄞ
ㄞ！（唉！哎！嗳！）

　ㄞ
"唉"！天天为了这两顿吃，就得把人磨死！

"唉"！还是死了的干净！〔以上《好》〕

"唉"！这件事真没有办法！〔王片〕

　　　　　　　　　　　　　ㄧㄚ
ㄞ̄ㄧㄚ̄！（唉呀！嗳呀！哎吓！）ㄞㄧㄛ̄！（哎哟！）

　ㄞ ㄧㄚ
"唉吓"！嫂子啊！我是出世以来没有受过这样的气啊！〔《好》〕

"嗳呀"！小姐饶恕了罢！〔《闹》〕

"吸呀呀"！不好了！女儿不见了！〔《麻雀与小孩》〕

【注意】这项和上节的ㄚㄧㄚ！ㄛㄧㄚ！ㄛㄧㄛ！可以通用：不过这些音延长而平铺的，大都以表伤痛为主；那些音昂起或亟降的，大都是表惊叹——或猛烈的异感。

　　　　　　　ㄏㄞ　ㄏㄞ
ㄏㄞ！（哈！嗐！唉！咳！）ㄏㄞㄧㄚ！（咳呀！）ㄞㄏㄞ！

　ㄏㄞ
"唉"！真可惜！

　ㄏㄞㄧㄚ
"唉呀"！真险一点没有误事！〔以上赵片〕

【注】古「之」「咍」两韵同部，凡在之韵的字，古实读入咍韵，近于国音韵母之ㄞ；故凡在之韵的古叹词，实际上的发音，也和现在大略相同。对照如下：

ㄞ！（嗳）——噫！（意！懿！）繄！（"医"在「之」韵）已！抑！

ㄏㄞ！（咳）——嘻！（譆！）诶！唉*！（见《史记》）熙！

ㄞㄏㄞ！（嗳咳）——噫嘻！

150. 表欢笑或讥嘲

从实表笑声而起，后遂用作写欢情与嘲意的叹词。

ㄏㄚㄏㄚ！（哈哈！）ㄏㄛㄏㄛ！（呵呵！）

"哈哈！"小孩子不中用；为短了几个钱，就要寻短见，"哈哈"！太不值得了！

"呵呵"！都是「老口」！枪花不小！（以上两例的口气都是讥嘲。用欢笑的声情，来衬出讥嘲的语态，可使讥嘲之意更深刻而强烈。）〔以上《好》〕

"哈哈哈"！我也正想大概是这样罢，所以拿了酒来了。喝酒罢！我给你唱歌。（三叠的）

来！快把他砍倒了，把树根也掘去。——"哈哈"！好了！

【注】《南史·梁武帝纪》：「疾久，口苦，索蜜不得，再曰"荷荷"（ㄏㄚㄏㄚ）！遂崩。」这实在是用倔强的欢笑声，来表深烈的痛悔意，和这"哈哈"的第一例句同类。在平常言语中，此种用法很不少。

【注意】 还有北京语中的"好（ㄏㄠˇ）"！——这字在词义上，本来是表示赞成许可等意思的，但有时用作叹词，却也是衬出严刻的反面，例如：

你要去？"好"！看你怎样的去法。

他服了一剂大凉药，"好"！糟了！

151. 表愤怒或鄙斥

这更是「猝然之感」「勃发之情」，所以侧重辅音，并多"破裂"。

ㄆㄟˋ！（呸！）

ㄏ兀！（哼！亨！）ㄏㄇ！〔嗽〕——由「ㄏ」而径用鼻腔中气流的摩擦声；ㄏㄇ更闭口。（兀、ㄇ为从ㄫ、ㄇ变出的方音字母，详后。）

ㄘㄨㄟˋ！或ㄘㄜ！（啐！）——或泄气而不出音，读ㄑ（促音如入声）。

"呸"！配他们来干涉！（显斥）〔赵片〕

"哼"！本来，钱轮到了我手里来，早已成了汤汤水水了！（隐呵）

"哼！哼！哼"！「钱都在那儿」！（连用，愤意更强。）〔以上《好》〕

“亨”！那哪里行呢？〔赵片〕

“啐”！老白毛！老厌物！不知趣的老村牛？〔《闹》〕

“啐”！这甚么话！〔赵片〕

ㆬ！（呣！呒！）——是闭唇而逼迫其声入鼻腔，不是ㄇ作声母名称时的读法（ㄇㄜ），故方母作ㆬ。

“呒”！太早了。（表严正的训斥）

“呒”！依注讲解。只管胡缠！〔以上《闹》〕

ㄉㄡ！（哣！）——旧戏剧中用之，即“咄”（ㄉㄨㄛ）音转；今普通语废。

ㄒㄩ——！（嘘——！）或ㄕ——ㄔ——！

有气无音，专表广众中的反对与呵斥。

【注】古语中，这种叹词所用之字不少；因其「侧重辅音」，故只依声母为纲，对照如下：（字上再注出古音拼法）

ㄆㄟ！（呸）——咈（ㄅㄚ（或ㄆㄛ））！否（ㄆㄧ）！……（但表“不然”，殊少愤斥意。）

ㄘㄨㄟ！（啐）——嗟（ㄘㄧ（或ㄘㄜ））！（䔑，䞈）嗟嗟！嗞（ㄘㄞ）！嗟嗞！（嗞嗟，嗟兹，嗟子）

嗟乎（ㄘㄚㄏㄚ（或ㄘㄛㄏㄛ））！嗟嗞乎！（嗟兹乎，嗟子乎）吁嗟（ㄚㄘㄚ（或ㄛㄘㄛ））！（于嗟，于嗟乎，猗嗟）

訾！（呰）咨！猝（ㄘㄚ*）！（猝嗟）（见《汉书》）

啧啧！（鄙斥的反面，即叹美；今或只有声阻而不成音。）

ㄉㄡ！（哣）——叱（ㄊㄞ）！（叱嗟）咄（ㄉㄚ（或ㄉㄛ）*）！（见《汉书》）

大抵国语中，无论古今，常是用双唇阻的发声——ㄅ，ㄆ，ㄇ；后渐加入唇齿阻，即所谓轻唇音，ㄈ，ㄪ——来表示“否认”（自同动词、形容词、副词、以至疑问助词和这里表鄙斥的叹词都是如此），又常是用舌尖阻的发声——ㄉ、ㄊ、ㄗ、ㄘ……——来表示“鄙斥”。虽则“嗟”“咨”长言，多表叹美，但调若不平，仍成「怒叱之声」，或露鄙夷之意。即如“叱嗟”、“猝嗟”、“咄嗟”常成连语，便可证明。齐国有不食「嗟！来！」之食而甘心饿死的饥民（见《礼记·檀弓下》），可见“嗟”声意带鄙夷，未免「看人不起」，不仅仅是「闵而呼之」（郑注）了。

152. 表呼问或应诺

随地异声。且准北京语。

ㄨㄟ̀！（唯！喂！）ㄏㄟ̀！（嘿！）

“唯”！你们哪里？（唤问声）〔赵片〕

“唯”！你是何先生吗？〔王片〕

在这儿。“ㄏㄟ̀”！不要找了。（招呼声）

“ㄏㄟ̀”！给你吧。（给物或指点，招呼之声不一：或用ㄋㄜ̀！〔呐〕，ㄋㄜ̀！〔喏〕，ㄋㄚ̀！〔哪；常叠用〕，或用ㄗㄧㄚ̀！或用ㄝ̀〔诶〕……随地随人而异。）

ㄢ̌?（唵?）——应读国际音标的 ã，是一种半鼻音的单韵母，像山东说「俺」的声音。有时听话未清，用此表示怀疑而请再复述的意思，也随各地方言而不同：大抵ㄚ、ㄞ（半音，即国际音标之 a）等元音的上̌声多有这种用处。

ㄟ̀！（欸！）ㄝ̀！（诶！）

“ㄟ̀”！那可以，我可以答应。（表示许可，或作对于呼唤的应答声，有时亦作招呼声。东南方言用似ㄠ；中部或用ㄜ̌、ㄝ̌）〔赵片〕

ㄫ！（叽！哼！）ㄇ！（呒！嗯！）——纯用鼻音的两方母，是将ㄫ（ng）、ㄋ（n）两声各延长于鼻腔中而成音，后不开口如声母ㄫ（ㄫㄜ），ㄋ（ㄋㄜ），也不先开口如韵母ㄥ（ㄜㄥ），ㄣ（ㄜㄣ）。

“哼”！是的，“哼”！……（表示理会。中部方言或用 ã〔唵〕之阴̄平。）〔赵片〕（或注ㄥ。）

ㄚ̄，（阿！啊！）

“ㄚ̄”！是这么一回事。（和 148 节〔页 254〕的〔ㄜ̄〕相似：是表示觉悟的应声。声虽平，但要低，如赵片《课本》第八课所谓「赏半」。）

ㄞ̌，（嗳）——读上̌（或更连去）。

“嗳”！哪里！不费事！（是“否定的”应诺声，和读阴̄平表伤感的不同——但有时亦可表“转意的”悔恨。）〔赵片〕

ㄓㄚ！（嗻！喳！）——旧官话中最恭敬的应诺声，下对上用，今废。（轻则如ㄓㄜ。）

【注意】 表应诺的叹词还有“照哇”！“对呀”！“可不”？……等，「词意」中都实含然否之意，不纯是表情的声音，所以列入副词中去了（参看 102 节，页 143）。

【注】 古语中应答之词，和现在不全相同，但大体还可对比：

ㄨㄟ！（唯）——唯*！（急促的应声，不用作呼问。）

ㄋㄚ或ㄋㄛ
ㄫ！（呧）——诺！（濡缓的应声。但不似「ㄫ」之纯鼻音，乃用舌尖阻的带鼻声的「ㄋ」发音，而延长于ㄚ或ㄛ韵。）

ㄚ（或ㄛ）
ㄚ̄！（阿）——俞（也是「应之缓也」。《礼记・内则》:「男，唯；女，俞」。或亦读成ㄧㄚ、ㄧㄛ如 148 节所说。）

ㄉㄚ（或ㄉㄛ）
ㄓㄚ！（嗻）——都！

【附言】 人类的言语，起源于叹词，在语言学上叫做叹词起原论——当初推论言语起源的有「神力说」「人造说」等等，到德人温德（Wundt）才就科学上的「精神作用」，说明言语的起源和发展的程序，后来就多认“应感而发”的叹词是言语的初步。叹词既是人类在共同劳动时，对于环境中刺激的一种反应作用，那么，东西的民族纵然不同，古今的语音纵有迁变，这叹词的发音总不会相差甚远。所以，印度日耳曼（Indo-german，是从印度以西包括欧洲多民族的统称）语族自来叹词中的元音大都是 a（ㄚ）或 o（ㄛ），现代中国汉语中亦复如此。独至古代的汉语所有叹词，依古籍所记之字读出音来，全是收ㄨ、（ㄩ）、ㄧ三个元音的：于是研究中国语言的学者便以为中国古多『弇音』，并且说:『吾国语言，当未成语言之时，即感召发声之时，已特异于他语族矣』（见胡以鲁《国语学草创》第一篇）。这种误解，起于顾亭林，成于章太炎：顾说「古无麻（ㄚ）部；麻音者，极侈之音也」；章说「中国尚礼；作麻部音者，辅车动摇，猗牙若虎，非容经之所许也。」于是中国的古叹词，因误会而生曲解，和语言学上的原则与叹词发音的事实都不相合了。本章根据最近汪荣宝钱玄同所考证的公例，将“於”、“猗”、“吁”、“乌乎”等都还原于元音之“ㄚ”或“ㄛ”，于是惊叹之意显；又因古韵「之」「哈」同部，故断定“噫”“已”……“嘻”等字同于今读「哈」韵中字的元音“ㄞ”（或稍弇而成单元音“ㄝ”），于是感叹之情舒；其他古叹词，都依此两例，定其元音，又准「古无轻唇与舌上」之例，类比其辅音：然后恍然于人类情感之发摅，古、今人不至于甚相远了。

这原来是语言学上一个公案得了正确的判决，可也是本国文法和修辞法上一种报晓的钟声。怎么讲呢？向来研究文言文的，多不能将现代的“通语”去喻知古人的情意，因而不能真切地了解古文学中词句的精神；这种模糊影响的毛病，在『声情未洽』的叹词中尤其厉害。因此，近代的文言文，往往好滥用叹词；《马氏文通》于叙述叹字之后，慨然说：「今之为文者，遇有结束、提开、过脉处，无可转者，辄用叹字别开议论；故一篇之中往往不一用者，而文气因以少弱焉。噫！」若拿国语文法的眼光看来，岂但是文气少弱，简直是无病而呻了！唉！

第十九章　段落篇章和修辞法举例

（混合复句，分号的用法）

153. 大规模的图解法

国语文法讲到这里，再也不必分析地开列许多条例来说明段落篇章怎样组织和标点符号怎样用法了，只须综合地就几篇作品做一番精细而正确的图解工夫，使作者思想的层次曲折活现于纸上，然后标点之当否，布局、用笔、遣词之要法，自然迎刃而解，一览而知。现在举《低能儿》的第一节（共四段）的前两段作例：

> 一天早上，阿菊被他的父亲送进一个光明、空阔透气的地方，他仿佛从一个世界投入别一个世界里。他的家里只有一张桌子和两条破坏的长凳，已使他的小身躯回旋不得；半截的板门撑起，微弱的光线从街上透进来，——因为对面是典当里库房的高墙，——使他从不曾看清他母亲的面庞；门外墙角，是行人的小便处，时常有人来那里图一己的苟且的使当，使他习惯了不良空气的呼吸。现在这个境界在那里呢？他真投入了别一个世界了！
>
> 阿菊的父亲是给人家做零雇仆役的。人家有喜事、丧事，雇他去上宾客们的菜，伺候宾客们的茶水烟火；此外他还当码头上起货落货的脚夫。人家干喜庆哀吊的事，酒是一种普遍而无限量施与的东西，所以他尽有尽量一醉的机会；否则也要靠着酱园里的酒缸盖上，喝上两三个铜子麦烧，每喝一口，总是时距很长，分量很少，像是舍不得喝的样子。直到酱园收夜市，店门快关了，才无可奈何地喝干了酒，一摇一摆地归家去。那时阿菊早已睡的很熟了。

先图解第一段：——以文中标点的句号（或问号、叹号）为断句的标准；本段计有两组复句，两个单句。

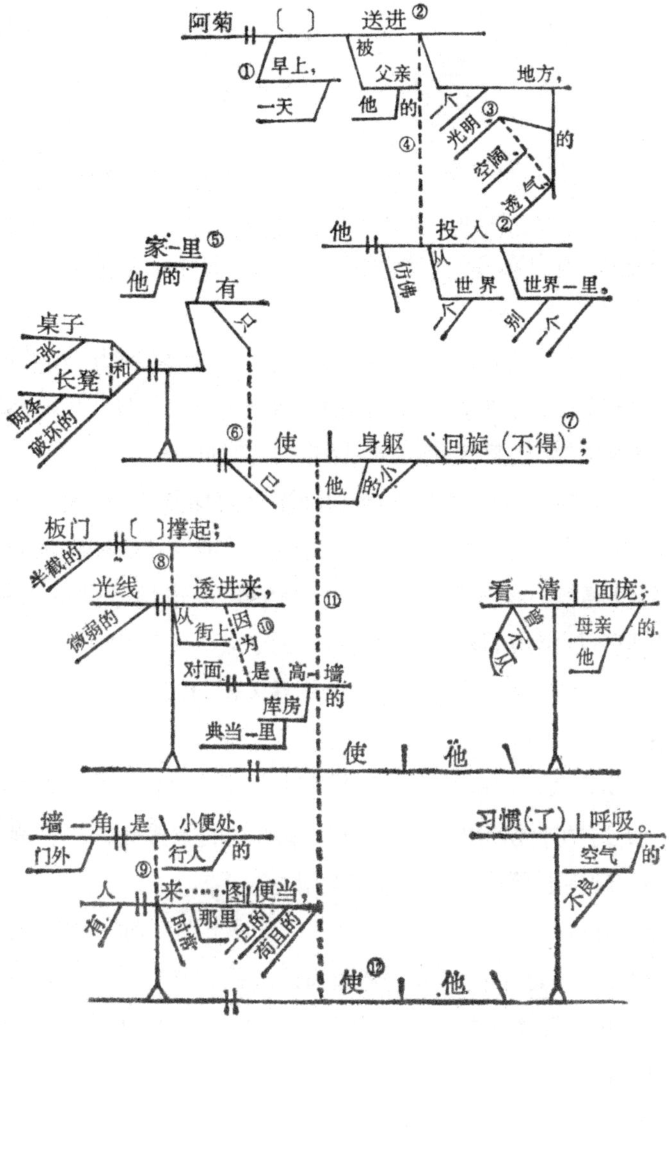

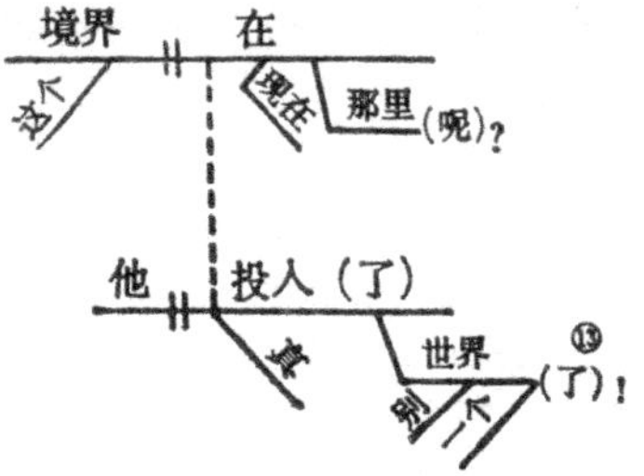

【注意】 字大的是主要的成分。只看清这些主要的成分，便得了全段的大意。

说明：——注意对着号码，逐条看去。

（1）“一天”（一字可析作形）和“早上”，都是实体词，但“早上”是表时的副位，而“一天”却是“早上”的领位（页 53），犹云「当某一天的早上」，成为两个实体词构成之一种副词语，位于句首（变式的副位〔ㄅ〕，见页 44）。

（2）“送进”的“进”，“投入”的“入”，本应图解作“地方”与“世界里”的介词，这里是依着「词类连书」的办法，把它们认作复合的动词（参照 82 节的〔注 3〕，即页 98）。

（3）凡两个或两个以上的等价而平列的复成分，如此处的“光明、空阔、透气”，虽是共着下面的形尾“的”字，但在读时前两词要稍稍停顿，便用这种“、”作“顿号”；这顿号是从“点号”的用法里分析出来的。点号常有分析的必要，如下例：

夫严气，正性，覆，折而已。（《后汉书·孔融传》）

应点为：

夫严气、正性，覆、折而已。（但‘覆折’可看作一个复合动词）

（4）这两个分句的关系，可看作顺序的承接句，——表事效相因的。顺序的承接句在记叙文中用得很多。

（5）在句首的副位。和（1）“一天早上”一样，也可以用一个点号（287〔己〕）；不过这句因为述语是“有”字，这副位便篡了主位，所以照主位的例，可以不加点号。（页 46）（请看“今按”，此说已否定。）

（6）“只”“已”两个副词互相应和，是修辞上的要点，所以用虚线连着为记。

（7）后附的助动词——表可能的否定。（页 107—108）

（8）是顺序的承接句，——表时间相接的。（页 205—206）

（9）也是顺序的承接句，——表事效相因的。（同上页）

但以上两组复句，（8）可以把首句当次句的时间句（页 213）；（9）可以把首句当次句的原因句，如（10）之例。（页 215）

（10）这个原因句为什么原文中要用破折号来表示作一个夹注？因下句的“使”，要紧接上句“光线透进来”；这句夹在中间，易使语意不顺，文气松散，故必用破折号从两端隔开。这乃是破折号的第二用法，表示作夹注用的插句的。（页 293）

（11）这个虚线是连着三组“等立复句”（等价的平列句）。——每组又各有“包孕的子句”，就是各包孕着名词的子句作主语；但这些作主语的子句，又多各成复句：

第一组中的子句　是一个复主语的卓句。

第二组中的子句　是两个承接的等立复句，又带一个原因句作从句。

第三组中的子句　是两个承接的等立复句。

如此许多复句的大组合，就叫『混合复句』（Complex Sentences）。

【注意】 混合复句，无定法，无成式，随思想的表现而千变万化。在文法上不用加琐碎的说明，更不须立繁复的系统，只要精确地图解出来，便能一目了然，有条不紊。

（12）以上三个述语外动词“使”字，都可以改作连词看待，那么，它们所带的宾语和补足语，便各连成了一个表功效的分句，便也可认为顺序的承接句之一种（参照 134 节〔注意〕，即页 216）。但不如依这图解，把三个“使”字认作三个大包孕复句的述语，较为紧凑而有力。

（13）这句和第二句是一样的，但述语后多一个助动词“了”，句末又添加一个助词“了”，副词“仿佛”又换了一个“真”，于是神味和力量就大不同，便够作全段的结句了。比较一看，可悟得修辞上的要点。

本段重在描写一种湫隘、污暗的住屋，可分作三小段：

〔1〕起首两分句——第一节全节的总起。

〔2〕中间三大平列的混合复句——正叙住屋：

第一句内容；第二句光线；第三句空气。

〔3〕末了两分句——总束本段。

次图解第二段：——据文中之标点，前、后计两个单句，中间计两组复句。

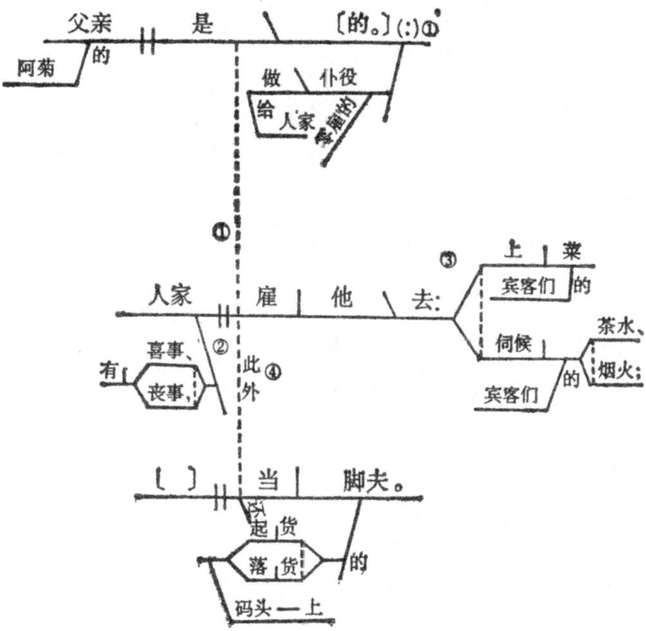

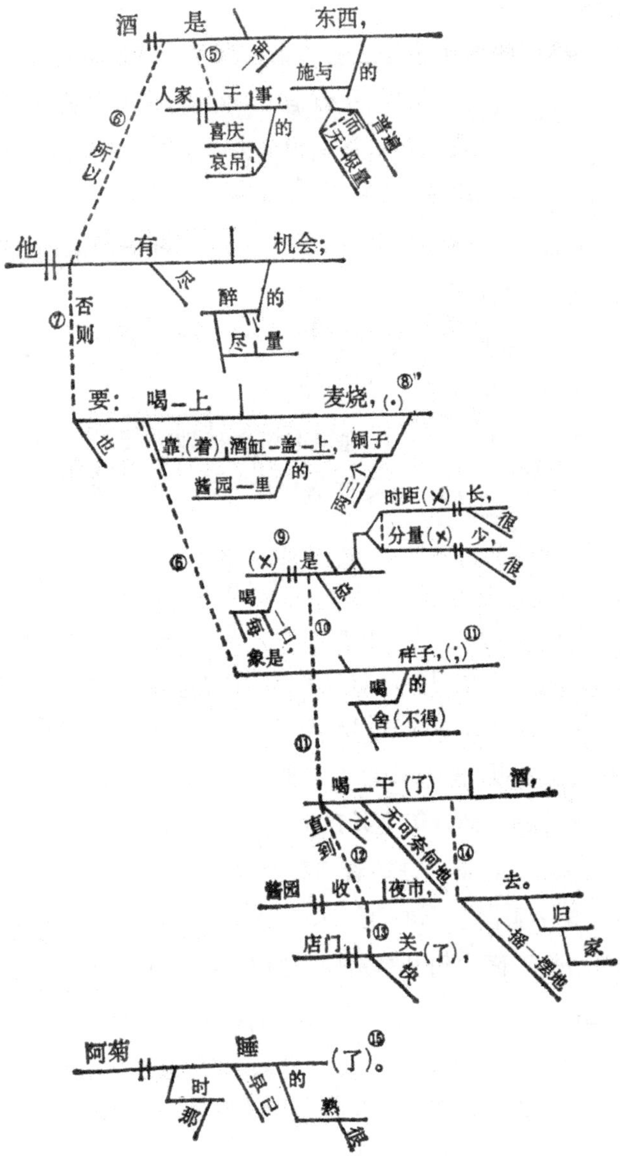
酒
是
东西，
⑤
一年
施与
的
人家
干
事，
喜庆
哀吊
的
而
无一限量
普遍
⑥
所以
他
有
机会；
尽
醉
的
尽
量
⑦
否则
要：
喝一上
麦烧，(·)
⑧"
也
靠(着)酒缸一盖一上，
铜子
酱园一里
的
两三个
时距(×)
长，
很
分量(×)
少，
很
⑨
(×)
是
总
喝
每
一口，
⑥
⑩
象是
样子，(;)
⑪
喝
的
舍(不得)
⑪
喝一干(了)
酒，
直到
才
无可奈何地
⑫
⑭
酱园
收
夜市，
去。
归
家
一摇一摆地
⑬
店门
关(了)，
快
阿菊
睡
(了)。
⑮
时
那
早已
的
熟
很

说明：

（1）推证的承接分句——重在解释的。（页 207—208）

（1）原文标点用句号，是因为下面的推证句太长，所以彼此不互为分句，本句便独立为单句。但在文意，下面确是一对解释的推证句，故也可改用冒号。（页 289〔乙〕）

（2）后附的形容语（页 173）；但也可看作时间的或假设的副句。（页 213 或 218）

（3）“去”字是看作表趋势的助动词（页 106）；下面接着一对动词，是复补足语。（页 164—166）

（4）类及的承接分句。这句本该直接地承接第一句，只因把“码头上的脚夫”也认作“零雇的仆役”之一种，所以和第二句等立。（页 206）

（5）同时的时间副句，犹云“当人家干……事时”。（页 213）

（6）上面是原因副句，下是主句（页 215）。图解篇章时若遇着主从复句，不妨依着句序，不一定主句在上，从句在下；不过虚线总要“斜”一点儿，因为主句总要尽靠着左边起首处写起，而副句总要退后些，才可使每段文章中主要的句子清清楚楚地摆在前面。

（7）相消的选择分句（页 204），实即主语“他”的复述语。

（8）下面的句子，是接着“喝上麦烧”而描写他“喝”时的情形，可当一组「副词句」看。（页 196）

（8）'虽然下面的句子是副词句的性质，但所描写的已很繁复，在理论上，已可认为更端另起之文，所以本句的点号也可改用句号。

（9）这句的主语就是“时距”和“分量”，犹云“每喝一口的时距总是很长，而分量总是很少”。但在国语修辞的习惯上，以这么变动组织为佳。

（10）推证的承接分句——重在判断的（页207）。但它比上句还重要些，所以靠左一点儿，以便作（8）的联合。

（11）顺序的承接分句——时间相接的。（页205—206）

（11）'本句的点号也可改用分号；因为下面的承接句又带着一些副句，太长了，而此处停顿的程度较高，故改用分号，较为明瞭些。大凡分号的用法标准就是如此。现再附录一段关于分号用法的总说明如下：

标点法，除标符易明外，点符四种——句号（·或。）、点号（，及从点号分析的『顿号』「、」）、分号（；）、冒号（：）之中，只句号、点号的用法容易分别；冒号用之甚少，例亦简明。说到分号，真可谓「文无定“号”」,「文成“号”立」。略举公例如下：

〔1〕几个很长的平列的分句，要用他分开。

例如国语会新式标点符号案所举（详下章）。

但这种平列句，如「所恶于上，毋以使下；」是一列；一列之中，已有点号，故一列之下，须用分号以醒眉目。若平列的是短语或单句，便用点号足矣。但若一律用分号亦不为错，因为符号虽多根据语气，亦得根据逻辑。

〔2〕连用了许多点号之一段文章，可于其中选择一个停顿程度较高的点号改为分号。

此法最活泼，最适用。再简单地析二个分例，以便类推：

（ㄅ）下句的主语变换了的。

例如 「那黑云边镶着白云，渐渐散去；显出一派日光来。」动词「显出」的主语不是「云」了。又如「一个朋友介绍我到他底朋友家去；在那里我又遇见了别人。」上句主语是「朋友」，下句是「我」。

（ㄆ）下句的意义，或转换，或进层，……虽已用了转换、进层……等平列的连词，(依西文的通法，上句简直用点号；依中文句读的简法，上句又可用句号，隔成两截。)但都可用分号。

例如「记载政府行事的书籍，整千整万；但……」「但」字是转折连词，其下若是很长的复句，上句「万」字下固可依『简例』加句号，也可依通例加点号，不过这个点号也可以改成分号，因为分号的性质，只是折衷于点号句号之间，无特独的规定的。

总之，依上所举两公例两分例，实可包括分号的一切用法。标点符号是表明语法关系的一种工具，以简明适用为主，切不可将条例分析得太繁琐，转觉困人。只要这个人的脑子没有毛病，思想能具条理，口里说得出明白晓畅的国语，断没有不会用标点符号的。标点符号的句例和用法，只要在口里去求，在思想上去求，不要专在纸片上、文字上去找麻烦。

我们若专在纸片上、文字上去搜集排比「分号」的句例，分成种类，纵然条分缕析，纲举目张，也是一部不适用的烦琐文法——何况并且不可能！

须知文句上用的标点符号，只是大体的一致，不是绝对的有定。(见国语周刊)

(12)同时的时间副句。(页 212)

(13)顺序的承接分句——事势相接的。(见 205)

(14)承接的复述语。(页 168)

(15)本句在文法上，似乎可以看作上文“归家去”的时间副句，但从文学的修辞方面讲来，乃是本段最重要的结句：因为从叙述他父亲的职业、习惯落到这句，便是提明他和父亲难得有见面的机会，和下文第四段“他没有伴侣”互相照应，并且全段的结束也必须落到阿菊才得警策，所以这句便列在主要句的位置。

本段是描写一个人的生活状态的叙述文，在文法上只有四个主要句：

（1）父亲是〔做仆役〕的（连着两个混合分句），——是叙他父亲的“职业”。

（2）他有〔一醉的〕机会（连着两句混合副句）与

（3）〔否则〕要〔靠着酒缸盖上〕喝上麦烧（连着五个混合副句）——都是叙他父亲“嗜酒的习惯”。

（4）阿菊睡了（单句）——是点明阿菊与他父亲（干这样职业、有这种嗜好的父亲）的“关系”。

【注意】 以上两段说明中所举“分句”和“副句”的种种名称，都已在第十四、十五、十六各章中备列系统，详加解释。若有未喻，便宜覆按；因为大规模的图解法所最着重的，就在此点，就在要把一大堆句子的衡分（Parallelism）从属（Subordination）……等等关系整理出来。

154. 古文图解举例

要真切而彻底地欣赏古文，也须经过几番图解的工作，才能使心思入细，辞气有凭。古文和现代的语体文，只是用词不同，说到组句、布局、谋篇，便大体一致了。因此，大规模的图解法，古文法和国语文法是没有分家的；文学上判定修辞的优劣，是可以适用同样的原则的。现在将班超在西域所上《请还朝疏》（见《后汉书》本传）分段图解为例：

臣闻：太公封齐，五世葬周；狐死，首丘；代马依风。夫周齐同在中土千里之间，况于远处绝域，小臣能无依风、首丘之思哉？蛮夷之俗，畏壮，侮老；臣超犬马齿歼，常恐年衰，奄忽僵仆，孤魂弃捐。昔苏武留匈奴中，尚十九年；今臣幸得奉节，带金银，护西域：如自以寿终屯部，诚无所恨，然恐后世或名臣为没西域。臣不敢望到酒泉郡，但愿生入玉门关。臣老、病、衰困，冒死瞽言。谨遣子勇随献物入塞；及臣生在，令勇目见中土。

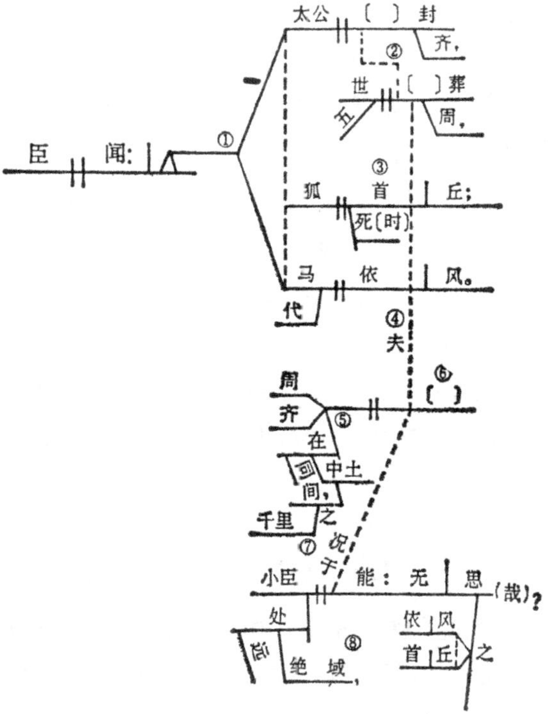

（1）包孕句——包四个子句作宾语（页 187）。

（2）转折的分句（页 209。——“世”本领位名词，此摄主语，页 74）

（3）意动词——即名词活用成动词。（口语中，如“顶着”的“顶”，也同此例。页 113，又《比较文法》页 159。）

（4）顶接连词——文言文所特有；即更端续起的承接连词。（页 207。但按“夫”字本义，古音即“彼”，当为‘周，齐’之指示形容词，后乃渐用如连词耳。）

（5）后附于名词的形容语。（页 173，犹云「同在于千里之间之中土之周齐」；然以逻辑言之，此句主语实非“周齐”两国，乃是太公后之‘姜氏’，“周齐”乃其领位，犹云近处“周齐”间之‘姜氏’；——此亦如（2）之从简式图解耳。）

（6）凡进层的平列分句，于两个分句中，常省略一个分句的述语。若要补足起来，便可准照下句，作『尚不能无依风、首丘之思』。——但如此，在修辞法上，又须把下句的述语省去。（页 201）

（7）进层连词（激进的）。（页 202）

（8）名词“小臣”的形容语，却装置在“小臣”上独立成一读，使句调格外沉郁顿挫。——若要还原，并且和上句成一排偶。便可改作「小臣远处绝域万里之外,……」那么，这一组进层的复句，可全改成近代文的笔法，为：

> 夫周齐同在中土千里之间，尚不能无依风首丘之思，况于小臣远处绝域万里之外者哉！

如此，虽整齐，但平弱了。

这是第一段，先引三个例，接着用进层的比较法，以明其思归之情绪出于固然。——三例之中，“太公”是正例，“狐”“马”两喻是陪衬的修辞法，因为如此才可使词采丰缛，虽短篇亦不失之简质。妙在末句用“依风、首丘”作“思”的形容附加语，使上面这两喻得了一个照应，这也是修辞上的严密处；否则上两喻似乎是硬凑进去的，成为赘疣了。

以下图解第二段：

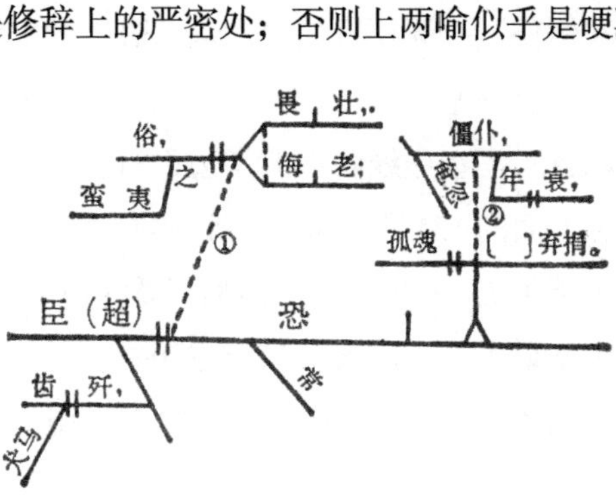

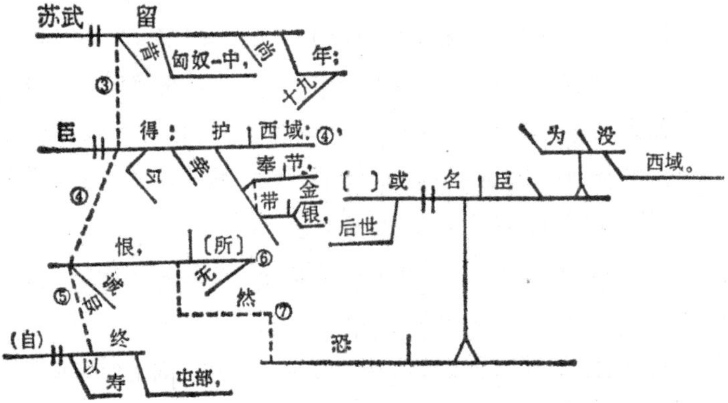

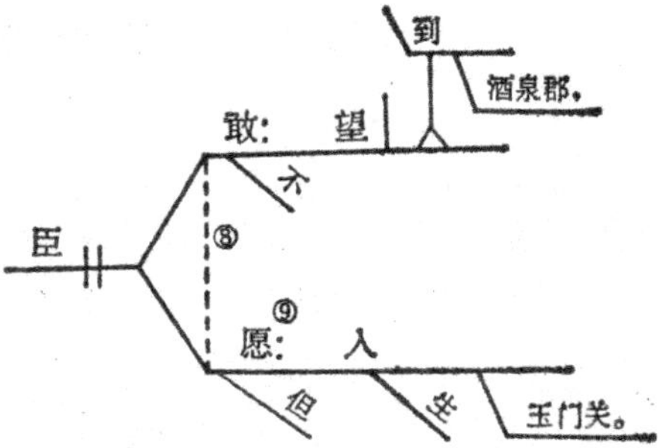

（1）上为原因副句。（页 215）

（2）下是顺序的承接句——事效相因的（页 205—207）。与上散动词“僵仆”一同作母句中动词“恐”的宾语。

（3）等价的平列句，以冠于句首的时间副词“昔”“今”兼任连词的职务（写在虚线两端的旁边也行）。（页 198—199）。

（4）上面的一对平列句，可看作原因副句（页 215）；又

（5）下面是一个表条件的假设副句（“如”即假设连词；页 218）：于是结出“无所恨”来作主句。

（4）’因为这句的命意在结出主句“无所恨”来，故文理上虽

可用句号，而语意上还得用冒号。

（6）这句依法要如下式图解：翻译成口语，便是「我诚然没有什么可恨的〔事〕哪」(参125节，即页193)。但因上下文的关系，这里有意要把“恨”字抬起来作本句的述语，因为全段各主句中的述语都是这路『表示情意作用的外动词』，所以变通图解（“所”是代实体词的，“无所”可比英文中的No thing)。

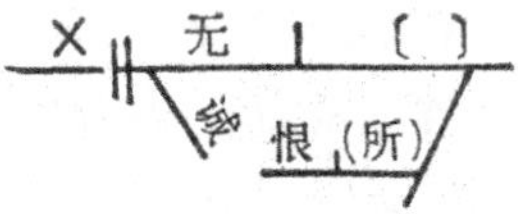

（7）主句的转折的平列分句，很重要。(页209)

（8）平列的复述语（页166);“但”字是表专独的数量副词（页141)，不要误认作转折连词。

（9）“愿”字若要和上面“望”字对比，便也可认作外动词，照“望”字一样地图解。

这是第二段，正式陈述他的请求：先叙所虑，再陈所愿。全段凡三组复句：(1)“恐”衰年受侮而暴死；(2)引苏武以自宽，苟寿终其何“恨”！然仍“恐”后世之误会；(3)所虑者既如此，乃正述其最低限度之“希望”。注意各主句中作述语的“动词”——恐，恨，恐，敢，望，——可见其心情挚烈，辞气朴诚。以下面解第三段：

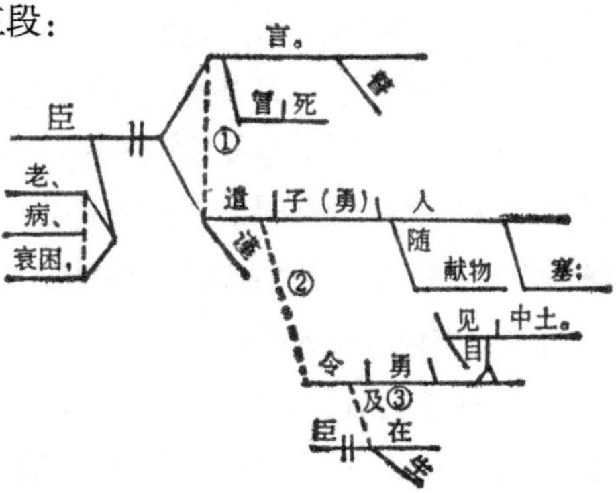

（1）平列的复述语（页166）；但截然分为两事："誓言"是结束上文；"遣子入塞"是附带报告。因此，分成两句也行，下句的主语，算是承前而省略的。（页63）

（2）推证的承接分句——重在解释的（即解释遣子入塞的命意。页207）。但推证分句多半就是『表目的与动机』的原因副句，而"令"字即可改作连词：试将图解改变一下（页216之〔注意〕）。

（3）同时的时间副句（页213）。若"令"字改作了连词，那么，这个副句应该连在那里？试一并图解出来。

这是第三段，以卑谦之词结束上文；又附带陈明其遣子入塞之事。妙在最后还要自明其遣子之苦心；"及臣生在"和"目见中土"等语，足使全篇沉痛迫切之情，有余而不尽。

【注意】 试将这篇古文翻成国语文。如有语意模糊、遣词困难之处，一看图解，自然明瞭、解决。

155. 树枝式的图解法

以上所述的大规模图解法，对于一篇作品文法上的研究，可谓能『致广大而尽精微』了。——却也可说是『极高明而道中庸』。何以故？图解法只求看出正确无误的文法来，并不存他种奢望，所以是『道中庸』；因而把措词之婉妙、组句之奇崛、表情之深挚……等等文学上的修辞法一并看出来了，所以又是『极高明』了。但是这种工作，事势上不能多做，只能于修习文法课程时，整篇地练习几回，因为要把篇中所有的文字全都写上，实在费工夫。现在再介绍一个较简易的树枝式的图解法；且就思想发表的方式顺序地说来：

我们寻常说话，一面说，一面总是成"单句"式地去运思；因为用语言表示思想，不是成捆、成包地现出来，乃是一件一件地依着次序连续发出来。下面的例可以代表一串的思想：

这个人站在门洞儿里。他的个儿很高。似乎门洞儿很矮。他的像貌看不清。他的衣裳是暗暗的。这个屋子里面是暗暗的。谁都不能够认明白这个人的面孔。

但是，这种说法，尽管把我们不受管辖的思想很正确地表示在纸上，可是这样的表示方法，是无望的，是单调的，是不中用的。大凡一个人说话、作文，第一步，自然而然地要努力避开这种急跳的、散漫的状态，就在乎把那些关系密切的意象结合拢来，一束、一捆地绑缚着。于是有这么一个写法：

这个人的个儿很高，“否则”是门道儿很矮。他的衣服是暗暗的，这个屋子里面“也”是暗暗的。……

在这两个句子的每一句内，我们用了一个等立连词，表示两个部分思想之相互的关系——“否则”表示交换，“也”表示相加，就把两个意象联合起来了。于是成为“等立复句”：等立复句，就是代表一个完全思想而包含着两个独立的部分思想的。

演说一篇故事，或其他种种谈话，我们表示思想，常是形成一些等立复句，包含着一大堆部分思想的。例如：（爱用连词“于是”的）

大街上是赤裸裸的，一个魂灵儿也碰不着，于是这马拉着马车往前直跑，于是我们看见一个小孩儿恰恰在那里拐弯儿。他仿佛宣布了死刑似的，于是我们惊吓得几乎要发狂，但是我们忽然看见一个人在一个黑暗的门洞儿里，可是我们没有辨认他是谁，于是他就把去路挡住了，那么他一现身儿就是我们的朋友马丁。

这是两组等立复句，第一组包含着四个部分的思想，第二组包含着六个。这两组都是正确的句子（连词“于是”也没有用错），因为每组的结果都成为一个完全的思想——第一组，那直跑的马差不多要碰坏一个小孩儿了；第二组，那小孩儿于无意中被我们的朋友马丁保全了。但是，这两组等立复句虽然正确，比较我们起首所举的那一大串难堪的短单句，其单调而不中用，却还是差不多。

何以故呢？我们固然已经把思想打成了包裹，这些思想也就可算是秩序井然的了，可是其结果仍旧不免于『生糙』。那么，还有甚么进一步的办法呢？

困难之处，就是我们这些包裹，好像一堆一堆的大小相等的木头，精精致致地并排放着，又层层地叠起来，并且能够「有加无已」，只要有人留心着往堆子上安放。我们试在第二堆上再加上几块木头，便得到这个结果：（爱用连词“那么”的，却也不算用错。）

那个小孩儿站在那儿看着一个有光的小圆石子，并且他一点儿不动，那么好像宣布了死刑似的，那么我们惊吓得了不得，并且有些简直地面无人色，但是我们忽然看见一个人在一个黑暗的门洞儿里，并且他一定早就在那儿待着的，可是我们先前没有注意他，那么他闪光似的奔出来，那么他就把去路挡住了，那么这就是马丁。（每个分句都是主要的分句）

现在我们不要这些死木头的堆子，要那活着的树。我们语文中的句子，不应该像机械似地去构造，应该向上生长，像有机物一样地生长。最好把树来像征一个构造精巧的句子。

图 1　单句。原生的形式

图 2　等立复句，原生的形式

图 3　主从（或包孕）复句，原生的形式

图 4　发育很盛的单句

图 5　发育很盛的等立复句

图 6　发育很盛的主从（或包孕）复句

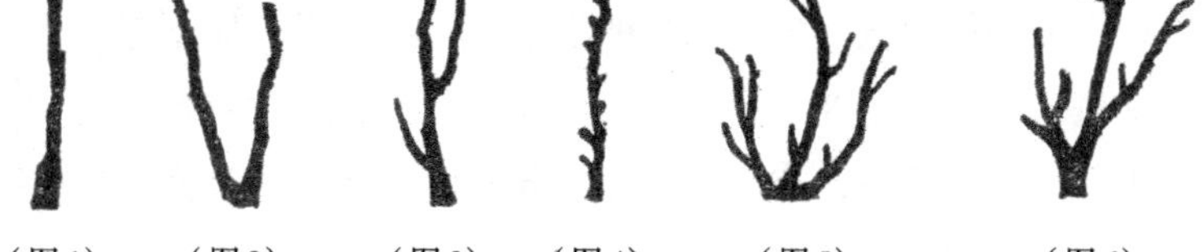

（图1）　（图2）　（图3）　（图4）　（图5）　（图6）

一个句子，即如上面的那个句子，可以包含着许多部分的思想，但于许多思想之中总得有一个思想站在主要的位置（树的主干），它又分而为几个从属的思想（大枝），又各再分而为几个从属的思想（小枝），由此递进。上面的句子，我们若把主要部提出来，改造一番，可得下式：

那个小孩儿，站在那儿看着一个有光的小圆石子，一点儿也不动，仿佛已经宣布了死刑似的，把我们吓得有些简直地面无人色；可是，忽然看见黑暗的门洞儿里有一个人，我们先前没有注意的（虽然他早就在那儿待着），他，一下子闪光似的奔出来，把去路挡住——嘿！这就是马丁！（主要的分句，字体较大）

这么一来，那十一个独立的思想，我们只用三个来代表它们：

（1）那个小孩儿把我们吓得……。

（2）〔我们〕忽然看见黑暗的门洞儿里有一个人。

（3）这就是马丁。

其余的思想便都是些从属的了：

属于（1）的：

（a）站在那儿看着一个有光的小圆石子。

（b）一点儿也不动。

（c）仿佛已经宣布了死刑似的。

（d）……有些简直地面无人色。

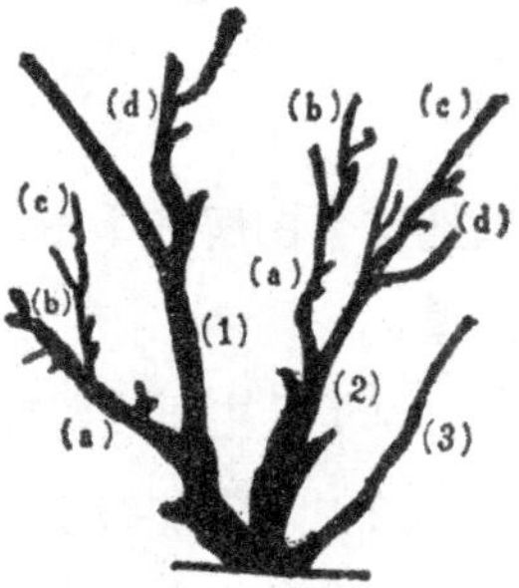

（图7）代表上面那复句的构造

属于（2）的：

（a）我们先前没有注意的。

（b）虽然他早就在那儿待着。

*（c）他，一下子闪光似的奔出来。

*（d）把去路挡住。

属于（3）的：没有。

【注意1】 这种树枝式图解法，是根据 Noman Forester 的

Sentences and Thinking 的成法做出来的（可参考原书 p.27—30）；不过原书所图解的这个例句，只注意树的干，发育很盛的大小枝都表示得很简单。这里则不然：一小枝，一丫叉，一蓓蕾，都象征了句中的词或短语——也和普通的图解法一样，凡是形容的附加语都生长在树枝的左边，副词的附加语都在右边。现在再把这例句用普通的图解法图解出来：（今按：「有人」倒装已否定。后附的形附太多。）

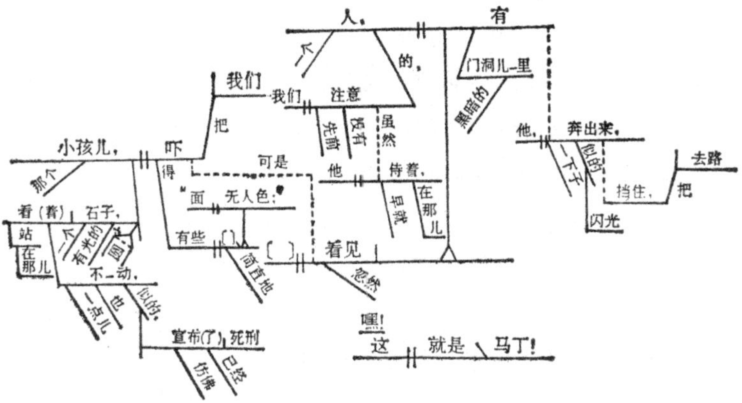

试把这个图解和〔图 7〕两下地对照一看（注意左右的区别），便知道：

（1）凡主要线所表示的各成分，是树的一个主干。

（2）凡附加线所表示的包孕的子句、从属的分句、或不成句的短语，是些大枝或小枝。

（3）凡附加线所表示的词，是些蓓蕾。

（4）凡同类、同等的复成分，都成丫叉。

于是这例句中所有的词和语、句，在这树上都有了着落，但只有联结（1）（2）两个主句的转折连词“可是”，仿佛是这两大干之间的一根游丝，两端粘住了；还有第（3）句句首的一个叹词“嘿”，独立于句外，仿佛是向着这树干的一只飞虫，正在飞着。

* 国语中句子的联络关系，有和英语不尽相同之处，如这第（2）主句的（c）（d）两部分，就上面普通的图解看来，“奔出来”、“挡住”，乃是这子句的主语“人”的承接的复述语，和述语“有”是平列的关系，有相等的价值，所以在树枝式上就成了并排的、丫叉状的三个树枝——凡复述语都可以准照此例表示。若是复主语，便可先分后合，如右图 8；若主、宾同复而共一述语，则如右图 9。

（图 8）

（图 9）

【注意 2】 这种树枝式图解法和普通的图解法有同一的效用，更有两个比较地优良之点：（1）免得写上许多的字；（2）图解之后，作一个综合观，也容易明瞭些。可是标点符号也得添加上去；试将这个例句中的标点符号依法表示于（图 7）的树枝上，那么，不但思想的组合方法更加清楚，就是各种标点用法的分别也更加显明。现在再设两个例题：

（1）《低能儿》第一节的第三第四两段（原文见《隔膜创作集》）

（2）《儒林外史》的第二回

先用普通图解法，将剖析成分（即“单句”的分解和“词品”的区分）与连结句系（即复句关系之表明）这两种工作同时一块儿做好之后，再用这树枝式图解法，把作者思想联合上自然的、灵活的方式，藉这活物象征出来。但若对于“单句”的分析工作已经做得不少了——即是已经用普通的图解法图解了许多旁的例句了，那么，第一步就用树枝式图解法也行；并且只着眼于干和枝而不管蓓蕾与丫叉，亦无不可，因为对于文句的成分和词品的区别，眼看口读之际，已经了然于心，故只须随手绘成几棵树，表明此文运思、用笔的层次、系统，和段落、篇章的结构，便够了。其中紧要之点，就在把每一组复句的主要部提出来，把许多从属部添附上去，表明它们和主要部是怎样的关系；好比一个单句，若不把主要的成分和附加的成分分别清楚，而附加的成分又不知是怎样连结到主要的成分上面去的，便算是头脑不清了。大凡每一组复句的主要部，就是这一组复句的“大意”，合若干组复句（但时常参杂着单句）成为一段文章，又可从各主要部中抽出全段的大意概括地写出来——例如前 153 节所图解之《低能儿》的第一段是述阿菊家里的状况（屋小，光线不足，空气污浊）；第二段是述他父亲的职业和嗜好；至于本节例题的第三段，便是述他母亲的传染病和生活、育儿的情形；第四段是总说他现在的环境。合若干段组成一节，又可从各段大意中抽出全节的大意，写出一个分节的题目来——如《低能儿》这四段所组成的第一节，是『实写低能儿的成因（遗传和环境）』。像这样研究一篇作品，无论语体文、文言文，或简奥的古代文字，都可以莹澈见底。

第二十章　标点符号和结论

（点的符号之活用法，古文文法之研究程序）

156. 标点符号

从图解法上——无论普通式或树枝式——去研究句读和标点符号的正确用法，最为明晰而愉快；并且「隅反」甚易，不待繁言。因此，本章只将公元1919年国语会所议定之新式标点符号案分节全录于下，当作一个概括的说明；略加注解，稍为增补，以期适用。

请颁行新式标点符号议案

（国语统一筹备会第一次大会议决）

157. ——一，释名

本议案所谓『标点符号』，含有两层意义：一是『点』的符号，一是『标』的符号。『点』即是点断；凡用来点断文句，使人明白句中各部分在文法上的位置和交互的关系的，都属于『点的符号』，又可叫做『句读符号』。下条所举的句号、点号、冒号、分号四种属于此类。『标』即是标记；凡用来标记词句的性质、种类的，都属于『标的符号』。如问号是表示疑问的性质的，引号是表示某部分是引语的，私名号是表示某名词是私名的。旧有『文字符号』『句读符号』等名称，总不能包括这两项意义，故采用高元先生《论新标点之用法》一篇（《法政学报》第八期）所用『标点』两字，定名为『标点符号』。

158. ——二，标点符号的种类和用法

中国文字的标点符号很不完备。最古只有『离经辨志』的方法，(见《学记》。郑玄注『离经，句绝也。』) 大概把每句离开一两字写，如宋版《史记》的《索隐述赞》的写法。汉儒讲究章句，始用『句读』,(何休《公羊传序》云,『援引他经，失其句读。』《周礼》注,『郑司农读「火」绝之。』读字徐邈音豆，见《经典释文》。) 又称『句投』,(马融《长笛赋》。) 又称『句度』。(皇甫湜与《李生书》。) 大概语意已完的叫做句，语气未完而须停顿的叫做读。但是汉唐人所用的符号已不可考见。只有《说文》有『乚』字，说是钩识用的，又有『、』字，说是绝止用的，不知是否当时的句读符号。唐末五代以后，有了刻版书，但是大概没有标点符号。到了宋朝，馆阁校书的始用旁加圈点的符号。宋岳珂《九经三传沿革例》说:『监蜀诸本皆无句读，惟建本始仿馆阁校书式从旁加圈点，开卷了然，于学者为便，然亦但句读经文而已。惟蜀中字本与兴国本并点注文，益为周尽。』《增韵》也说:『今秘省校书式，凡句绝则点于字之旁，读分则微点于字之中间。』这两条说宋代用句读符号最明白。现在所传的宋相台岳氏本《五经》，即是用这种符号的。佛经刻本也多用此法。后来的文人用浓圈密点来表示心里所赏识的句子，于是把从前文法的符号变成了赏鉴的符号，就连古代句读的分别都埋没了。现在有些报纸书籍，无论什么样的文章都是密圈圈到底，不但不讲文法的区别，连赏鉴的意思都没有了。这种圈点和没有圈点有什么分别?

如此看来，中国旧有的点标符号只有一个句号一个读号，远不如西洋的完备。用符号的本意，千言万语，只是要文字的意思格外明白，格外正确。既然如此，自当采用最完备的法式。因此，本案所主张的标点符号大致是采用西洋最通行的符号，另外斟酌中国

文字的需要，变通一二种，并加入一两种。这些符号可总名为『新式标点符号』。此外旧有的一圈一点的符号，虽然极不完备，究竟也很有用处。当此文法学知识不曾普及的时候，这种简单的符号似乎也不可废。因此，本案把这两种符号的用法也仔细分别出来，另叫做『旧式点句符号』。附在后幅，备学者参考采用。

新式标点符号

159. ——（一）句号。或·

凡成文而意思已完足的，都是句。每句之末，必用句号。

（例）子说。——《论语》。（注1）

白黑，商征，膻焦，甘苦，彼之名也；爱憎，韵舍，好恶，嗜逆，我之分也。（注2）——《尹文子》。

【注1】“《论语》”和下面的“《尹文子》”……等，都是标题的书名，无所谓「成文」，但也可以用句号。凡直示式的『标题』或『署名』，虽是不成句的词类或短语，若不用标点则已（即如本节题「（一）句号」和「。或·」下都没有标点），用则一律要着句号。

【注2】这例是一组复句，一组完成，才用句号。——上例是一个单句。

160. ——（二）点号、（注1）或，

点号的用处最大，又最复杂，现在且举几种最主要的：

（甲）用来分开许多连用的同类词，或同类兼词（注：兼词即『短语』）。合几词不成句，也不成分句的，名为兼词（短语）。

（例）分鲁公以大路，大旂，夏后氏之璜，封父之繁弱，殷民之六族。——《左传》，定四年。（注2）

君子之道，淡而不厌，简而文，温而理，（注3）知远之近，知风之自，知微之显。——《中庸》。（注4）

【注1】“、”用作点号，应只以『旧式点句符号』（详后）为限，新式的“、”另有职权。叫作『顿号』——详细的说明，已见153节第一段之说明〔3〕（页264）。

【注2】这例的四个点号便都可改用『顿号』，为：

分鲁公以大路、大旂、夏后氏之璜、封父之繁弱、殷民之六族。

因此，上面第（一）下所举《尹文子》之例，也可改几个点号为顿号：

白黑、商徵、膻焦、甘苦，彼之名也；爱憎、韵舍、好恶、嗜逆，我之分也。

但若不认“白黑”等是两字联成的对待的复合词，那也可如此标点：

白、黑，商、徵，膻、焦，甘、苦，彼之名也；……

【注3】就文章的形式论，此处可改用一个分号。

【注4】这例中的点号，可就不能照上例改为顿号了；因为「淡而不厌，……」乃是些复述语，所以要用点号。顿号只是平列的词类之小顿，介乎点号与无号之间而斟酌用之。

（乙）凡外动词的止词（注：即『宾语』），因为太长了，或因为要人重读他，所以移在句首时，必须用点号分开。

（例）凡尔器用、财贿，无置于许。——《左传》，隐十一。「凡尔器用、财贿」是「置」的止词（宾语）。

自鬻以成其君，乡党自好者不为。——《孟子》。「自鬻以成其君」是「为」的止词。

（丙）凡介词所管的司词（注：即『副位』），移在句首时，必须用点号分开。

（例）赵王所为，客辄以报臣。——《史记·信陵君传》。「赵王所为」是「以」的司词。

所恶于上，毋以使下。——《大学》。「所恶于上」是「以」的司词（副位）。

（丁）主词（注：即『主语』）太长了，或太复杂了，或要人重读他，都该用点号使他和表词（注：即『述语』）分开。

（例）人之所以异于禽兽者，几希。——《孟》。（主词太长）

子路，曾皙，冉有，公西华，侍坐。——《论》。（主词复杂）（注1）（注2）

鱼，我所欲也；熊掌，亦我所欲也。——《孟》。（主词重读）（注2）（注3）

【注1】此例中的点号，可尽改为顿号。但最后的‘公西华’，已直接了述语‘侍坐’，所以依西文例，它下面的顿号（或点号）也可不用。

【注2】主语或领位名词，有因重读或复杂而成孤立，接着在它的本位用一个‘代名词’的，也都包括在这两例内；现补举几个例句：

侍中侍郎郭攸之、费祎、董允等，‘此’皆良实，志虑忠纯。——诸葛亮《出师

表》。（主语孤立）

齐、晋、秦、楚，‘其’在成周微甚。——《史记·十二诸侯年表》。（领位孤立）

张先生，‘他’是昨天回来的。（这「张先生」是主语，须与呼位名词分别。）

【注 3】 至于呼位，照普通的办法，大都也是用点号的，但因为上面的理由，现在多改用惊叹号。（详后。并参前 29 节〔注二〕）

（戊）用来分开“夹注的”词句。

（例）公子州吁，“嬖人之子也”，有宠而好兵。——《左》，隐三。

夫颛臾，“昔者先王以为东蒙主，且在邦域之中矣”，是社稷之臣也，何以伐为？——《论》。

（己）凡副词、副词的兼词（注：即副句的短语，简称『副词语』）、或副词的分句，该应读断时，须用点号分开。有主词（主语）和表词（述语）而语意未完的，名为分句。（按：形容的语句，亦同此例。）

（例）“初”，郑武公娶于申，曰武姜。——《左》，隐元。（副词）

“以德”，则子事我者也。——《孟》。（副词的兼词〔副词语〕）

民望之，“若大旱之望云霓也”。——《孟》。（副词的分句）〔注〕

【注】 图解起来，“民望之”是一个当主语用的名词句，为包孕复句之一种；“若”是同动词，可看作述语；“大旱之望云霓也”乃是补足语。但这例是把“若大旱之望云霓也”看作一个比较的『副句』（参考 138 节，页 224），所以说是「副词的分句」；那么，上句“民望之”，用点号分开的，乃是『主句』；“若”字以下才是副句，“若”字就是平比的比较连词。（故原案此例应修正。）

这种副词的分句，本书叫做副句或从句（说详 132 节，页 211），是「主从复句」的系统；但还有一种『副词句』，是「包孕复句」之一种，用来修饰「述语」的状态或效果……等的（见 126 节，页 196）；若较复杂，也须用点号分开。现在补举一例：

说秦王书十上而说不行，“黑貂之裘敝，黄金百斤尽，资用乏绝”；（「说不行」的结果。）去秦而归，“赢滕、履蹻，负书、担橐，形容枯槁，面目黧黑，状有愧色”。（「归」的状态。）——《战国策·秦策》。（今按：这应看作事效相因的“承接分句”。）

（庚）用来分开几个不很长的平列分句。

（例）君子之所以教者五：有如时雨化之者，有成德者，有达材者，有答问者，有私淑艾者：此五者，君子之所以教也。——《孟》。

以上七种，不过略举点号的重要用法。论点号最精细的莫如高元先生的《新标点之用法》，可以参看。（注：本节所注补的，已经参取。）

161. ——（三）分号；

（甲）一句中若有几个很长的平列的兼词（短语）或分句，须用分号把他们分开。

（例）白黑、商徵、膻焦、甘苦，彼之名也；爱憎、韵舍、好恶、嗜逆，我之分也。——《尹文子》。

（又）所恶于上，毋以使下；所恶于下，毋以事上；所恶于前，毋以先后；所恶于后，毋以从前；所恶于右，毋以交于左；所恶于左，毋以交于右：此之谓絜矩之道。——《大学》

（乙）两个独立的句子，在文法上没有连络，在意思上是连络的，可用分号分开。

（例）他到这个时候还不曾来；我们先走罢。

（又）放了他罢；他是一个无罪的好人。

（又）这把刀子太钝了；拿那把锯子来。

以上各例，若用句号，便太分开了；若用点号，便太密切了。故分号最为相宜。〔注〕

【注】 这三例各有因果关系，实在可以看作主从复句中的因果句，——第一第三两例，也可看作事效相因的承接句，——那么，用点号也不算错；只是用句号就真觉着「太分开了」一点儿。

（丙）几个互相依靠的分句，若是太长了，也应该用分号分开。

（例）原著的书既散失了这许多，于今又没有发现古书的希望；于是有一班学者把古书所记各人的残章断句一一搜集成书。

这一长句里的三个分句，有“既”“又”“于是”等字连络起来，是相依靠的分句，本不当分开。但是因为他们都是很长的，故可以用分号分开。

【注意】 分号用法，本书详153节第二段之说明〔11〕,（页269）：其公例（1）就是这里的（甲）项；公例（2）所包的（ㄅ）（ㄆ）

两个分例，就相当于（乙）（丙）两项。须参照。

162．——（四）冒号：

（甲）总结上文。

（例）如（三）条之第二例，“此之谓絜矩之道”一句是为总结上文。

（注：冒号是放在总结句的上句之末。）

（乙）总起下文。

（1）其下文为列举的诸事。（注1）

（例）君子有三畏：畏天命，畏大人，畏圣人之言。——《论》。

（2）其下文为引语。

（例）诗云：（注2）“如切、如磋，如琢、如磨”；其斯之谓欤？——《论》。（注3）（注4）

【注1】　下文不是承上列举的，有时也可以用冒号，即：

（1）标题或信札中起首的呼位名词，常用冒号表示总起。

（2）转行的例证句或补足语子句，上行的连词或述语，常用冒号表示冒起下文，顿而未绝，如“例如”：……（下面的例证句转行）“是：”“即：”……（下面的补足语转行）。——虽不转行而下文列举甚长，也得如此。

但是，除此两项之外，凡总起下文的，常要成句的才得用冒号。若是词或短语，则只认为重读的主语，适用（二）点号（丁）项的规定，特用一个点号。例如：

三畏者，畏天命，畏大人，畏圣人之言。

大学之道，在明明德；在亲民；在止于至善。——《大学》。

但若下文另为独立之句，则总冒之词或短语，其用等于标题，亦得用冒号。例如：

仪：先平明，谒者治礼。——《史记・叔孙通传》。

【注2】　凡直接的引语，所引的部分必用引号，因此，上面不用冒号，只用点号，也行。（例如158节中诸引语）

【注3】　冒号的用法，有时也如分号，很活泼：分号是折衷于点号与句号之间的；冒号却又是折衷于分号与句号之间的。但这种冒号的下文对于上文，大致不离乎譬解、疏明、申说……等关系，总还算是属于例证句的范围。再举几例：

智，譬则巧也；圣，譬则力也：由（犹）射于百步之外也，其至，尔力也；其中，非尔力也。——《孟》。（譬解）

观听不参则诚不闻；听有门户则臣壅塞：其说在侏儒之梦见灶，哀公之称莫众而迷。——《韩非子・内储说上》。（疏明）

察士然后能知之，不可以为令：夫民不尽察。贤者然后能行之，不可以为法；夫

民不尽贤。——《韩非子·八说》。（申说）

【注4——总注】 现将顿、点、分、冒四号的活用法举例如下：

戴震段玉裁王念孙阮元王引之们的治“经”；钱大昕赵翼王鸣盛洪亮吉们的治“史”；王念孙俞樾孙诒让们的治“子”；戴震王念孙段玉裁邵晋涵郝懿行钱绎王筠朱骏声们的治古词典：都有相当的成绩。

可点为：

戴震段玉裁王念孙阮元王引之们的治“经”、……治“史”、……治“子”、……治古词典，都有……

若每个人名用上一个顿号，那也就可点为：

戴震、段玉裁、王念孙、阮元、王引之们的治“经”，……治“史”，……治“子”，……治古词典，都有……

若照原例的点法，每个人名后也可再用上一个点号，却不必用顿号。

又例如

私家刻的书更是重要：丛书与单行本；重刊本，精校本，摹刻本，近来的影印本。（中间的分号，乃是表示论理上的分类。）

此例的点法却可不改。但如：

鼎彝，泉币；碑版，壁画，雕塑，古陶器之类：虽缺乏系统的整理，材料确是不少了。（这里的分号也是表示论理上的分类，所谓「金；石」。）

则不妨改点为：

鼎彝、泉币，碑版、壁画、雕塑、古陶器之类，虽……

以上各例，都是证明这四号用法的不拘，可是总宜守着下面的公例：

无号 < 顿号 < 点号 < 分号 < 冒号 < 句号

这几个符号在语意或语气上表示停顿的程度，是如此由小递大的，所以下面的——

更有许多小鸟儿，跳跃着；啁啾着；歌着快乐的春日之歌，在那烂熳的春光里。每日都同着铁索的锄铛声；守门兵士的皮靴声；法警的佩刀声；进门来的汽车声；马铃声；相搀杂着，和答着！……即卖零食的老人；售纸烟的小贩；以及带了方翅，穿了厚鞋的旗装太太；与下学归来的儿童，走到那里，都要将脸面贴在铁栏上，向里看看。

——内中所有的分号，都应当改为点号或顿号，使较大的分号不包含在较小的点号之中，（但很长的「混合复句」有时不拘。）试改点之。

163. ——（五）问号？

表示疑问。

（例）其斯之谓欤？——《论》。（问）（注1）

（又）乡党自好者不为，而谓贤者为之乎？——《孟》。（反问）（注2）

（又）其然，岂其然乎？——《论》。（疑）

【注 1】 凡记一句话，是说话者原语的形式，叫「直接语」(Direct Narration)；是记话者‘述’语的形式，只撮取原语之要义的，叫「间接语」(Indirect Narration)。询问句要用问号的，总得是直接语；若是间接语的形式，便不宜用问号。现举几个间接语的例：

陈司败‘问’昭公知礼乎。——《论》。(若改为直接语，则为：陈司败问："昭公知礼乎"？或…… "鲁君知礼乎"？——‘问’字下的冒号改为点号亦可。)

杀者，亦竟绝‘莫知’为谁。——《史记·游侠传》。

予忝在公卿后，遇病不能出，‘不知’杨侯去时，城门外送者几人，车几辆，马几匹；道旁观者，亦有叹息知其为贤以(与)不(否)；而太史氏又能张大其事，为传继二疏踪迹不，不落莫不。——韩愈《送杨少尹序》。

【注 2】 反问的句子，大都是本无疑问而偏用反诘的语气来加重语意的；只从形式方面说，故也叫疑问句，也可以用问号。但若因其语意并非疑问而改用惊叹号的，也不算错。

164. ——(六)惊叹号！

表示情感或愿望等。

(例)唉！竖子不足与谋！——《史记》。(叹恨)

野哉！由也！——《论》。(责怪)(注:「哉」下可用点号)

来！吾道乎先路。——《离骚》。(愿望)(注 1)(注 2)

王庶几改之！予日望之。——《孟》。(愿望)(注 3)(注 4)(注 5)

【注 1】 愿望和祈请使令的语气，往往不分，故此例也可属"祈使"。

【注 2】 因此，对话时的呼位名词，也常可以用叹号，例如：

夫差！而(汝)忘越王之杀汝父乎？——《左》，定十四。

【注 3】 在国语用词和组句的形式上，有些用问号的反诘句或疑惑句，往往和感叹句不分，例如：

‘恶’用是鶃鶃者为哉！——《孟》。(感叹兼反诘)

呜呼！此其所以为子房‘欤’？苏轼《留侯论》。(疑惑兼感叹)

这都要从上下句先明白语意，而后决定用那一种符号；有时也可在一句下兼用之。

【注 4】 述语倒装于句首的疑问句或感叹句，可先用点号，如下例：

何哉，君所为轻身以先于匹夫者？——《孟》。

何哉，君所谓逾者？——《孟》。

固矣夫，高叟之为诗也！——《孟》。(故上第二例亦可点作「野哉，由也！」)

【注 5】 原来问号和惊叹号，表疑问的只是"？"，表惊叹的只是"！"；其下之"."乃是句号。国语中句号既可用"。"，则问号也不妨作"？"，惊叹号也不妨作"！"——至于；：也要照推作；(甚至作；)：，则可不必。——而且在国语的实际上，这两号的下面有时不宜限于句号“·或。”，应该灵活地各加在句、点、分、冒等号的上面，成“？？？？”“！！！！”八个样子。现标点《墨子·兼爱》上的后段（依孙诒让《墨子闲话》本），作问号活用的例：

若使天下兼相爱，爱人若爱其身：犹有不孝者乎？视父兄与君若其身，恶施不孝？犹有不慈者乎？视弟子与臣若其身，恶施不慈？故不孝不慈亡有。犹有盗贼乎？视人之室若其室，谁窃？视人身若其身，谁贼？故盗贼亡有。犹有大夫之相乱家、诸侯之相攻国者乎？视人家若其家，谁乱？视人国若其国，谁攻？故大夫之相乱家、诸侯之相攻国者亡有。

如此，则全段各复句的系统，标点得一目了然；否则凡用了问号的都成为独立的单句了。——但这办法也不过姑备一说，以待参究。

165. ——（七）引号『　』「　」

（注：横行以作“　”‘　’为便；即依上式，亦宜稍变作『　』「　」为便。书写时，直行有时作〃：〃，则横行亦可依式作〃：〃。〔以上用双线或双点的，名双引号；单线或单点的，名单引号。〕）

（甲）表示引用的话的起结。（注1）

（例）《诗》云：“如切、如磋，如琢、如磨”，其斯之谓欤？——《论》。（注2）

（乙）表示特别提出的词句。

（例）然则“可以为”未必为“能”也。虽不“能”，无害“可以为”。然则“能不能”之与“可不可”，其不同远矣。——《荀子·性恶》。（注3）

【注1】 引用语中间再有引用语或特别的词句，便须用两套以上的引号。凡用引号必成套，分内外，以免混淆不清。例如：

孔子曰：“夫『礼』，先王以承天之道，以治人之性；故失之者死，得之者生。《诗》曰：‘相鼠有体；人而无『礼』，故不遄死！’”——《礼记》。

【注2】 引用的话加了引号的，大都是直接语。直接语若是很长，当然也要在引号内独立地加用完全的标点。若不很长，那最后的一个标点，就可随着引号外的下文而定；如此例，“如琢、如磨”下本可用句号，但因为要和「其斯之谓欤？」语气相贯，故也就随着用了一个点号。若是不很正式的引用语，更可如此；例如：

“月明、星稀，乌、鹊南飞”，此非曹孟德之诗乎？——苏轼《赤壁赋》。

【注3】 用引号还有一个问题（直行时较多），就是：引号中语句所用最后的一个标点，还是加在引号内呢，还是加在外呢？那么，

（1）就（甲）项说，凡正式引用的直接语，标点都应该在引号内。若引用语不很长，而末了又非用的问号、惊叹号，语气可以贯下（如上面「诗云……」的例），或者不是很正式的引用语（如上面「月明、星稀……」的例），那么，最后的这个标点，

也不妨加在引号之外。

（2）就（乙）项说，凡特提出的词句，最后的一个标点，依全句的语气，必须加在引号之外，此例若点为“虽不‘能，’无害‘可以为’”便不合式了——但须除开单独地属于所引的这一词或这一句的问号、惊叹号。

这两个规则，只将本书157、158两节文字（页283—285），细看其引号中和引号后的标点，便可了然。

166. ——（八）破折号——

（甲）表示忽转一个意思。

（例）坎坎伐檀兮，置之河之干兮，河水清且涟漪。——不稼不穑，胡取禾三百廛兮？——《诗·伐檀》。（注1）（注2）

（乙）表示夹注。与（　）同用法。

（例）夫颛臾，——昔者先王以为东蒙主，且在邦域之中矣，——是社稷之臣也，何以伐为？——《论》。（注3）

（丙）表示总结上文几小段，与“：”略同。

（例）上文第三条的第二例末句也可加用“——”。

所恶于上，……毋以交于右：——此之谓絜矩之道。如此，就更把总结上文的意思表出来了。

【注1】 有时忽转意思，是说话者的态度变更；用了破折号，便可省去描写上的繁笔。例如．

贾母亦笑道：“‘你们’听听这嘴！我也算会说的了，怎么说不过这猴儿？——‘你’婆婆也不敢强嘴，‘你’就和我哪阿哪的！”——《石头记》第廿二回。（先对众说，忽转脸单对凤姐儿说：其间只要用一破折号，便可表明。）

【注2】 一句话有时截作两种语气；如初说时本是叙述的语气，说到下半句，忽转为疑问的口气，这个当儿，也只有用破折号可以表示出来。例如：

里面打发小厮出来问道：“门上的！太爷问——有个鲍文卿可曾来？”——《儒林外史》第廿五回。（‘有个鲍文卿可曾来’原是小厮转述的间接语，应该标点作‘太爷问有个鲍文卿可曾来。’但事实上又是小厮特地出来问门上人的话，不能不用问号；所以从述语「问」字下用一个破折号，隔离作两种语气，才与文法相合。大凡要运用问号到间接语中间去的，都可以此为例。）

因此，上面第（五）条〔注1〕所举的三个韩文的例，也可如此标点：

予忝在公卿后，遇病不能出，不知——杨侯去时，城门外送者几人？车几辆？马几匹？道旁观者，亦有叹息知其为贤以不？而太史氏又能张大出事，为传继二疏踪迹不？不落莫不？

不过此例的标点法，是读者主观的见解，未免把作者原来很紧切而连贯的语气变换了——成了出题式的科学的说明文，因为这个破折号，和冒号同一作用，下文好像是转行的列举事项了。（一句未完而要转行，有时也用破折号，就是表示语意未断而语气已变或特别加重的意思。）

【注3】 这例的“昔者……之中矣”，不作夹注看亦可，所以还不算是必要用破折号的。必要用的，《史》《汉》等叙事文中为多，补举几例作证：

项王项伯东向坐，亚父南向坐，——亚父者，范增也，——沛公北向坐，张良西向侍。——《史记·项羽本纪》。

乃为佗亲冢——在真定——置守邑，岁时奉祀。——《史记·尉佗传》。

蚡言灌夫家在颍川，横甚，民苦之；请案之。上曰：“此丞相事，何请？”灌夫亦持丞相阴事——为奸利，受淮南王金，与语言；——宾客居间，遂止，俱解。（「与语言」犹云「替他说话」。若不如此解，便可标点为……「亦持丞相阴事——为奸利，受淮南王金——与语言；……」）——《史记·窦婴、田蚡传》。

拜宣为司隶，——时哀帝改司隶校尉但为司隶，官比司直。——丞相孔光四时行园陵，官属以令行驰道中，宣出，逢之。——《汉书·鲍宣传》。

以上若不用破折号把文中的夹注表明出来，读时就要觉得很不能够文从字顺了。但还要注意两点：

（1）这四例，在夹注部分所加的句读标点各不相同，须要玩索。

（2）表夹注的破折号须用一对，和（甲）（丙）两项只用一个的不同。

167. ——（九）删节号……

表示删去或未完。

（例）如上条（丙）例。

168. ——（十）夹注号（　）〔　〕

（注：前名括弧；后名括框或方括弧。）

（例）宋儒不明校勘、训诂之学，（朱子稍知之而不甚精）（注）故流于空疏，流于臆说。

【注】 此例夹注前之点号，也可以点在夹注后之括弧外，如：

（A）宋儒不明校勘、训诂之学（朱子稍知之而不甚精），故流于……〔以下加在后的例都用（A）为记〕

句号、分号、冒号皆可如此；例如：

（A）传曰：“大学之道，在明明德；在亲民（宋儒说作‘新民’）；在止于至善”

（《大学》）。

但问号、惊叹号则不可；例如：

从前孔子有句话："学而时习之，不亦说乎？"（《论语》）〔或作（《论语》。）〕

不可作——

（A）从前孔子有句话："学而时习之，不亦说乎（《论语》）？"

至于夹注中间的话，若很复杂，当然照用完全的标点；例如：

学而时习之，不亦说乎？（语见《论语·学而篇》；《学而》是《论语》的第一篇，朱注所谓"入道之门，积德之基，学者之先务也"。）

但若夹注前面是句号……等，而要照（A）式加在夹注之括弧外时，便须取消括弧内最后之句号，不可使内外重复；就上例改示一例：

（A）君子务本（语见《论语·学而篇》；《学而》是……先务也）。

总之，夹注中的话若是太多，或虽不多而不是单属于前面正文的一词一句——如上面的（《大学》）（《论语》）等例——时，便不必用（A）式；但若既不很长，而又是紧凑地解说前面正文的词句——如上面「亲民」下（宋儒说当作'新民'）的例——时，便以用（A）式为宜。至于插在句中的夹注，那括弧内最后之标点，除问、叹外，自然都可以取消了。

169. ——（十一）私名号　孔丘

凡人名、地名、朝代名、学派名、宗教名，一切私名都于名字的左边加一条直线。（注）向来我们都用在右边。后来觉得不方便，故改到左边。横行便加在下边。私名号用在左边，有几层长处：（1）可留字的右边为注音字母之用，（2）排印时不致使右边的别种标点符号（如；？之类）发生困难。

（例）宋徽宗宣和五年，波斯的大诗人倭马死了。

170. ——（十二）书名号　汉魏六朝百三家集

凡书名或篇名都于字的左边加一条曲线，（注）横行便加在下边。

（例）吾于武成，取二三策而已矣。——孟。

【注】用直线的私名号，有照旧法分化为两种的，即：

（1）表人名的，用——，加于人名、谥号等之左方或下方。

（2）表地名及国名的，用═══，加于地名、国名、朝代名、种族名之左方或下方。

又，用曲线的书名号，有把它兼表书名以外几类名称的，即：

（3）表特名的，用~~~，加于书名、文体名、篇名及其他公共机关名、年号等一切特有名词之左方或下方。（参照《教育杂志》所用标点符号例。）

171. ——（十三）附则

（甲）句、点（附"顿"）、分、冒、问、惊叹六种符号，最好都放在字的下面。（注1）

（乙）每句之末，最好是空一格。（注2）

（丙）每段开端，必须低两格。

【注1】 这六种符号（并顿号计共七种）虽放在字的下面，——横行的放在后面，——可是要紧靠着字下的右方，——横行的紧靠着字右的下方，——不宜放在一格之正中；更不可随格转行，放在另行的头一格（排印时，此病最大）。

【注2】 须是句号之下，才可以空一格；所谓"每句"，是指已完成之句而言。

附录 旧式点句符号

172. ——（一）圈号。

。（注：有时也用"·"，但不与"、"配。）

表示一句或一分句。

（例）子说。（新式用句号。）

（又）所恶于上、毋以使下。所恶于下、毋以事上。所恶于前、毋以先后。所恶于后、毋以从前。所恶于右、毋以交于左。所恶于左、毋以交于右。此之谓絜矩之道。（新式前五圈用分号、后一圈用冒号。）

（又）乡党自好者不为、而谓贤者为之乎。（新式用问号。）

（又）放了他罢。他是一个无罪的好人。（新式用分号。）

（又）君子有三畏、畏天命、畏大人、畏圣人之言。（新式用冒号。）

（又）君子之所以教者五。有如时雨化之者。有成德者。有达财者。有答问者。有私淑艾者。此五者、君子之所以教也。（新式第一圈及第六圈用冒号、第二至第五圈用点号。）

（又）王庶几改之。予日望之。（新式用惊叹号。）

（又）野哉、由也。（新式用惊叹号。）

173. ——（二）点号、

、（注：若圈号用“・”，则点号也用“・”；圈号加在字旁，点号加在字下，从位置的不同表示区别。）

（1）凡新式用点号之处、都可用点。

（例）参看上文点号下所举各例。

（2）有时可代分号。

（例）他到这个时候还不曾来、我们先走罢。

（又）这把刀子太钝了、拿那把锯子来。

（3）总起下文的冒号、如下文不很长、都可用点。

（例）君子有三畏、畏天命、畏大人、畏圣人之言。（此例可用圈、也可用点。如『君子有九思』、下举九事、太长了、故须用圈。）

（又）诗云、『如切如磋、如琢如磨、』其斯之谓欤。

（引语之前、无论引语长短、都该用点、不当用圈。）

（4）惊叹词若是很短的、可用点。

（例）唉、竖子不足与谋。

（原案附注）用旧式点句符号时、别种符号虽可勉强删去、但引号似乎总不可少。若能加上私名号、便更好了。（注）

【注】不但引号和私名号（私名号，旧式点句时本来也常用的；至于引号，旧式的评点法，也有把◎⊙●␣△等等符号标在字旁以表示「特别提出的词句」的），问号和惊叹号也不可少，而且用法也容易知道。

174. ——（三）理由

我们以为文字没有标点符号，便发生种种困难；有了符号的帮助，可使文字的效力格外完全，格外广大。综计没有标点符号的大害处约有三种，小害处不可胜举。

（一）没有标点符号，平常人不能『断句』，书报便都成无用，教育便不能普及。此害易见，不须例证。

（二）没有标点符号，意思有时不能明白表示，容易使人误解。

（例）归有光的《寒花葬志》有「孺人每令婢倚几旁饭即饭目眶冉冉动孺人又指予以为笑」二十四字，可作两种读法，便有两种不同的解说。

（1）孺人每令婢倚几旁饭，即饭。目眶冉冉动。

（2）孺人每令婢倚几旁饭。即饭，目眶冉冉动。

又如《荀子·正名篇》说:「异形离心交喻异物名实互纽」十二个字，杨倞注读成三个四字句。郝懿行读成两个六字句，意思便大不相同了。假使著书的人用了标点符号，便不须注解的人随意乱猜了。

（三）没有标点符号，决不能教授文法。因为一篇之中，有章节的分段；一章一节之中，有句的分断；一句之中，有分句（Clause）、兼词（Phrase，严复译为『仂语』〔注：即短语〕）、小顿（Pause，高元译为读）的区别；分句之中，又有主句和从句的分别：凡此种种区分，若没有标点符号，决不能明白表示；既不能明白表示这些区别，文法的教授必不能满意。

（例）《左传》，昭七年：

匹夫匹妇强死，其魂魄犹能凭依于人，以为淫厉；况良霄——我先君穆公之胄，子良之孙，子耳之子，敝邑之卿，从政三世矣，（郑虽无腆，抑谚曰，『蕞尔国』，而三世执其政柄，其用物也弘矣，其取精也多矣，）其族又大，——所凭厚矣，而强死，能为鬼，不亦宜乎？

这一长句，若从文法结构上分析起来，非用许多符号不可。若没有符号，必致囫囵吞下去，文法上各部分互相照应的地方必不能看出来。若全用一种圈子，岂不成了十几句了，那能表示造句的文法呢？

因为这些害处，所以这几年以来国内国外的中国学者很有些人提倡采用一副新式标点符号。鼓吹最早的是《科学》杂志。《科学》虽是横行的，也曾讨论直行的点的用法。后来《新青年》《太平洋》《新潮》《每周评论》《北京法政学报》等直行的杂志也尽最采用新式的标点。国立北京大学所出版的《大学丛书》《大学月刊》，及《模范文选》《学术文录》等书也多用标点。上海的《东方杂志》也有全用标点的文章。这几年的实地试验，引起了许多讨论。现在国内明白事理的人，对于符号的形式虽然还有几点异同的意见，但是对于标点符号的重要用处，大概都没有怀疑的了。

因此我们想请教育部把这几种标点符号颁行全国，使全国的学校都用符号帮助教授；使全国的报馆渐渐采用符号，以便读者；使全国的印刷所和书店早日造就出一班能排印符号的工人，渐渐的把一切书籍都用符号排印，以省读书人的脑力，以谋教育的普及。这是我们的希望。（以上是一九一九年《新式标点符号案》全文）

【今按】 应以 1951 年中央出版总署制定的《标点符号用法》为准。

175. 结论

标点符号也说完了，——其中所举的例，大半是古文，注解中也没有把国语文的例逐条添上；当时认为标点符号的用处，大半就在于整理古文；至于国语文，只要明白了文法，便没有不知道用标点符号的，所以用不着举例了。

说到古文（一切非语体的文言文，通叫“古文”，也叫“古体文”；还有非现代国语的语体文，就叫“古语文”，也可算在古文的范围内）的研究，自然是通了国语文法以后的事。通了国语文法，只须把古文和它作一番对照互译的工夫，便可以豁然贯通。现将研究古文之文法上的程序条列出来，以当本书的结论。

（1）篇章的标点和图解。——先做这种工作，便可以确实地验明对于文句中的古字古义究竟懂了没有。若不懂，还得先查明字典、辞书、或本书的校释再动手。（凡精读之书，都要随手标点；至于图解，只可将最爱读的短篇、或长篇之一二段，偶尔为之。）

（2）词汇的对照研究，——就是将古文中所用各种词汇，用国语对照出来。其重轻难易的次序：先叹词，次助词，次连词和介词——助、连、介即旧时所谓“虚字”，——次副词，次动词和形容词、名词的种种活用法。——动、形、名即旧时所谓“实字”。实字的古今义诂，是字典、辞书等担任的职务；文法上只要确切地认明它们的活用法（或名用如动，或动用如形，或形用为副等，都可在图解法上揭晓）。

（3）将古文译为国语文。——这是将一切古籍作“结账式的整理”之最后的唯一的方法。

（4）将国语文译为某时代的古文。——照着最近时代的古文（通行的文言文），偶一译作，固无不可，但实在非必要的。因为研究古文，目的只在畅读祖国的一切旧籍，极其用，也只在欣赏本国的一切过去的文学，并不在乎仿造与拟作；所以本项工作，非必要时，大可省去。

总之，这个研究古文的程序，是完全建设在文法基础之上的，简截说，就是依着本书第六章至本章的程序，由后向前，回溯上去，以研究古文的文法。

国语文法和古文法，那一样该先研究呢？简截说，若不把国语文法弄清楚，便糊里糊涂地去研究古文法，即令通了，也算不通！何以故？通古语而不通今语，等于通外国语而不通本国语故。（古文中的选体、骈文、和唐宋八家桐城一派的散文等，并不算是某一时代的古语，只是后代文人仿制而公用的一种“书面的语言”，才真没有到过活人的口头的。就这『素不上口』一点说来，我们学习它，和学习外国语难易差不远。性质也可相比：和本国语不共空间，就叫外国语；和现代语不共时间，就叫古体文。）

国语文法和古文法，研究的目的有何不同？——

（1）研究国语文法是“能”的问题：能作，能写，能说；作得不错，写得清楚，说得对。

（2）研究古文法只是“知”的问题：看得懂，读得下去；懂得好处，读下去有趣味。

《新著国语文法》索引

本索引系根据原书索引重新编排而成，按音序排列，标注新的页码，立目则一仍其旧。

商务印书馆编辑部

A

阿　①助：(A) 疑问（在语尾，读入声），242, 243　(B) 惊叹（同"啊"），224　②叹：(A) 疑讶（主读上声），254　(B) 觉悟，259
啊　①助，137, 247　②叹，254, 259
嗄　①叹（同"啊"，主读阳平），254　②助（同"呀"），247
唵　叹：怀疑，259; 理会，259
啊哈　叹，255
啊呀（吓呀，阿呀）叹，254
唉呀（唉吓，嗳呀，哎吓，哎呀呀），哎哟叹，256
挨　①助动，42, 109 ②介，151
欸　叹，259
哎　叹，256
嗳　叹：伤惜，256; 应诺（否定），259
诶　叹：呼应，259; 伤惜，256
安　代，93;（副，准'岂'，146—147）
俺　代，88（附言）
按　介，157
卬　代，93

B

把　①外动，37　②介：(A) 介所用，20, 30（图解），37, 156　(B) 特介：提宾，36-37（图解），38（注5），40（图解），41, 51（图解准'将'），63, 96, 156（提补例），159, 183, 203（例二）; 加重语势，159（图解）③副，116
罢（吧）　助，109, 239
罢了　副，助，235
白　副，141, 231
般　名（缀代后），90; 用如副，138
班超　271
帮　介，155
傍　介，151
包孕复句——母句包孕子句 187（分详"名词句""形容句""副词句"三条）
宝　形，94
北　名（方位），副，129
北京话，北语　国语之标准，14; 助词及叹词之标准，228, 253　特词举例：您，怹，咱们，88; 那，92; 不能，103; 别，得，不用，104, 非得，105;〔　〕得了，〔　〕不了，106, 来着，110; 溜达，拾掇，110; 些个，116; 压根儿，126; 现（一作），126; 这就，说话就，127; 老，直，128; 跟手，128; 抽冷子，129; 左不过，敢情，134; 满，140; 光，就，188; 不ㄐㄧㄝ，144; 接，顺，往，冲；管，151; 赶，151; 给，让，155; 再说，199; 喝，呦，254-5; 好，257
被　①助动，41（图解），42, 106　②介，41（图解），91, 155
被动式　定义，24（附言），40-41, 95; 种类：①反宾为主者：(A) 动词径成被性，41（图解了），51-52, 97（注2），99-100, 109（三行例），112, 203（例二）(B) 添

加被动助动，42 (C) 介词介出原主，41 (图解ㄌ)，42 (为……所)，193 ②成形容语者：(A) 动前有所加，42–43 (ㄍ)，103, 123 (2), 124 (3)　(B) 动后有所附，42–43 (ㄎ)，51–52, 100, 108
被性　表被性的「助动词」，42 (所字)，106; 或表被动的「助词」('所'字)，193, 195 (注 4) (被性动词详上'被动式')
倍　副，139
备　副 (或代)，142
背　介，151
辈　93
本　①名 (量词)，36 (图解)，37 (图解)；用如代，92　②副，126
本来　副，126
本名　57
甭　助动或副，104, 143
比　外动，156 (图解)；介，139, 158
比方　连，208
比较　①形容词三级比较法，79 (注 14)，140–141　②表比较的推较同动词，19, 24, 75–76, 79, 102, 225, 226　③表比较的数量副词，138–　④介所比的介词，79, 158　⑤比较副句及比较连词，224 (分详"平比""差比""极比")
比较地 (–的)　副，139
比如　连：(A) 等立，推证 (犹'例如')，208　(B) 从属：假设 (犹'假如')，218 (例七)；平比 (犹'譬如')，224 (例四)
彼　①代：人称，89, 93; 指示，91　②形，118
彼等　代，89, 93; 形，118
彼此　代，93
鄙人　名作代，93
必　助动，105; 105 (否定)，142
必定　助动，105
必然　表必然的助动词，105, 132
毕竟　副，127
敝　形，93, 94
边 (–儿)　名 (方位)，副，130
变　内动 (不完全)，24, 97
变式的句法　34–，(分详各"位"下)
便　副，连；承接，169 (ㄉ)，206 (图解)，213, 218 (例四)；让步，223
便了　①副合同动，99　②连 (让步)，223 (又准上"便了")
遍　副，64 (图解)，142
标点符号　42, 45, 281, 283– (分详各"标点符号"下)
标准语　14, 228, 253
表词　124, 287 (己)
别　①形，118　②助动或副，104, 143, 234 (例)
别称　85 (注 6)
别的　形，118–119
别指　指示形容词或代词之别指，118–119
宾语及宾位　①定义，23; 35　②图解法，31, 32; 60　③种类：(A) 用名代，23, 25–　(B) 用抽名：形转的，86 (ㄆ)；动转的 (散动一)，62–63, 66, 86 (ㄇ)，274 (2)　(C) 用"名词短语"，65 (三)，67–68，(互详) (D) 用"名词子句"，187 (ㄆ)，(别详)　④用法：兼格，27; 作领位，53 (ㄪ)；省略，64 (图解)；'有'字后，96; '在'字后，100–101　⑤复宾语，165 (图解ㄅ)，170–1 (图解)，281　⑥双宾语，36– (图解)，95 (3), 96 (互见"副位") ⑦变式的宾位 (倒装)，36–40, 89 (ㄆ)，98, 141 (ㄇ) 142　(注意)，155 (注意)，183, 191–2 (图解ㄆㄇ)，195, 286 (乙)　〔附〕介词的宾语，44，(见"副位")；变式的，191 (a 注)
并　①副或代，141　②连，199　③特介 (用如连)，202–203
并且连，166–7 (图解)，198–9 (图解)；202 (图解准'而且')
波 (啵)　助，239
补足语及补位　定义及图解法，24, 27, 31–32, 60, 68, 124. 分类：①主语的补足语及对于主语的补位：(A) 同动所带：用名代，24; 50, 72 (ㄆ)；101; 102; 用形，102 (ㄇ)，124; 用散动及名词的语句，65 (四)，68, 99, 100, 187 (别详

"名词子句") (B) 内动所带：表所成，24, 97 (3); 表所惑，98 ②宾语的补足语及对于宾语的补位——即 (C) 外动所带：〔第一种〕用散动，25, 65; 96 (4), 153; 扩为名词语，68, 108, 262, 268 (3); 省略，25–26, 62–63; 变"使动"，112;〔第二三种〕用名代及形，26–27, 50–52, 96 (5) (6) (7), 97 (4), 156; 扩为名词语，68, 273–274 (图解); 变式的：提动前，156, 159 (附言); 变述语("意动"), 113 ③复补足语：补主 164 (ㄆ) (ㄇ), 264 (图解下之 9); 补宾，263 (图解下之 3)
部分同位 59 (互见"同位")
不 ①副：否定，103, 108, 142, 145, 185 (6), 242, 243; 然否，143, 144 ②用如连，167 (ㄌ), 203 (例二) ③用如助，239–240, 242
不必 助动，副，105, 143
不变 表不变的副词，135
不……不 105 (图解)
不成 副，146
不错 副，143
不但 连，166 (ㄉ), 201 (例五) –202
不得 助动，副，104, 108, 265 (9), (图解); 143
不得不 助动，105 (图解)
不定 ①指示代词之不定称，91, 119 (注意上段), 244 (五行例) ②不定数词，116 ③指示形容词之不定指，45, 118–9, 146 (互详"冠词") ④时间副词之不定时，128 (分项另详) ⑤疑问副词之不定用法，146
不对 副，141
不多几时 连，214
不妨 助动，103
不管 同"不论", 146, 222
不过 副，141, 235; 连，169 (ㄇ), 209 (例三)
不及 连，80, 225
不减 (下，让) 于 连，225
不见得 副，143
不久 副，128
不拘 同"不论", 146, 222
不可 助动，副，103, 105, 143
不可不 助动，105
〔 〕不了 助动，108
不料 连，210
不论 形，副，146; 连，163 (ㄉ), 222
不免 助动，105
不能 助动，103
不能不 助动，105
不怕 连，218 (例七)
不然 副，143; 连，204
不如 同动或连，80, 225
不是 形 (述), 67; 同动，99; 副，143, 144; 连，167 (ㄉ), 204–205 (例一)
不完全 ①不完全的外动词，26, 50–51, 96 (5) (6), 93, (156) ②不完全的内动词，24, 97 (3), 98 (互详"内，外动词")
不问 同"不论", 146, 222
不想 连，170 (ㄌ), 210
不消说 副，133 (ㄆ)
不行 副，105
不须 助动，104, 143
不许 副，62 (例), 104, 143
不要 助动，副，104, 143, 234
不用 助动，副，104, 143
不用说 副，134
不在乎 动 (述), 100
不至于 助动，103
不准 副，143
不足 助动，103

C

才 ①副，126 (又准'仅'141) ②连，133–134, 206 (例四), 212 (例三)
才好 (才对，才是，才行) 副，133–134
曹 93
曾，曾经 副，125
差比 ①表差比的数量副词，139, 140 (注意) ②介差比的方法介词，139 (例), 158 ③差比的单句，80 ④差比的比较副句及连词，225–6
差不多 副，138
差似 连，226

侪　93
常，常常　副，128
长久　副，128
朝　介，151
陈承泽　113
陈望道　89
陈彦衡　252
趁　介：方法，157（时间，准“赶”）
称　外动，96 (5) (7), 97（注 27）
成　①名（量词）116　②内动，24, 97 (3); 用如同动，50–51, 99
诚　副作连，219
乘　介，157
承接　①承接的复述语，63–64（图解），106（例）166–7, 270 (14); 两动相承，51（二）; 70（注 7), 169（注意）②承接的分句及连称，205–8（三种分详）
承前　①指示代名词之承前称，39–40, 90–91, 93　②指示形容词之承前指，90（注意），117　③句中成分之承前的省略，63–64（图解）
程度　①表程度的性状形容词，114　②关于程度的数量副词，138（四项分详）
持续　①表持续的后附助动词，109–110（用例详“着”字）②时间副词的持续性，125–128, 212（例三），214（例）③介词的持续性，151, 154
彳　叹，258
叱，叱嗟　哎，258
冲　介，151
重叠　①动词：进行式，110, 177（图解）; 一次式，135; 复牒式，183　②叠字副词，131
重复　表重复的数量副词，136
重指　复称代词之重指用法，89
抽冷子　副，129
抽象名词　（省称抽名）53（ㄈ）（ㄢ），65（例），67, 85
畴　代，93
出　内动，97 (2); 114（例）
除（除开），除是，除非（是），除……外　①介，157　②连，220
词　15
词类（词品，词性）　15（注 4), 16–20, 32（五类九品分详）
词头或词尾　17（注 7), 136（详“词头”“词尾”）
词源（语源，字源）　古方音假借字，93; 音尾成字，88（附言）; 急读合音，92, 104; 轻声变音，100–1; 上词影响变音，247– 此（– 等）　①代，93, 216–7（图解）　②形，117
此刻　副，126
此外（一的）　①代，形，118　②连，207, 268 (4)
次宾位　36, 47（ㄅ）
次数　关于次数的数量副词，135–,（三项分详）
次于　连，226
匆促　表匆促的时间副词，128
从容　副，129
从　①副，125　②介，20（例），71（例），130（例），150, 154 (2)
从此（– 而后）　①副，127; ②连，206
从打　介，150
从而　连，206
从句　（详“副句”）
从来；从前　副，125
猝嗟　叹，258
啐　叹，257

D

搭　①名（方位），196　②连（入声，吴语），199
打，打从　介，150
打算　助动，103
大凡　形，118; 副（准“大概”）
大概　形，副，138
大家　代，88
大约　副，138, 240
待一会儿　副，127
带　介，157
代　介，155
代名词（简称代词，省称代）　定义，19; 分类 87–（四类各另详）

逮至 连，213
单，单单 副，141
单节语 15
单句 15–16; 22–, 165–: (分详六种成分) 276
单数 87 (详“数”)
单字 15
但 ①副 (准“单”), 275 (8) ②连，209
但是 连，209 (例二)
但须 连，220
当 ①助动，104 ②介，30, 149; 省略，44, 184 (2) ③用如连，213
当初 副，125
当然 副，133
当然 表当然的助动，104, 133
当下 副，128
当中 名 (方位)，副，130
当 (去声) ①外动，50, 96 (5), 97 ②副 (准“当下”)
到 ①内动，47, 97 ②介，151: 时或地，177 (图解)，185 (6), 203 (例三); 结果或程度，140 (例)，160, 178 ③形，118 (附言) ④副 (同‘倒’)，135
到底 副，127; 用如连，204
倒 副，135, 137; 连，209
倒反 副，135; 连，210
倒是 副，连，209 (例六)
的 ①特介: (A) 领摄用 (在名后，分化作“底”), 20, 28–29, 69–70 (1); 物主后 (仍作“的”), 70, 87; 省略，52 (注 11), 89 (注 2) (B) 准介词 (在语句后，应作“的”): 介散动，65 (二); 介形容的词句，69–70 (3), 70; 省略，69, 122 (C) 引副用 (在副附前，通“得”), 131, 152 (注意 1), 160, 178–181, 183 ②语尾: (A) 形容词语尾 (正作“的”), 28, 55–56, 69–70 (2), 114–; 省略，121–122 (B) 副词词尾 (分化作“地”), 29–30, 130 (ㄇ), 131 ③联代 (通作“的”), 71–72 (图解); 70, 73; 94; 173, 181, 189 (图解), 193 (附言 2); 237 ④助，236 ⑤助动 (通“得”), 108, 181 (附言)
得 ①内动 (犹“到”), 151–2 ②助动: (A) 可能: 前附于动，104 (注意); 后附，42 (ㄋ), 107–108, 265 (7), (图解); (B) 当然，104 ③副，134 ④特介轻声 (亦作“的”), 77–78, 79, 108 (注意 1), 111, 131, 139, 140, 160, 178–181, 182–183, 185 (7)
等 93
等到 连，213
等立复句——互为分句 170, 198– (分四类，各另详); 277
等价 等价的平列分句及连词 198, 274 (3), 285 (注 2)
等一等 副，127
等于 同动 102; 用如连; 225
低能儿 262–, 281–2
的确 副，132
底 特介，29 (注 7); 作联代，94 (详“的”)
底下 名 (方位)，副，130
第 名 (标数序)，115, 副 (准“但”)
第一 形，115; 用作副，139, 140
地 副词语尾，30 (注 8), (详“的”)
地位 ①地位副词 定义，125; 词目及原理，129 ②表地位的领位所在，20, 29, 53 (ㄊ), 54 (注 14) ③介地位的介词，30–31, 149–
点号 35, 173, 264 (5), 285, 291 (注 4); 旧式，297, 活用法: (A) 改变例: 改叹号，35 (注 2); 改句号，268 (8); 改分号，269 (11), 286 (注 3); 改顿号; 285 (注 2); 286 (注 1) (B) 代用例: 代冒号或分号，283–4, 289 (注 1, 2), 290, 291 (注 1) (C) 省去例，286 (注 1)
点儿 形 (准“些”), 116; 副 (准“一点儿”) (138)
叠字副词 131 (详“重叠”)
顶 ①副，139 ②意动，272 (3)
顶接虚字 207, 272 (4)
定 助动，105; 副 (准“的确”)
定数词 (即数词) 115 (分三法，另见)
东 名 (方位)，46 (ㄇ); 或副，129

动不动，动辄　副，137
动词（简称动）　定义及图解，18–19，31–32；分类，23–，95–（四类四式各另详），活用法，17，86，98，100，112–113，115，131（互见各类）
动名词　66（注5）
都　①代或副，38–39，142，146　②助，239（附说）　③叹，260
哇　叹，258
陡然　副，129
读（逗，豆）　15，284
独　①代或副，141，142（注意）　②连，209
独是　连，209
度　名作副，135（ㄅ）
短语（省称语）　15，71（注8），72（注10）（分详"名词语""形容词""副词语"及"助动词"）
断，断乎，断然　助动，105；副，132（注意）
段落　262，273–275，282
对　①副，143　②介，151
对称代词　87，93–4，141；对话省略，23，35（图解），62
对呀　副（用同"对"）；可作叹，260（注意）
对于　介：(A) 提宾，37–38，159；移冠领位，54（图解）(B) 介所向，150，151；移介后附的领位，226（图解）
顿及顿号　15；264 (3)，285，285（注1），290（注4），旧式，297
多　①形，116；用如副，139　②副（疑问，读阳平），120，145
多半　副或代，138，200
多次　表多次之数量副词，137
多回　副，137
多会儿　副，119，144
多久　副，145
多亏　副，134
多么（–们）（以下"多"皆阳平）　副，145
多少　①形，120　②副：估量（仍读阴平），138；疑问，145
多远　副，120
多咱　副，119（第五例注），144；用如连，213
多早晚　副，144
咄　叹，258

E

而　①代，93　②连：承接，107，154，169（图解）；平列171（ㄈ），264（图解）；转折，170（ㄈ），209
而后　①副用如介，154 (2)　②连，206
而且　连，199；201（例三）
而已　副用如助，235
儿歌　251–2
尔　代，93
耳　助，235；236
二　形，116（注意）

F

发动　表发动的性态，129
法文　89
番　名作副，135
凡　形，118
反　副，135；连，210
反而　副，连，135，210
反复　①动词之反复性，110–1　②时间副词及连词之反复性，128（ㄅ），214
反诘　表反诘的疑问副词及反诘语气与助词，146；243–5；245–6
反身　复称代词之反身用法，88（ㄆ），（详复称代词）
反推　表反推的疑问复词，146
反正　副，134
范围　①关于范围的数量副词，141（分五项，互详）　②表范围的介词，54–55，150，157（注意）　③范围副句及连词，219
方　①名（方位），129　②副，126（准"方才"），127（准"将"）　③连，169（ㄉ），206
方才　副，126；用如连（准"方"）
方法　①问方法的疑问副词，145　②方法介词，30，148，156–157，199（分五

项，又别详）③表方法的范围副词及连词，219，220
方位词（即方位名词）①缀名后，64（注1图解法），149，154 ②附动前，129（另详“地位”）
方言 89，92，93（分详“北语”“吴语”“粤语”）
仿佛 副，138
非 ①同动（“不是”也），99 ②副（同“不”），105 ③连：选择，205；条件，220（例三）
非……不 105（图解）
非常 副，140
非得 助动，105
匪 同动，99
分词 66
分割（或分解） ①分解的同位，59 ②分割的复句，200–201，287（庚）
分号 186（注意），265（11），288，291–2
分句 16，198（详“等立复句”各分项）
分数法 116
逢 介，连，214（例三）
否 副，143；用如助，242；用如叹，258
否定 ①否定的同动，99，100 ②否定副词：普通的，125，142，242，243–244（例）；禁戒用，234；然否用，142；转助词，242；转叹词，258 ③助动及副词之否定（多生别义），104–5，108，142；143，243；144
否则 连，204–205，265（7），277
夫 ①代，93 ②形作连，207，272（4） ③助，239–240
咈 叹，258
甫 副，126
附加的成分（即附加语，简称附） 28–30，165，173.（分“形容的”“副词的”二种，别详）副词的（或性）附加语（省称副附）定义及图解法，29–32，分类：①前附于动形的：(A) 用副词，20（5），29–30，（另详）(B) 用名代等为副位，30–31，43–47，148；（另详）(C) 用副词语，70–71，（另详）(D) 用副词句，196（ㄉ） ②后附于动形的，176–：(A) 用副词，177，178（另详）(B) 用副位，35–36，47–48，151–（另详）(C) 用散动及副词语，177；178（二）；（另详）(D) 用副词句，179，196（ㄆ），（另详） ③复副附：(A) 前附的：异类不联，29–30（图解）；同类相联，171–172（ㄉ）（ㄇ）（ㄈ）(B) 后附的，181–182 (C) 总例（图解），184–5（以下副词至副句皆属此条系统）
副词（省称副） 定义，20，133，图解，29，31，32，122. 分类，125–（六类各另详）转成的：(A) 动转（散动三），65，98，125–6，131，177 (B) 形转，130（ㄇ），131，177 (C) 名转，17，125–，129–130，130；132
用法：①作附加语：(A) 前附于所副，20，29：副被动，42（ㄍ）；副散动，122（2）；副助动，127（‘将要’等）；专副形或副，140–1，144–5；副介（图解），159，185（6）；副连（图解），214，220，224 (B) 后附于所副：直接附加，42（ㄎ），125，128；71，106–7，111–112，131，177；98；116；135（ㄉ），138，139，140，177（ㄉ二例）：“得”等领起，37（例），131，140，178，179（图解），180，182–183 (C) 独立用，134，143 ②直作述语，146 ③兼作连词，167（图解），168，209，274（3）
副词句（即副词子句） ①前附的，196（ㄉ）（图解） ②后附的：‘得’领，122（2之三例），179（图解），196（图解），182–183；有介，224（例二）；直附，268（8），287 ③与“副句”（即从句）的区别，196，211–212
副位 定义及图解，30–31，49，（附言），60. 分类： ①有介词介绍的，即介词之宾位：(A) 用名代，30，43，148– (B) 用散动及名词语，68，129（“临”例）(C) 用子句（介变连，子句成副句），211（别详“副句”） ②将介词省略的：(A) 时地名，31（注9），44，129–130 (B) 副词性的宾语：次宾位，35–36；关系内动所带，47–48，55 ③变式的复位（在句首），44–46：有介，59（ㄎ）；

无介, 68, 126, 264– (1), 夺主, 98–99, 176, 264 (5)。在内动前('所'字), 291–292 (图解ㄅ)
副词性的主语(似主位的副位)　46–47, 49
副词性的宾语(似宾位的副位)　47–48
副词语(即副词短语)　①成于散动者: (A) 前附的, 71 (图解), 107, 131, 185 (b) (5) (B) 后附的: 直接附加, 71, 107, 131, 177 (图解); '得' 等引起, 77–78, 131, 178–179 (图解), 182–183　②即以称介词及其副位, 49 (附言), 154, 287 (己); 省介的变式例, 264 (1)
副句(即从句)　16, 197 (注意), 211–, (分六类, 另各详)
复　副, 136
复称代词　①重指, 89 (ㄅ), 141 (ㄆ)　②反身, 89 (ㄆ), 141 (ㄇ): 142 (注意)
复成分　163– (分六种, 各另详)　牒①复牒, 73　②动词之复牒, 182–183
复合词(简称复词)　①复名, 15, 28 (注6), 64 (注1), 68 (点心), 70 (注7), 115, 149　②复动, 15, 51–52, 68 ('出版'), 70' 91–98, 98–99, 99–100, 107, 109–, 150, 264 (2)　③复形, 15, 28, 115, 120　④复副, 29–30, 100, 125– ⑤复介, 150, 159 (复连类推)
复合词构成方式简谱　99 (本文见国语旬刊第十二期, 及女师大学术季刊第一卷第一期)
复句　15, 170, 187– (分详三大类) 缩合的复句: 80, 105, 133 (ㄈ), 146, 226, 227, 245 (注意); 省变法, 221 "混合复句" (另详)
复数　87 (详"数")

G

敢　助动, 104; (副, 准"敢则")
敢情(敢则)　副, 134
赶　介, 151–2; 连, 213
赶快, 赶紧　副, 129
干吗(–么)　副, 145
刚(刚刚, 刚巧)　副, 126, 175 (ㄈ)
刚才　副, 110, 126
刚一　副, 129
高元　283
格外　副, 140
阁下　代, 93
个名(量词), 73–4, 85; 用如代, 90, 92, 用如形, 117
个体　表个体的普通名词, 83 (注4), 83, 85
各　①形, 118　②副或代, 141
各别　表个别的数量副词或复称代词, 141, 142 (注意)
各位　代, 93
该　助动, 104
给　①外动 95 (3)　②介: (A) 介所到之人(犹"与""于", 必后附), 39–40, 40–41 (图解), 97, 153 (图解), 157 (三); 省略, 35, 48 (注意) (B) 介所为(犹"为""替"), 155, 158 (四) (C) 介原主(犹"被"), 155–6 (D) 介所共或所向(犹"跟"或"同""向"), 157 (一) (二)
跟　①介: 所共, 157, 185 (图解) (a); 所比, 158　②连, 199
跟手　副, 128
更　副, 139, (又准"再"); 用如连, 201 (例一), 202 (图解)
更加, 更见　副, 139
公　代, 93
共(共同)　副或代, 141; (介, 准"同")
共同　表共同的数量副词或统称代词, 141
共总　副或代, 141, 88
苟　连, 219
够　助动, 42, 103
姑且(姑)　副, 129
估量　表估量的数量副词, 138, 240
古体文, 古文(对语体文言, 广义的) 299; 图解举例, 263–; 词类活用, 17
古文法　特介"以"字之限制, 38 (注5); "于"之特点, 48; "者"优于"的", 72; 代词有位的限制, 91, 93; 倒宾之定

则，195；研究法，299–301
古音 ①远古的：代词音转，93；助词“夫”239–240“无”等，242；“抑”，243；“也”等，247；叹词本音，255，256，257，258，260（皆详注），260（附言） ②近古的：“您”等字源，88（附言）
古语文 14，299
故，故此 连，216，216（例三）
故意 副，134
固是，固然 ①副，223 ②连：平列（下句进层），201–202，（下句转折），223
顾亭林（炎武） 260
怪 副，140
关系 ①关系词，18，20 ②关系代词，70，73（注11） ③关系内动词，47，97，100–101，147–150，191，（互详“内动词”）
关于 介：所关，150；移介领位（即形附），53（ㄉ），54（图解）；166（图解）
观念 15
管 介，151，159（附言）
冠词 47；117
光 副，141
逛逛 动，110
归着 表归着的性态副词，133
国文法草创 113
国学季刊 255
国音常用字汇 2
国语 定义，标准及范围，14
国语文法 ①概说：14；自然的进化，93 ②于西文法之特点：词类无定式（依句辨词）16–17，32；以介提宾，36；“有”字，46；特设副位，49–50；形式不全，52；介与形尾难辨，56；联代之特别，70，73；形容词比较法之特别，79，141；量词，84；名词无性与位，86；代词有统称及尊称，88；代词之特点，92；后附的助动，107；时制(tense)之特别，109；形容词径作述语，122–3；“然”“否”用法与“yes”“no”有异同，143–4；方位名词可辅介词，149；介连用字可分化，199–200；主从句之前后习惯，212（注意）；又假设句例，218；又让步句例，223；叹词有性别，255；复述语，281；问号叹号之特别辨法，291–292 ③异于古文法者（见“古文法”）
国语学草创 260
国语月刊 89
果 连，219；（副，准“果真”）
果使 连，219
果真，果然 副，133
过 ①内动，47，97 ②介，150，159（图解） ③副：时间（过去）125；数量（过甚），140 ④连，226
过去时 125–
过甚 表过甚之数量副词，140
过于 副，140；连，225–6

H

哈 叹，254
哈哈 叹，257
咳（去声），咳呀 叹，256
还 副，135
还是 ①副，100，135，213（例三） ②连：选择，166（ㄇ）（ㄈ），204，245
好 副，145；用如叹，257
好比 同动或连，225
好不 副，145
好多 形，120
好儿子 251
好久 副，120，145
好似 ①同动，102 ②连，225
好像（–是） ①同动，122，79，102 ②副，138 ③连，225
好些（一个） 形，116
好在 副，134
呵 ①叹，254 ②助（借作“啊”），247
呵呵，荷荷 叹，257
喝，嚇 叹，254，256
何 代，93，195；形，119；副（准“何故”；或准“岂”145–6）
何妨 助动，103
何故，何以，何为 副，145
何况 连，166（ㄊ），201–202，203（注

意二)
何如　副, 145; 连, 227
何也　连:推理, 208; 究因, 217
何以故, 何以呢(-见得呢)　连, 217
何者, 何则　连:推理, 208; 究因, 217
和　①介:所共, 157; 所比, 76–79, 158 ②连:平列, 163, 164, 172, 199–200; 平比, 224
合　介, 157, 158; 连, 199–200
曷　代, 93; (余准"何")
嘿　叹:(A)惊讶, 254, 280(图解), 281 (B)呼问, 259
很　副, 140, 224(例一)
横竖(-直)　副, 134
嗽　叹, 257–8
哼(亨)　叹, 257–8
红黑　副, 134
后(-边)　名(方位), 副, 129
后附　①后附的助动词, 64(注2), 107 ②后附的附加语, 173–
后汉书　271
后来　副, 127
后时　后时的时间副句及连词, 214
乎　助, 241
呼　叹, 255(注)
呼位　39, 63(注19)
忽然　副, 129
弧线　图解用, 122
胡　代, 93(余准"何")
胡以鲁　260
互, 互相　副或代, 141, 142(注意)
缓缓地　副, 129
换一句话说, 换言之　连, 208
回　副, 135
会　助动, 103; (可作连, 准"值", 213)
混合复句　201(例四, 五), 218, 221, 224, 265(11); 标点上, 290
伙颐　叹, 255(注), 256(注)
或　①代 90, 91(注意), 201(图解) ②形, 118; (又助动, 或副, 准"或者"　③连, 164(图解), 204
或然　表或然的助动词, 105–6, 240
或是　163–164, 204
或许　助动(或副), 105
或者　①助动, 105　②副, 138　③连, 163, 164(ㄅ)(ㄆ), 203
嘍　叹, 254, 255(注)

J

几乎　副, 138
及　连:平列, 199; 同时(即介所到), 213, 275(图解)
及夫, 及乎　连, 207; 213
急进　表急进的时间副词, 129
极　副, 137, 140
极点　表极点的数量副词:①极比, 140(注意), 177(例)　②泛说, 140 ③过甚, 140
即　①同动, 99　②副, 133　③连:(A)进层(因让步), 202(注意一), (223) (B)选择(必相消), 205 (C)承接, 206
即刻　副, 128
即令　连, 223
集合　表集合的普通名词, 83
几　①形:不定, 116; 疑问, 120　②副, 145; 146(注意)
几倍, 几等　副, 139
几多, 几何　形, 120, 146(例)-
几时　副, 137
既, 既然　连, 202
既而　连, 206
暨　连, 199
洎乎(洎夫)　连:类及, 207; 同时, 213
计数法　115
加倍　副, 139
加名　58
家　名(领位), 94
夹注及夹注号　294; 可但用点号, 173 (ㄈ), (ㄉ)(ㄌ), 287(戊); 或用破折号, 265(10), 293(乙) 294(注3); 299(例)
假设　①(Hypothesis), 原序 8 ②(Condition), 假设副句及连词, 217–8, 274(5); 比较相消句, 205(注意); 混合让步句, 218(例七); 混合范围句, 221; 省略例, 221–222; 助"了"字例, 109, 233

假使，假如，假若　连，219
价　副尾，131
兼　副或代，141
兼格　27
兼词　16（注5），285，287，288
间　名（方位），64（注1），149
简单一句话，简言之　连，208
简直　副，134
见　助动41，42，106
间或　副，129
间接　①间接宾语，36　②同接语，291
渐渐（-地）　副，129
渐进　表渐进的时间副词，129
将　①外动，162　②副，127　③介，156；特介，37–38，51，159，160–1
将来　①动（复合或将去），160–1　②副，127
将要　副合助动，127
交相　副或代，141
教　①外动（阴平），95（3），〔（4）准"使"〕　②介（或去声），155–6
较　①副，139　②介，158
较比　介，166–7
较为　副，139
徼幸　表徼幸的性态副词，134
叫　①助：（A）外动，26，51（例），96（5），97，156（B）准同动，51–52，97，100　②介，155–6
叫做（-作）　外动合同动，52（图解）；准同动，51–52（图解），97，100
皆　副或代，142
嗟，嗟乎，嗟嗟，嗟兹（-嗞，子：-乎）叹，258
接　介，151
接读代字　195
节　282
解释　①助词"也"，136–137　②推证句，207
介词　定义及普通图解，20，30–31，32，44分类，148-（四类各另详）省略（及其理论），31（注9），35–36，44，48（注意），49（附言），129复合及活用，97，98（注3），151（注意），158（注意）；综合观，184–5特别用法及图解，（A）提宾，36–37（B）引副，178-（C）居领位，58，166（D）在主语上，160，202，203（例三）
藉使　连，223
今夫　连，207
仅（仅仅）　副，141
尽　副；时间（准"直"），128（例注）；极比，139；统括，142（连，准"尽管"）
尽，尽数　副或代，142
尽管　副，134；连，223
近来　副，126
近称　指示代名词之一，90
近指　指示形容词之一，117
禁戒　表禁戒的否定副词，103，142，234
进　内助或介，97–8
进层　进层的平列复述语，等立分句，及连词，166（ㄉ）（ㄊ），201-，273（6）（7）
惊叹号　35（注2），291
惊叹句及助词　34（ㄆ），35，291
经　①内动，47，〔95（2）〕，（副准"曾经"）②介，150　③连，219
经过　①内动，47　②介，150
竟，竟然　副，133
究竟　副，127
就　①副：时间，127；性态（趋势），133；数量（专独），141　②介所依，157　③连：（A）选择，167（图解），205（图解）（B）承接，168（图解），206（图解）；在主句中例，212（图解），214-（图解），215（例一），218（图解），219（例五）（C）假设，223
就此　连，206
就得　副，133
就令（就使）　连，223–224
就是　①同动，99　②副，133　③连：选择，167（ㄉ），205（图解），进层，201–202（图解），202（注意一）；让步，223-
就是了　副或助，235
就要　副合助动，127
居中　动合名，副，130
居然　副，133

俱　副或代, 142
距　介, 150
拒　介, 157
句 (句子)　15, 20–, 163, 187, 279
句读　15, 283, 284
句法, 句的成分　16–17, 20–32
句号　268 (1), 274, 285, 296
决 (决定, 决计)　助动或副, 105, 107, 132 (注意)
决定　①决定的同动词, 99–102　②表决定的性态副词, 134, 235 (注意) ③决定句及助词, 229–
𠃊　284 (音厥, 说文: 钩也, 从反亅)
绝对的 (– 地)　副, 140
君　代, 93

K

靠　介: 地位; 130, 151; 方法, 157
可　①助动, 42, 104　②副, 135　③助, 120
可不 (可不是, – 吗)　副, 143, 243; 用如叹, 260
可曾　副作助, 120 (例), 242
可见, 可知　连, 208
可能　①表可能的助动词: 普通的, 103; 后附的, 107–8　②表可能的副词, 107 (小注), 108 (注意 –)
可是　连, 169 (攵), 209, 223, 280 (图解)
可以　助动, 103, 234
可已, 可也　助, 235 (注意)
肯　助动, 104
肯定　表肯定的然否副词 143
空　副, 141
空枉　表空枉的数量副词, 141
恐怕　助动, 105, 240
快, 快快地, 快点, 快些　副, 129
快要　副合助动, 127
况且　连, 201–2, 203 (注意二)
况于　连 (准 "何况", 202), 273 (7)
亏　副, 134
括弧 (及括框)　①图解上: (A) 圆的: 横用, 如 (　), 表同位, 40, 56–59, 竖用, 如︵: 在词后, 表后附的助词, 64 (注 2), 或词尾 136 与词助, 138; 在句后线端, 表助词, 37, 38, 41; 41–42 (注 7) (B) 方的 (一名括框), 横用, 如〔　〕, 表省略, 41–42, 51, 63, 因以规联代, 73　②标点上: 用为夹注号, 294

L

啦　助, 229–
来　①内动: (A) 单纯用法, 23, 97; 散动, 69 (注 6); 活用, 112 (B) 与其他动词联用, 或成复动, 71 (注 9), 98 (图解法), 106– (图解法)　②助动: (A) 前附 (表趋势), 106–, 156 (图解) (B) 后附 (表持续), 107, 110　③用如助, 110 ④副, 116
〔　〕来〔　〕去　110
来着　助动, 110
老　①形 (作述), 123　②副, 128
老哥 (老兄)　名作代, 93
仂语　298
类及　类及的承接分句及连词, 208, 265 (4), 272 (4)
类书　86
嘞　助动或助, 229, 237, 239 (例)
冷不防　副, 129; 连 (准 "不料 ")
离　介, 150
里　名 (方位), 64 (注 1), 90, 129; 用如副, 129
例如　连, 208
厉害 (利害)　副, 140
立刻, 立即　副, 128
哩, 咧　助, 237–
连　①特介 (提宾), 38, 159　②连 (进层), 202 (图解)
连词　定义及图解, 20, 32, 163–4, 分类: ①等立连词, 199, (分四种, 各另详)　②从属连词 213–, (分六种, 各另详)
连号　两名间, 63–64 (图解) (注 1); 两动间 51 (二)
连结词　50
连续性　151 (详 "持续 ")
联接代名词 (省称联代)　定义, 87; 两词：①“的”(或“者”), 70, 71, 94, 173, 181, 189; 190 (附言), 193 (附言), 237 ②“所”, 94, 189
两 形, 116
两商 两商的选择连词及复成分，选择分句, 164–5, 166; 203, 245
两下里 副或代, 141
聊, 聊且 副, 129
了 ①外动, 230; 成使动, 111 ②副：可能, 108, 179–180, 230, 231; 兼完结, 230 ③助动, 109, 111, 123, 229–230, 230–231 ④助, 41 (图解), 43 (注 7), 229, 266 (13)
了不得 形述, 34 (例); 副, 140
列位 名作代, 93
临 介, 129, 149, 151
临时 副, 129
领 介, 157
领摄介词 (即特别介词之一) 20–, 28, 148, 159 (用法详“领位”)
领位 定义及图解, 29, 31–32, 52, 59 (注意), 60, 分类, 53–: ①统摄性：(A) 物主等, 24, 29 (图解), 53 (ㄅ)(ㄆ); 58–59; 74, 物主代词, 70, 87, 90, 93 (二) (B) 表所在 (“时”或“地”), 24, 29, 53 (ㄊ), 54 (注 14), (互详) ②修饰性, 53 (ㄇ), 55–56, 115 (ㄅ) 特例：(A) 省“的”字, 52 (注 11), 89 (注 2) (B) 前加“介词”：“关于”“在”, 54, “对于”, 226 (C) 摄主语, 74, 272 (2, 5)
令 ①形, 93 ②外动, 96 (4); 可用如连：承接 (准“致令”216), 276 (2); 假设 (准“假使”, 218)
另 副, 141 (形, 准“别”)
溜达 内动, 110
流极 表流极之时间副词, 127
咯 助, 229–
喽 助, 229–
屡屡, 屡次 副, 137
略微 副, 138
论理 与句法, 31 (注意), 45–46; 与副位, 48 (注意); 与补位, 50 (注 10); 与动词 (形式), 52; 与主位 (省略), 74
落后 副, 127

M

嗬 (读 m, 亦作呒) 叹, 258
吗 助：疑问, 241–2, 243–4, 247; 决定, 245
么 助, 同“吗”, 241–3
满 (漫) 副, 140
慢, 慢慢地, 慢点, 慢些 副, 129
冒号 243, 263 (1), 289–290
没 同“没有”, 142; 242
没有 ①外动 (不占有), 96 (8) ②同动 (不含有), 101 ③内动 (不存在) ④形 (冠词), 46–47 ⑤副：否定 (同“未”), 142; 然否 (同“否”), 143; 用如助 (同“么”), 242 ⑥连 (“不如”也), 80
每 ①形, 118 ②副, 137, 214 (图解) ③名代词尾 (同“们”) 88 (附言)
每每 副, 137
们 87, 88 (附言), 93
蒙 助动, 106
猛, 猛然 副, 129
绵延 表绵延的时间副词, 126
免不得 助动, 105
面 名 (方位), 130
名词 (简称名) 定义, 18; 分类, 81, 85–86 (三类各另详)
名词句 (即名词子句) 67 (注意一), 73, 287–8 (图解)：在宾位, 272 (1), 274 (2); 在补位, 263–
名词语 (即名词短语) 用法：①在主位, 66 (图解) ②在宾位, 65 (三), 68 ③在副位, 68 (例), 71, 211 ④在补位：补主, 65 (四), 68 (例), 99–100, 100, 102 (第四例); 补宾, 26, 68, 108 (二行例)
嘿 助, 245
莫 ①代 (同“无”) ②副 (同“勿”), 142, 242
莫不 ①代合副, 142 (第二例) ②副, 147

莫不是　副，147
末　代，副，（同"莫"），242
末了，末末了儿　副，127
某　形，代，118（4）
母句　187
母数　116
目的　表目的之副附，177；又原因副句，215

N

呡（嗯）　叹，259
呒　叹，259
拿　介：提宾，37，159；所用，156
哪　①代，形，副，（疑问，代"那"上声），92（二），120　②助，249–250，252　③叹，259
那（上声，今作哪）　①形，92，120，146　②副，146–7
那（哪）个　代，91，146；可用如形（准'何'，119）
那（哪）合　代，92
那（哪）里，那（哪）儿　①代，91，119，146；用如副，145（注意）　②副，146
那（哪）料　连，210
那（哪）怕　连，223–234
那（哪）晓得，那（哪）想　连，210
那（哪）有　副，146
那（去声）　①代，90，92　②形，118：120（注意）
那般（那等）　形或代，90，（疑问作"哪"）；可作副（准"那么"）
那边（–儿）　代，副，130，（疑问作"哪"）
那个　①代，74，90，91；　②形，118
那里，那儿　代，91；可用如副（准"这里"，130）
那么　①副（–作那们），134　②连，206（例），218，278；语源，88（附言）
那些，那些个　代，90，92（疑问作"哪"）
那样　①代，90　②形，118　③副，134：（疑问皆可作"哪"）
呐　叹，259
乃　①同动，99　②连，206
乃若　连，207
乃是　同动，99
乃知　连，208
乃至　连，202
奈　连，210
南　名（方位），副，129
难道　副，146–7，243
男性　87
呢　助：决定，237；疑问，244–5，245
内　名（方位），引论6，64（注1）；可用如副，129
内动词　定义，23，95，分五种，97–：①通常的，23，97，98–9，149，152–3；活用例：转名，53（匚），65（一）；转形副，65　②关系内动（必带副位），47，97，98（注3），100，149，191–2（互详）　③不完全内动（必带补足语），24，97，98（注意），（互详）　④兼作外动，97　⑤类似同动，96–97，97，99
能，能够　助动，103；146，220（例九）
你，你们　代：87；省略，62
你的，你们的　代，70，87，94
您　代；88，88（附言）
宁可　连，227
女性　87，255，260
喏　①助，249，250（附言）②叹，259
诺　助，260

O

喔（啊，阿，呵）　叹（主读阴平），254
哦　①叹（主读阳平），254　②助，249
嚄　叹：惊讶（主读上声），254；250（注）
哦呵（喔嚄）　叹，255
哦呀（喔呀），哦哟（喔唷）　叹，254
欧化　212（注意），218
呕　助，249
偶发　表偶发的时间副词，129
偶然　副，129

P

怕　助动，105
怕不　副，147
旁　形，118（7）
旁边（–儿）　名（方位），副，130

呸　叹，257
陪伴词　85
配　助动，103
匹　名（量词），84（⺆），85
譬如　连：推证（犹“例如”），208；平比（同“比如”），222
偏　副，135
偏　副或代，142
偏偏　副，135；连，209
偏巧（偏生）　副，连，210
偏要　副，135
平比　①形容词的平比级，79（注15）②平比的推较同动词，75–76, 102,（详“比较”）③表平比的数量副词，75–79（图解），138（图解）；④介平比的方法介词，76–79（图解），158　⑤平比的单句（性象）：(A) 省主（抽名），75–76 (B) 省述（形），76–79 (C) 否定的（程度），79–80　⑥平比的连词及复句，223, 287
平常　副，128
平列　①平列的复述语，166, 201, 275 (8), 276 (1)　②平列的复句及连词，191-（分三种，各另详）
凭　①介（依意），157, 184–5 (c)　②连（任凭意），222
颇　副，138
破折号　265 (10), 293–294, 298（例）
普通　①普通话，14　②普通名词（简称通名），83（注4），83–84,（分三种，另详）③普通的疑问形容词，119

Q

其　①代，91（注意），93, 287　②形，118 其他，其余　形，代，118, 119（注意）
祈使句及助词　62, 229
岂　副，146–7
岂料（岂知）　连，210
起　介，150, 255
起来　①内动，93　②助动，110, 161（例）起先（起初，起首，–头）副，125
恰　副，127；副连词例，224
恰好（恰巧）　①副，127　②连，213
谦称　93, 94
前面，前头　名（方位），副，45（例），129
前置词　148
前时　前时的时间副句及连词，213
钱玄同　89, 255, 260
欠　同动，101
强如（–似），强于　形合介，226
且　连，172（图解ㄅ），199
且夫　连，207
亲身（亲自）　代，89
轻折　轻折的等立分句及连词，209
情态词　18, 21
情形 (state)　问情形之疑问副词——How, 145
请　外动，25, 96 (4)
区别词　18, 19
趋势　①表趋势的助动词，106, 268 (3)　②表趋势的性态副词，133, 235（注意）
渠　代，93
佢，佢们　代，89
去　①内动，97 (1), 98, 106–107, 110　②助动：(A) 前附（趋势），106, 268 (3) (B) 后附（持续），110
圈号　296
权且，权时　副，129
全，全体　副或代，142
确，确实　副，132
却　①副，135, 136, 137　②连，209; 242　③助，242
却是　连，209

R

然　①副，143；（词尾准“地”，131, 如“忽然”）②连（准“然而”），275
然否　①然否副词，143–4, 242　②表然否的疑问句及助词，119, 241–
然后　连，168（⺆），205–6
然则　连，206
然而　连，169（ㄅ），209, 222–224

饶，饶是　连，223
让　①外动，25，25（注3），96（4），203（例三）　②介，155
让步　①含让步意之副词，134，135，235　②让步副句及连词，201（例四、五），218（例七）；223–4
人　17（注7）
人称代名词（省称称代）　87，（五种分详）
任　动作介，155
任凭　连，222，223
凭（–地）　副，88（附言），134
认　外动，26，50，96（5），97（注2）
认容　即"让步"，222–3
仍，仍旧　副，135
仍复　副，136
日本语　56，85，86
ㄖㄚ，ㄖㄛ　助，250
容或　助动，105
如　①同动，75；（介，准"如同"）　②连：比较，225；推证（犹"例如"），204；假设（准"如果"），233，274（5）
如此　副，134
如果　连，219，233
如何　副，145–6；245
如今　副，126
如同　①介，79，158　②连，225
汝　代，93
入　内动，97（2）；或如介，98（介准"到"151）
若　①代，93　②连，219，221（例），233（例），（余准"如"）
若夫　连，207
若干　形：不定，116；疑问，120
若是，若使　连，109（例），219，233

S

ㄙ'ㄚ　助，250
赛过；赛似　连，226
三　①形，116（附言）　②副（或读去声），137（注意）
散动式（散动词）　定义，65，95 种类：①当名词用，53（ㄈ）（ㄪ），62–63，65，66，67（图解下），68，80：(A) 在主位例，65〔一〕〔二〕，66–，86（ㄇ）(B) 在宾位例，42，65〔三〕，68，86（ㄇ），272 (2) (C) 在补位例，补主，65〔四〕，68，100，102（例四）；补宾，25，65（注4），68　②当形容词用——即 (D) 在领位例，65，68–，115（ㄆ），121–3，123–4
ㄕ　叹，258
时　名作连，219
时常，时时　副，128
时地介词　定义及图解，30，148，分类，149–，（五种分详各词）
时间　①时间副词（省称时副），125–，（四种分详）；代动词的时制，109，129，130（注意），通连词，213，214　②问时间的疑问副词，144，（两项另详）　③时间副句及其从属连词，212–（四种分详）④时间流，125，130
时期及时数　问时期或时数的疑问副词，119（第五例）；120；144
时制 (Tense)　总则，128（注意）　①三时之简式，用时副：(A) 过去时，125；否副"没有"等，141–2，144；又疑助，242 (B) 现在时，126 (C) 未来时，与助动通用，104，127 例句比较，128；原理上，130（注意）　②三时之完成候，用后附助动"了"，109，128；副词与决定助词"了"，213–214 疑助"没有"，242　③三时之持续候，用后附助动"着"，109；用动词重叠法，110；用时副之持续性，125，126，128　④三时之完成兼持续候，用后附助动"来着"表现在，110；用时副"本来"等表过去，125
实，实在　副，132
实体词　18，46–
十　形（数），115
十分　副，140
始终　副，128
使　①外动，25，95 (4)；成使动，112　②连，216（注意）；265 (12)；（又准"假使"，219）
使动式　70（注7），112

是　①代，93　②形：作述，67（图解）；统指或不定，118（附言）；（近指，准"此"，117）　③同动，19, 24, 50, 27, 50, 79, 99, 124; 229（例），236–7（注意）　④用如词尾："只是"等，100; "像是"，102; "老是"，128; "真是"，132; "无论是"，146　⑤副（形述引申），143
是不是，是否　副，119, 242
是的　副，143
是以　连，216
试　助动，37
事效　①表事效的性态副词，133, 235　②表事效相因的承接连词，206　③当副词用—即 (E) 在副位例：前附于述语，65, 67–68（图解），70–, 107（图解），131, 149（例）；后附于述语，71（注 9），106–7, 131, 177（图解）
煞尾　助词用法："也"例，137
删节号　294
商确　商确句及助词，239–
上　①名（方位），引论 6（例），22（例），64（图解），64（注 1）；用如副，129　②内动，97 (2)　③介，151
上紧　副，129
尚，尚且　①副，135　②连，201–202
稍微（稍）　副，138
舍　名作形，94
设，设或，设使　连，219
甚　①代或形（同"甚么"），88（附言），119 ②副，140
甚么（什么）　①代：疑问，88（附言），91, 218（图解）；不定，91, 91（注意）　②形：疑问，91, 119, 246; 不定，119（注意），120（注意）
甚么时侯　连，213
审决　审决的比较复句及连词，226
甚至（–于），甚者，甚而　连，202
声调　①四声：标准，14; 异义（读破），92, 228　②词语及语调，92（参照新著国语教学法 62–）
省称　81–82
省略　①省主语，23, 35（图解），62–63（图解），67（注意 1），170（注意 1），226（图解）　②省述语（动），23, 76–79, 80（图解），201, 203（注意二），226（图解），245–6, 273 (6)　③省宾语，62–63, 64（图解），108　④省补足语，25; 但省补前之同动，23, 27（注意），97（注 2）　⑤省形附：序数省"第"，115–6; 分数省母，116; 但省形尾"的"，121, 122　⑥省形附后之实体词（即主语宾语等）：用联代"的""者"，72, 189; "所"189–; 用序数，115; 用领位，74, 75–76　⑦省副位：省所比，139; 省所为，155; 全省副附，105（注意）；但省介词，31（注 9），35–36, 44, 131　⑧省复句之一：省主句，75, 221（图解），221; 省从句，221
胜过　动作连，226
书名号　82（注 3），295
孰　代，93
熟词或熟语　39; 121–122
数　86, 87, 88（附言），90, 93–4; 116–117
数词　115
数量　①数量形容词（省称数形），48, 58, 74, 82–83, 98–99（例）；定义及分类，114, 115–,（两种分详）；173　②问数量的疑问形容词，120　③数量副词（省称数副），定义，125; 分类，135–,（三种分详）　④问数量之疑问副词，120（例），145
述说词　18, 19, 23, 32, 44
述语　①定义，22, 124　②种类：(A) 用内动，23, 24 (B) 用外动，23, 25–28 (C) 用同动，24 (D) 径用形，19, 123; 或用副，145–6 (E) 图解，31–32;（各另详）　③省略，23（另详）　④复述语，166–,（四类分详）；170–1（–作谓语）
双宾语（即双宾位）　35, 95 (3), 96（注 1），153（注意）
双方　副或代，140, 141（注意）
谁　①代：(A) 疑问，91, 93, 245（例）；古文变宾，195 (B) 不定，73, 90, 174（注意），244（例）　②形，119
谁知　连，210

顺　介,151
顺序　顺序的承接分句及连词,205–6, 264 (4), 265 (8, 9, 12); 269 (11, 13), 274 (2), 277–9, 兼效果句, 185 (8), 216, 附范围句, 220–221, 用分号句, 288 (乙), 288 (丙)
说到　连, 207
说话就,说〔　〕就〔　〕副, 127
说是　外动, 100; 准同动, 99–100
斯　代, 93
私名号　82, 295
司词　286 (丙)
似　①同动, 19, 102; (副,准"似乎") ②连:平比, 225, 225; 推证, 208 (注意)
似宾位的副位　47
似的(–地)　副, 75– (图解), 102, 138 (图解), 224 (例三)
似乎　①副, 138　②连, 215
似主位的副位　46
四声(详声调)
赐　外动用如助动, 155
嗣后　副, 127
素,素来　副, 126
溯自　连, 214
算,算是　同动, 99
虽,虽则　连, 223
虽然　连:让步(白话用法), 223; 转折(文言用法), 224 (注意)
随　介, 155, (又准'跟'157)
随后　副, 127
随即　副, 128
随时　副, 128
缩合(缩约)　133, (详"复句")
所　联代, 93, 189–, 196, 273; 为……所……之式(被动说) 42, 106, 156, 193 (图解); ……为所……之式, 91, 195 (注 4)
所以　连, 191 (a 注), 216–217, 268 (6) (图解)
所有　形或代, 118
索性　副, 134

T

他　①代(A)人称, 87, 89; 省略, 63 (B) 指示, 40, 59, 90　②形(指示), 118
他称代词　87, 89, 93; 省略, 63
他的,他们的　代(领位), 87; 118
他们　代:人称, 87, 89; 指示, 90
他那,他这　形, 118
她　代, 87, 89
它　代, 87, 89
太　副, 140
怹　代, 88
谭鑫培　252
叹词(简称叹)　定义, 21; 图解, 32, 279–280, 分类, 253–, (分详各种)
唐钺　132, 224
倘,倘若　连, 219
趟　副, 135
特　副:性能("特地"也), 134; 数量("特别"也), 140
特别　副, 140
特别　①特别称呼的代词, 93　②特别介词, 139: 领摄("的""之"), 10, 28; 提宾("把"等), 36–37; 引副("得"等), 178
特地,特特儿,特意　副, 30; 134
特有名词(简称特名)　56–57, 81
提顿(或提读)　用助词"也", 137; "呢", 239; "吧", 239–240
替　介:所为, 30 (图解), 155; 所共, 158
条　有条件的范围副句及连词, 219 ("无条件"另详)
挺　副, 139
通名　普通名词之简称, 82
通同(通通),通共　副或代, 142
通性　87, 89
同　①副, 141　②介:所比, 79, 158; 所共, 157, 199　③连, 199
同动词　定义, 19, 24, 95; 分类, 99–, (分详"决定""推较")
同时　同时的时间副句及连词, 212–, 268 (5), (270) (12), 276 (3)

同位 定义, 33 分类: ①第一种(相加的), 56–57, 59(注意); 用联代, 173– ②第二种(总分的): (A) 总提分承, 58(ㄉ)(图解), 91(ㄆ), 184–5(图解); (B) 分起总括, 58(ㄆ), 172(ㄋ); 用统称代, 88, 142(注意) ③第三种(重指的), 59: (A)(同主位), 59(ㄉ, ㄆ), 89(ㄉ), 174(ㄇ), 286(注2) (B) 同领位, 59(ㄇ), 287(例) (C) 同宾位, 58(ㄈ); 40(图解), 89(ㄆ) (D) 同副位, 58(ㄞ), 216–217(图解), 218(图解)
统称 指示代词之统称, 83, 119(注意), 142(注意)
统共(统同) 副, 142
统括 表统括的数量副词(兼作指示代词之统称), 142
统指 指示形容词之统指(兼属指代之统称), 118
头 名: 量词, 85; 方位, 130
突起 表突起的时间副词, 129
突然(突) 副, 129
徒, 徒然 副, 141
图解法 引论 3, 31–32, 45, 60, 63–64, 66, 68, 71, 72, 112, 122, 153, 154, 169, 262–, 276–(变式各另详)
推宕 推宕连词, 223
推较 推较的同动词, 102; (A) 比较义(另详"比较") (B) 推断义, 102
推证 推证的承接分句及连词, 207, 268, 269, 276(2), 289(注 1, 3)
脱令(脱) 连, 223

W

哇 助, 248, 251(例)
外 名(方位), 64(注 1); 用如副, 129
外动词 定义, 23, 95, 分八种, 95–: ①② 处分与经验(只带宾语), 23, 53(ㄈ), 95–6, 98(注意), 151(注意) ③交接品物(带双宾), 35, 96, 96–7, 153(注意), (互详"双宾语") ④交涉人事(宾后带补), 25, 96 ⑤⑥认定与变更——即"不完全外动"(宾后带补, 26, 50–51, 96, 97, 156(互详); 以上 ⑦情意作用(宾后带补), 26, 96, 275(6) ⑧表示关系, 96, 100–1("被动式"另详)
完 副, 126
完成 表完成的后附助动词, 64(注 2), 109, 123, 128, 158–159, 231, 234–5
完结 表语气完结的助词, 229–234
完全 代, 142
汪荣宝 255, 260
汪中 116
汪仲贤 251
往 ①内动, 47, 97(2) ②介, 151
往后 副, 127
往往 副, 137
枉 副, 141
望(往) 介, 151
喂(唯) 叹, 259
惟有, 惟独 ①副, 141 ②连, 209
唯 叹: (A) 呼问(通"喂"), 259 (B) 应诺, 260
为 ①内动(准'成', 97) 用如同动, 50, 99 ②同动('是'也), 99; (外动, 准'造', 95)
为(去声) ①介, 155; 用作补, 似散动, 81, 216(例二); (参"为……所……") ②连, 215
为此 副, 连, 216
为的是 连, 215; 216(注意)
为……故(……之故), 为……起见 副, 连, 215
为何(为什么) 副, 145, 155(例)
为何(什么)呢 连, 217(图解)
为……所…… 介与联代, 41, 106, 155, 193(图解)
……为所…… 介合联代, 91, 195(注 4)
未 副, 142; 用如助, 242
未来时 127
未免 助动, 105
谓 外动, 96(5), 96
谓之 准同动, 52, 96
位 名(用如量词), 74, 94
位(Case) 七位, 33–, (分详); 国语特征,

86, 87, 90 (注意), 90, 91, 93 (二)
温　德 (Wundt, Wilhelm Max: 1832–1919)　260
文学的　引 (注意), 45–46, (详“修辞”)
文言文　(见“古体文”)
问号　119 (注意), 245 (注意), 290–1, 291 (注 4、5), 294 (注), 改叹号或并用, 246 (注意), 291 (注 2), 291 (注 3)
嗯, 喽　助, 248, 252 (例)
我　代, 62, 87, 195 (注 3)
我的, 我们的　代, 52 (注 11), 70, 87, 93 (三)
我们　代, 62, 87, 88
恶　①代, 93; (副, 准“那”, 146)　②叹, 255
乌　叹, 255; (准“恶”)
於　叹, 255
乌乎 (– 呼, 乎), 呜呼 (– 乎, 呼), 欤歔, 於乎 (– 戏) 叹, 255
无　①外动, 96 (8)　②同动, 101 (内动, 形, 准‘没有’, 46–47, 97–98)　③副, 144 ④助, 242
无不　副或代, 142 (例注)
无定法　66
无论　①形或副, 146　②用如介, 214, (图解)　③连, 222
无乃 (无亦)　副, 147
无数　形, 116
无所　动合联代, 190 (匚), 193 (图解法), 273–4 (图解), 274 (图解)
无条件　无条件的形、副、介, 又连词及范围副句, 146, 214 (图解), 222
无须 (毋庸)　助动或副, 104 (例)
无异于　连, 225
吾　代, 93, 195 (注 3)
吴语　“伊”, 89; 代词, 92 (附言); “啊”, 243
武家坡　252, 250 (附言)
务必　助动, 104
勿 (毋)　副, 142

X

嘻 (谙、诶、唉、熙)　叹: 惊赞, 256; 伤惜, 256
嚱　叹, 256
奚　代, 93, 195
西　名 (方位), 副, 129
析言之　连, 208
系　同动, 99
下　名 (方位), 64 (注 1); 副, 129
下去　助动, 110
先前　副, 125
先生　代, 93
先行词　59, 90
鲜卑语　14
现, 现今, 现在　副, 126
现在时　126–
相　副或代, 141, 142 (注意)
相当于　连, 225
相反　表相反的性态副词, 135
相互　表相互的数量副词或复称代词, 141, 142 (注意)
相消　相消的选择分句及连词, 204, 268 (7)
想　①外动, 94 (2)　②助动, 103
想不到　连, 210
响使　连, 219
向　①副, 126　②介, 150 (省略例), 151
向来　副, 126
像　①同动: 比较, 75–78, 102; 推量, 102　②介, 77–79, 158, 182 (图解)　③连: 平比, 224, 226 (图解); 推证 (犹‘例如’), 208
像是　同动, 102
象征　83, (详“修辞学”)
小　形, 93
小顿 (Pause)　298
屑　助动, 103
些　①名 (量词), 90, 92 (三)　②形, 116　③副, 139
些个　名或形, 90, 116
些须　形, 116
行动　副, 137
形容词 (省称形)　定义, 19; 图解, 28, 31, 32; 分类, 114–, (四类各另详) 转

变：(A) 动转（散动二），65, 69, 115（ㄆ），121–122; 转动（意动式），113 (B) 名转（复合词），28, 55–56, 115（ㄅ），121; 转名（抽名），53（ㄈ），86（ㄆ）(C) 转副，130（ㄇ），131 用法： ①作附加语：(A) 前附于名，19, 28; 121; (B) 后附于名，115, 173 ②作述语，114; (A) 直作述语，16（注 6），19, 31, 76（注 13），77–，112; 123, 132（注意）(B) 作述语所带的补足语：补主，102, 124; 补宾，27, 124（注意）
形容的（或性）附加语（省称形附） 定义及图解法，28, 31–32, 分类： ①前附于名词的：(A) 用“形容词”，19 (4), 28,（另详）(B) 用名代等为领位，29, 52（另详）(C) 用“形容语”，69,（另详）(D) 用“形容句”，188（ㄅ），（另详） ②后附于名代的，173–: (A) 用形容词，115, 173 (B) 用“形容语”，173 (3), 174（图解）（ㄉ），（另详）(C) 用“形容句”，173 (4), 174（图解ㄋ），（另详） ③复形附：(A) 前附的：异类不联；28; 同类相联，171–2（ㄅ）（ㄆ）（ㄉ）(B) 后附的，174–6,（以下“形容词”至“形容句”及“领位”，皆属此条系统）
形容句（即形容词（或的）子句） ①前附于名，70, 188（ㄅ） ②后附于名，173 (4), 174（图解ㄋ），184 (2), 188（ㄆ）（ㄇ）
形容语（即形容词〔或的〕短语） ①成于散动者：(A) 前附于名，55（图解），69（图解）70, 122; 独立，272 (8) (B) 后附于名，55, 71（注 9），173 (3), 174（图解），268 (2), 272 (5) (C) 作述语，42–43（图解），102（二），103（例），108（例），122 (2), 123 (3); 专作补足语，124 ②即以称领位及其特介，15
形体 表形体的性状形容词，114
幸而，幸亏 副，134
性 (Gender) ①名词，86; 区别法，115（ㄅ） ②代词，87, 89 ③叹词，254–255, 260
性质 表性质的性状形容词，114
性状或性态 ①性状形容词定义，114; 种类，114, 语尾‘的’28, 121; 杂例，145 (2), 173（转变法详“形容词”）②性态副词 42–43, 125, 131–（两种各项另详）
兄弟 代，93
休，休要 副，142, 234
修辞学 ①总说，31（注意），276 ②法式：显比，75–79, 273; 隐喻，115（ㄅ），132; 提类，以定数类不定，116（附言），137（注意），又象征，以特名象通名，83, (132〔附言〕); 换拌，以地代人，83（注 4） ③组句：整齐，‘的’字例，52（注 11），121; 简约，‘的’字例，52（注 11）; 省变例，221, 268 (9), 273 (6); 修饰，174–175, 181–, 警策，270 (15), 273 (8) ④遣词：副词例，265 (6), 266 (13), 动词例，275
吁 叹，255
嘘 叹：惊赞，255; 鄙斥，257
虚线 ①图解（表连结），32, 70,（分详各连词） ②标符（删节号），294
虚指 指示形容词或代名词之虚指，118, 146
须（须得，须要） 助动，104
许 外动，62（例）; 助动，105
序数法 115
叙记文 63
选择 ①选择的疑问形容词，120 ②选择的复述语，167, 222（ㄇ），227（注意） ③选择的分句及连词，203–5（分目另详） ④助选择的疑问助词（‘呢’），246
寻常 副，128

Y

哑 叹（同“啊”），254（此用甚古）
呀 ①叹（同“啊”），254 ②助，247
呀（吓，嗄，唧） 助，247, 250, 251
压根儿 副，126
焉 ①代，93 ②助，236
言语学 130, 260

沿　介，151
样　名（缀他词后），90, 134, 138
样式　表样式的性态副词，134
要　①助动，103, 232–233（例）　②连（犹‘若’也），219
要是　连，219
耶（邪）　助：疑问，241；感叹，247
也　①副：(A) 性态，135；用如连，223；(B) 数量，38（图解），136, 146（例）　②用如连：(A) 等价，136, 199, 277；(B) 进层，201　③助：(A) 词尾，136, 138（图解）(B) 提顿，137 (I) (C) 煞尾；解释或疑问，137 (II)；感叹，247
也罢　副，134, 235（注意）
也曾　副，126
也夫（也乎，也与）　助，239
业经（业已）　副，126
页绍钩　262, 281
伊（她）　代，87, 89, 93
依　介，151, 157
依然　副，135
一　①形，115；合音，92, 117　②副，140（例），129
一般，一样　①形（述），76, 80　②副，76–79, 138–9, 224
一半　副，138
一遍（一番，一度，一趟，一回，一次）副，135
一并（一并，一同，一块儿，一起，一齐），一概　副或代，141
一旦　副，129
一到　介作连，213
一点儿　形作副，138, 139
一定　助动，105, 111；或副，133（图解）；用如连，218（例五），219（例一）
一发，益发　副，139
一面　副作连，166–7（图解），218（例五），219（例一）
一会儿，一时　副，128
一经　连，219（例四）
一切　①形，代，118　②副或代，142
一向　副，126
一准　助动或副，105
噫　叹：惊讶（同‘咦’），255；伤惜（同‘唉’），256（注）
噫嘻　叹，256（注）
猗（猗与）　叹，255
猗嗟　叹，258
咦　叹，255
宜　助动，104
疑问　①疑问代名词：定义，87；词目，91–2，（分详）；用为不定称，91（ㄅ），146（注意）；古文用字，93, 195；与疑形，120（注意）；与疑副，144（注意）　②疑问形容词：定义，114；分类，119–，（三种分详）；用为不定指，119–120；与疑代，120　③疑问副词：定义，125；分类，144–，（五种分详）；用表不定，140（注意）　④疑问句及助词：‘也’字，136–137；词目，241（分详）　⑤疑问号（即“问号”）290，（另详）
以　①外动，96 (5), 97（注 2）　②介：(A) 介所因，154–5 (B) 介所用，156 (C) 特介（提正宾），38（注 5），96　③连，154
以便　连：表因，215（例五）；事故，216（注意）
以故　连，216
以后　①副，127　②用如介，154 (1)　③连，214（例一）
以及　连，163（ㄆ），166（图解），199
以来（以往）　副用如介，154 (2)
以内　副用如介，154 (1)
以前　①副，125（用如介，准“以后”）　②连，213（例一）
以外　连，157；（副用如介，准“以内”）
以为　外动，96 (5)
以〔 〕为〔 〕 97（注 2）
以……为限　连，219（例四）
以言（以云）　连，207
以致　连，216
已　①副，126, 265 (6)　②助，229　③叹，256
已而　连，206
已经　（已竟，已然）　副，109（ㄆ第四例），126；用如连，126, 213–4（例一）

矣 助, 229–, 236
意动式 113; ‘人’字例, 29 (注 7); ‘首’字例, 274 (3)
意外 意外的转折分句连词, 210
意志 表意志的助动词, 103, 232–233 (例)
亦 ①副, 136 ②连, 199
抑 ①助 (同“阿”), 243 (连, 准‘还是’203–4, 又准可是 209) ②叹, 255; 又同“噫”, 256
译名 55, 82
因 ①介, 154–5 ②连: 表因 (用在从句), 215, 216; 表果 (用在主句), 215 (例三)
因此 连, 216, 216–7 (图解)
因而, 因以 连, 216
因果 ①反推因果之选择连词, 206 ②因果复句及连词, 215–218
因为 ①介, 154–5 ②连, 184, 215, 217
音节 15
音字 (即音标文字) 56, 70, 82, 109–110
引号 292
隐喻 132, (详“修辞”)
应, 应得, 应当, 应该 助动, 104
应诺 表应诺的叹词, 260
哟 (唷) ①助, 247, 250 ②叹, 255
永久, 永远 副, 128
永久时 永久时的时间副词, 214
用 ①助动 (用同“须”), 104 ②介, 156
由 介: 所从, 150; 原主, 41, 155; 所因, 准“因”
由于 介, 连, 215
犹且 副 (准‘尚且’, 13S) 作连, 202
犹如 ①同动, 102 ②介, 80, 158 ③连, 225
尤, 尤其 副, 139
有 ①外动, 96 (8), 101, 102 ②内动 (存在义), 97 (5), 99 (注 4); 变式句, 46 ③同动, 表包含, 24, 101 (ㄅ); 表性状, 101 (ㄆ), 117; 表数量, 102 (ㄇ), 125 ④形, 47, 118 (4): 总说, 47, 102 (注意)
有的 代, 91
有几分 副, 138
有些 ①代, 91, 116 (注意二) ②形, 118; (副, 准“有几分”)
有心 副, 134
有时 ①副, 129 ②连, 198
有所 动合代, 193 (参‘无所’)
又 ①副, 136 ②连, 171 (ㄆ), 199; 201
右 名 (方位), 副, 129
於 (于) 介: (A) 介所在, 48 (注意), 149; 150 (例) (B) 介所向: (同“对于”), 151; 特介 (提宾), 37 (C) 介所到: (用同“到”), 151; 用同“与”, 96 (注 1), 153 (D) 介所为: (用同“被”), 155 (E) 介所比: (用同“过”), 可用如连, 226
于今 副, 126
于乎 连, 205–6, 277
于于 叹, 255
予, 余 代, 93
余 形, 116
俞 叹, 255, 260
欤 (与) 助: 疑问, 241; 感叹, 247
与 ① (A) 介所到, (用同‘于’), 96 (注 1), 153 (B) 介所为, (用同‘为’), 155 用如助动, 155 (注意) (C) 介所共, (用如“和”), 108 (例), 157 (D) 介所比, 79 (图解), 158 ②连, (平列, 犹介所共), 199; (决, 准“与其”)
与其 连, 227
予 外动用如助动, 同‘与’, 155 (注意)
语 详“短语”
语词 ①简称词 (Word), 15 ②《文通》谓“述语”, 124 ③旧以称“虚助字”
语法 详《国语文法》
语根 86
语气 228– (五种分详)
语头 (-称词头) 17, 131
语尾 (-称词尾) 17, 86: 附于动, 64 (注 2), 109–112, 160–1; 附于副, 100, 136–137 (分见另词)
语势 ①缓宕例: 用“是”字, 99; 加语尾 (如“也”), 136 ②急激例: 省略

（如“不可”），105　③加重例：重主语（用“就是”“连”等），202, 203；连词（头及），206–7
语源　详“词源”
愈　副，139
欲　助动，103
原，原来　副，126；连，215（例四）
原因　①问原因之疑问副词，145　②原因介词：定义，148；分二种：(A)介所因，154 (B)介所为：为谁，30, 68, 155, 158（注意二）；被谁，41–42（图解），155–6（分详各词）　③原因副句及连词，215–218，表果之主句，可视为顺叙效果或目的之承接分句，216, (205), 268 (6)；274 (1) (4)；表因之从句，亦可视为推证的承接分句，276 (2), (207)，（⺆）之用分号，288（乙）
远指　指示形容词之一，115
远称　指示代名词之一，90
愿，愿意　外动用如助动，104, 275（图解）
约略　138
曰　准同动，52, 97
越，越发　副，139
粤语　89
云　助，236

Z

哉　助，241,（又准“啊”，247)
在　①内动，48（图解），55（图解），97 (2) (5)；用如同动或外动，100（注意2)　②副，126　③介：(A)介所在，30（图解），48（注意），64（注1), 129, 149, 154 (1), 185 (3)；介领，53（去），54（图解），55（例题）；介范围（所比或所关），139（一）；150（注意3) (B)介所到，151–3
在乎，在于　内动合介，100
再（–也）　副，136, 137, 158（注意）
再三　副，137
再说　连，199
咱（喒，偺），咱们　代，88, 88（附言），89
暂且，暂时　副，129
早，早就，早已　副，126；213（例二）
早晚　副，127
则　①副，133　②连，206
啧啧　叹，258
怎（–的）　副，88（附言），145, 245–6
怎见得　连，217
怎么（–的）　副：问原因，145, 245–6；问方法，145–6，成因，88（附言）
怎么讲呢　连，205（例五）；217
怎么样（怎样），怎么着　副，问方法，145–6
乍　副，129
章太炎　261
仗　介，157
照　介，157
照哇　副，叹，260（注意）
赵元任　239
哲理　125, 130
者　联代，72, 94
这　①代，90　②形，117, 120
这般（这等），这样（这么〔们〕样）　①代，90　②形（或缀“的”），117, 121　③副（或缀“地”），134
这边（–儿）　代，副，130
这才　副，连，205
这个，这些，这些个　①代，73–74, 90, 92　②形，117
这会儿　副，126
这就　副，127
这里，这儿　代，90；用如副，130
这么（这们）　副，134
嗻，喳　叹，259
真，真正，真是　副，132
真确　表真确的性态副词，132
朕　代，93
争奈　连，210
正，正待，正在　副，127；(连，准“正当”)
正宾位　35
正当　连，213
正句　211
之　①代，90（注意），91, 195（注3)　②特介：同“底”（的），55–56；似“得”，

140
之后　连，214
之前　连，214
之外　介，157
之谓　准同动，52, 97
之至　副，140
支那语文法　85
直　副：时间，128; 性态，134
直到　连，213
直接　①直接宾语，36　②直接语，291, 291（注 2）
直述的语气　119（注意）
值　连，213
只，止，衹　副，141, 265 (6)
只除非　连，220（例十），221
只得，只好　①副，104（注意），133; 235　②连，206
只等　连，213
只是　连，100, 209
只要（只须，只消，只索）　连，220, 235
止词　286
指示　①指示代名词（省称指代），87, 90–（四种分详）；93, 120, 129, 141　②指示形容词（省称指形）114, 117–（七种分详）
至　①副，139　②介，48（注意），151（连，准"至于"）
至今　副，126
至于（至如，至若）　连，207
致，致使（致令）　连，216
致动　112
质料　①表质料的普通名词 83　②表质料（物质）的领位，53, 115（ㄅ）
中　名（方位），53, 64（注 1）；（用如副，准"中间"）
中间　名（方位），64（注 1），172（ㄪ）；副，130
中性　87, 89; 90
终归，终究（–竟），终于　副，127
重转　重转的转折分句及连词，169, 209 223, 272 (2), 275 (7)
众　形，116
诸　形，93, 116
逐指　指示形容词或代名词之逐指，118
主词　286
主从复句——主句（正句）统率从句（副句）211–，（六类分详）；图解法，212（注意），268 (6), 278–279
主动式　23
主要的成分　20–，（分"主语""述语"二种，别详）
主语及主位　①定义 22; 33　②图解法，31, 32, 60　③种类：(A) 用名代，22 (B) 用抽名：85（ㄅ），86（ㄆ）；动转的（散动一），65（一），66, 67, 86（ㄇ）(C) 用名词短语，65（二），66–（互详）(D) 用名词子句，188（ㄅ），（别详）④用法：作领位，53（ㄈ），省略，22, 272 (2)　⑤复主语，163（图解），170, 281　⑥变式的主位（倒装），34, 44, 98–99 (b), 112–113（例），175（图解），284
注音符号　81–82
助词　定义，21, 图解法，32, 42（注 7）；136–7 分类，228（五类分详）
助动词　定义，75, 分两种，102–：①前附的，即普通助动词，42–43, 65（注 3），103–（七种分详）；111（注意 2），128（注意），132（注意）；助动词短语简称助动词，165　②后附的，多系动词语尾，64（注 2），107–（三种分详）；122 (3)
专独　表专独的数量副词，141
转折　①转折的复述语，169–　②转折的分句及连词，209–210（三种分详）
状态　表状态的性状副词，114
准　①助动，105　②副，132　③介，157（"准"，外动，143）
准介词　70, 122
准同动词　51–52（图解），97（注 2），100
状态　表状态的性状副词，114
兹　代，93
嗞（嗞嗟），咨（訾，呰，子）　叹，258
子句　16, 72（注 10），29，（三类分详）
仔细讲起来　连，208
字　14
自　①代，39, 89（ㄆ）　②副，133

③介 150, 154　④连 , 214
自称代词　87; 93–94; 省略 , 62, 63
自己 , 自家　代 , 89
自然　①副 , 133　②连 , 214
总 , 总共　副 , 142
总之 , 总而言之　连 , 208
纵 (- 然), 纵令　连 , 225
足 , 足以　助动 , 103
最　副 , 139
尊　形 , 94
左　名 (方位), 副 , 129
左不过　副 , 134
左右　①名 (方位), 副 , 129　②副 , 134
坐　内动 , 47–48, 97 (2)
坐动　66
做 (作)　内动用如同动 , 26, 27 (注意), 50–51, 99
做甚　副 , 145

编 辑 后 记

黎锦熙《新著国语文法》是中国第一部系统地讲白话文语法的书，在汉语语法学史上占有重要地位。《新著》出版于1924年，截至1959年止，已印行二十四版。几十年来，它在学校语法教学中一直有较大的影响。这次我们编辑《汉语语法丛书》，即根据作者生前订正过的二十四版重排。张拱贵、廖序东教授为此次重印写了序言，黎泽渝女士也予以大力协助，在此一并表示感谢。作者在各个年代所写的序言，标点符号使用不尽一致，我们未做统一，以存原貌。原书所附索引，我们根据新排本重新做了编排整理，俾便于查检。

商务印书馆编辑部